服装高等教育"十二五"部委级规划教材

服装品牌运营

朱伟明 编著

中国纺织出版社

内 容 提 要

本书系统论述了服装品牌运营的基础理论与实践操作，以服装品牌的策划运营为主线，结合作者多年服装品牌策划及商业模式研究的实践，从服装品牌要素选取、环境分析、市场细分、消费者定位、产品开发、市场渠道与营销政策设计等方面进行了充分论述。该书主要通过对服装品牌理论的系统阐述，分析了服装品牌市场环境，研究了服装品牌消费者，明确了如何为顾客创造价值，剖析了服装品牌市场细分与定位，设计了服装品牌产品开发流程，对服装品牌定价与促销进行了探索，对如何构建服装品牌市场渠道与营销策略进行了设计。书中以作者运营的部分服装品牌项目为案例，阐述了线上、线下服装品牌运营状况。全书理论知识丰富，结构严谨，逻辑清晰，实践性强。

本书将对服装品牌运营人才培养起到推动促进作用，对服装品牌运营具有参考价值。不仅可作为普通高校服装专业学生的教材，也可作为服装品牌策划、设计、经营和管理从业人员的参考指南。

图书在版编目（CIP）数据

服装品牌运营／朱伟明编著. —北京：中国纺织出版社，2016. 8（2024.2重印）

服装高等教育"十二五"部委级规划教材

ISBN 978-7-5180-2784-2

Ⅰ.①服… Ⅱ.①朱… Ⅲ.①服装—品牌营销—高等学校—教材 Ⅳ.①F768.3

中国版本图书馆CIP数据核字（2016）第166214号

责任编辑：张思思　特约编辑：张一帆　责任校对：王花妮
责任设计：何建　责任印制：何建

中国纺织出版社出版发行
地址：北京市朝阳区百子湾东里A407号楼　邮政编码：100124
邮购电话：010—67004422　传真：010—87155801
http://www.c-textilep.com
E-mail: faxing@c-textilep.com
中国纺织出版社天猫旗舰店
官方微博 http://weibo.com/2119887771
北京通天印刷有限责任公司印刷　各地新华书店经销
2016年8月第1版第1次印刷　2024年2月第5次印刷
开本：787×1092　1/16　印张：17
字数：320千字　定价：49.80元

出版者的话

《国家中长期教育改革和发展规划纲要》中提出"全面提高高等教育质量","提高人才培养质量"。教育部教高[2007]1号 文件"关于实施高等学校本科教学质量与教学改革工程的意见"中,明确了"继续推进国家精品课程建设","积极推进网络教育资源开发和共享平台建设,建设面向全国高校的精品课程和立体化教材的数字化资源中心",对高等教育教材的质量和立体化模式都提出了更高、更具体的要求。

"着力培养信念执着、品德优良、知识丰富、本领过硬的高素质专门人才和拔尖创新人才",已成为当今本科教育的主题。教材建设作为教学的重要组成部分,如何适应新形势下我国教学改革要求,配合教育部"卓越工程师教育培养计划"的实施,满足应用型人才培养的需要,在人才培养中发挥作用,成为院校和出版人共同努力的目标。中国纺织服装教育学会协同中国纺织出版社,认真组织制订"十二五"部委级教材规划,组织专家对各院校上报的"十二五"规划教材选题进行认真评选,力求使教材出版与教学改革和课程建设发展相适应,充分体现教材的适用性、科学性、系统性和新颖性,使教材内容具有以下三个特点:

(1)围绕一个核心——育人目标。根据教育规律和课程设置特点,从提高学生分析问题、解决问题的能力入手,教材附有课程设置指导,并于章首介绍本章知识点、重点、难点及专业技能,增加相关学科的最新研究理论、研究热点或历史背景,章后附形式多样的思考题等,提高教材的可读性,增加学生学习兴趣和自学能力,提升学生科技素养和人文素养。

(2)突出一个环节——实践环节。教材出版突出应用性学科的特点,注重理论与生产实践的结合,有针对性地设置教材内容,增加实践、实验内容,并通过多媒体等形式,直观反映生产实践的最新成果。

(3)实现一个立体——开发立体化教材体系。充分利用现代教育技术手段,构建数字教育资源平台,开发教学课件、音像制品、素材库、试题库等多种立体化的配套教材,以直观的形式和丰富的表达充分展现教学内容。

教材出版是教育发展中的重要组成部分,为出版高质量的教材,出版社严格甄选作者,组织专家评审,并对出版全过程进行跟踪,及时了解教材编写进度、编写质量，力求做到作者权威、编辑专业、审读严格、精品出版。我们愿与院校一起，共同探讨、完善教材出版，不断推出精品教材，以适应我国高等教育的发展要求。

中国纺织出版社

教材出版中心

前言

互联网+、电子商务、原创设计师品牌、线上线下O2O、服装定制、童装、Showroom等是当下中国服装业的最新风口，消费者对服装的差异化与个性化需求越来越大，越来越多的消费者希望能够买到与其他人不同的服装，追求服装的个性化，服装品牌需要更精准定位。互联网时代改变了消费者的生活习惯，也改变了消费者与企业的角色，使得两者角色互换。以链接为本质的互联网将消费者、产品、企业进行了链接，消费者可以随时随地通过互联网或移动互联网来获取产品信息并进行比较，还可以通过社交网络进行产品评价、建议与分享。互联网赐予了消费者前所未有的话语权与力量，企业与消费者之间话语权发生倒转，消费者主权时代到来，"用户至上"成为互联网时代的铁律。面对消费变革的升级和互联网思维的不断冲击，传统服装产业的生产制造、品牌运营、工匠精神、商业模式重构等成为服装产业的焦点。在国家大力提倡供给侧结构性改革背景下，互联网+不断颠覆传统产业的当下，服装产业如何实现去产能、去库存、去杠杆、降成本、补短板，从生产领域加强优质供给，减少无效供给，扩大有效供给，使得服装品牌运营精细化比任何时期都显得更加突出和重要。

《服装品牌运营》是本人多年来对教学、科研和实践研究的总结，特别在新常态下，越来越多的服装企业开始运营提升品牌，产业急需在理论上有指导、实践上能操作的书籍。因此，该书在编著过程中形成了几个显著的特色：第一，理论联系实际，产学研一体化，以培养理论与实践相结合的复合型人才为目标。该书以作者主持运营的部分服装品牌项目为案例，将教学、科研相结合，既阐释了当前服装品牌运营的理论知识，又与当下服装品牌运营的实践相结合；对企业中面临的市场环境进行分析，不仅为品牌运营提供理论支撑，而且为新兴品牌的发展提供实践借鉴。第二，信息量大，时效性强，创建新型服装类人才培养模式。该书突出了服装品牌运营体系，强调了互联网思维下的品牌运营和动态变化。教材覆盖范围广，从服装基本理论、品牌原理、时尚电影、产品开发、渠道策略、价格促销、线上线下、商务男装、时尚女装品牌运营案例等入手进行分析与阐述，突出了无缝链接教学理念，构建了新型服装类品牌运营人才的新型培养模式。

全书由朱伟明主编统稿，其中第六章由胡滢协助完成，研究生卫杨红、彭卉、牟朦曦、李浩等在编写过程中协助进行文字校对和画图等整理工作。在此表示感谢！该书大部分内容在为本科生、研究生、服装品牌企业、服装协会、总裁研修班等上课时做过讲授，受到广泛好评，进一步坚定了出版该书的信心。但限于编著者的水平和视野，许多方面仍有待提高和完善，欢迎读者提出宝贵意见。

朱伟明

2016年5月20日于浙江理工大学

目录

第一章　服装品牌理论概述

第一节　品牌起源与特征

一、什么是品牌

一种是说"品牌（brand）"来源于古代斯堪的纳维亚语中的"布兰多（Brandr）"一词，意思是"燃烧"；另一种是说来源于古法语中的"brandon"一词。尽管来源不同，但均有"烙印"的含义，意思是用烧红的烙铁给牲畜打记号。记号当然是烙给消费者看的。这就非常形象地表达了品牌的含义，即"如何在消费者心中留下烙印"。现在仍有不少知名品牌通过将名字或LOGO烙印在皮具、服装上来诠释品牌的内涵。

而根据美国市场营销协会（AMA）1960年的定义，品牌是一个"名称、术语、标记、符号或设计，或是它们的组合应用，用于识别一个销售商或销售商群体的商品或服务，并且使之同其竞争的产品或服务区别开来"。根据这个定义，创造一个品牌的关键是选择名称、标志、包装设计或其他能识别一个产品，并同其他产品区别开来的要素。将这些不同的部分称为品牌要素，它们是用来识别和区分品牌的。

品牌是以某些方式将自己与满足同样需求的其他产品或服务区分开来的产品或服务。这些差别可能体现在功能性、理性或有形性方面，与该品牌产品性能有关。它们也可能体现在象征性、感性或无形性，与该品牌所代表的观念有关。几个世纪以来，品牌化一直是区分不同生产者产品的工具。欧洲最早的品牌化萌芽是中世纪行会要求手工艺人将商标贴在商品上，以此来保护自己和它们的顾客免受劣质产品困扰。在美术界，品牌化起源于艺术家在自己作品上的签名。如今，品牌起着改善消费者的生活以及提高公司财务价值等重要作用。

二、品牌特征

（一）象征价值

研究表明，消费者对品牌的评价包括两个维度：自我象征评价和社会象征评价。自我象征指消费者认为可借某一品牌来表达的自我：这是由于自我是一个很抽象的概念，必须通过物将自我有形化，品牌就成了很好的自我代言人；社会象征实质上是一种社会声望：

人都有被人关注的欲望，也就有借助物来被人关注的需求，作为能力、社会地位象征的品牌就迎合了这种需求。

汤普森（Thompson）指出消费者构建自我的象征性资源可以分为直接体验和间接体验两种。埃利奥特（Elliott）将此分类用于品牌的象征意义中，认为直接象征体验是消费者亲自参与品牌的购买和消费过程而得到的象征性体验，间接象征体验是消费者对品牌广告的体验，和通过其他消费者口传而得到的体验（如顾客俱乐部的使用交流和网上品牌社区的跟贴回贴等）。直接象征体验在激发消费者购买行为方面明显强于间接象征体验。

（二）品牌依恋

在市场竞争激烈，消费者选择日趋多样化的今天，企业要想获得消费者对品牌的持续忠诚已经变得越来越困难，它们迫切需要与消费者之间形成一种比简单的重复购买行为更高层次、更高强度的关系类型，就是品牌依恋。

品牌依恋来源于社会心理学中的依恋理论。英国心理学家鲍尔比（Bowlby）指出，对人或物的情感依恋是人类最基本的需要，从孩提时代对母亲的依恋开始，直至成人之后对爱人和朋友关系的依恋，强烈的依恋通常和强烈的爱、联结、激情等感觉联系在一起。类似的，营销学中采用品牌依恋这一概念来说明人和品牌之间较为亲密的关系。

汤姆森（Thomson），麦金尼斯（Macinnis）和帕克（Park）将品牌依恋定义为一个人与品牌之间一种富有情感的独特纽带关系，认为它包含情感、激情、联结三个维度。帕克、麦金尼斯和普里斯特（Priester）从消费者自我概念和品牌之间的关系来定义品牌依恋，他们认为品牌依恋包含两个方面：一是品牌和消费者之间的关联，二是联结品牌和消费者的认知和情感纽带。由此可见，品牌依恋作为情感性关系的实质已得到多数学者的认同。品牌依恋是品牌资产形成的重要基础，它对品牌承诺和购买行为有显著的预测作用，甚至让人们为了获得该品牌而愿意作出金钱上的牺牲。

（三）功能利益与情感利益

基于消费者概念的品牌评价研究思路能体现出消费者对品牌的认知态度以及对品牌的忠诚度。1996年，美国著名品牌专家大卫·艾克（David Aaker）提出了基于消费者的衡量品牌价值的五个方面，即忠诚度、认知质量、品牌联想、品牌认知和市场行为。这一品牌评价方法实际上隐含着一个最基本的假设：消费者经济人假设，即每个消费者都愿意而且都能够理性地分析自己和品牌的利益关系，以个人利益最大化或效用最大化为指导原则来作出品牌消费决策，以此指导自己的品牌消费行为。赵平等人发现消费者的品牌忠诚取决于一个重要因素：品牌感知价值。所谓品牌感知价值指的是消费者对品牌所具有的功能利益和情感利益的综合评价，情感利益（而不是传统的功能利益）越来越成为消费（尤其是非理性消费）的目的。

R．Elliott和K．W．attanasuwa在1998年《国际广告杂志》撰文，认为"品牌：作为自我构建的象征性资源"一文中提出了象征价值，把它作为品牌情感利益的衡量维度。他们认为后现代社会除了传统消费外还出现了象征消费（又称炫耀性消费），在这类消费过程中品牌的作用是一种语言的替代物，象征性品牌的价值除了功效价值之外体现的更多的是象征价值，象征价值反映了潜在的社会认同、自我表现、交际与自尊需求，是消费者认同的、能流露在外并得到他人认可的外显性价值。这一思路将消费者的社会人及心理人假设引入品牌消费中，更加丰富了品牌研究的内涵（表1-1）。

表1-1　服装品牌的价值

消费者	消费类型	追求的利益
经济人	传统消费	个人利益最大化或效用最大化
社会人	象征消费（又称炫耀性消费）	品牌感知价值：情感利益>功能利益
心理人	象征价值	情感利益

（四）品牌联想

品牌联想自身可与其他本身就带有某种联想的实体联系在一起，形成"次级"品牌联想。换句话说，就是将品牌与那些本身已向消费者传达了种种含义的节点或是信息联系起来，从而产生一种品牌联想。例如，品牌可能与某些起源因素联系在一起，如公司（通过品牌化策略）、国家或是其他的地理区域（通过标示产品起源）、分销渠道（通过渠道策略）。它也可能与其他品牌（通过混合与共享品牌）、代表物（通过许可使用权）、代言人（通过签订合同）、体育和文化要事（通过赞助）或其他第三方来源（通过颁奖或评论）联系起来。品牌联想能够解释这些现象：许多品牌愿意傍洋品牌；许多品牌要到国外注册；大多数消费者更愿意信赖著名的品牌或者大公司的产品；一些服装品牌即使销售不好，也愿意进入定位层次高的终端渠道；许多品牌愿意请名人或者明星作为形象代言人。

戴维森（Davidesn）的"品牌的冰山"理论

1997年，戴维森提出"品牌的冰山"理论和思想，如图1-1所示。他认为品牌的标志、符号等是品牌浮在水面上的部分，仅占冰山的15％，而冰山藏在水下85％的部分是品牌的"价值观、智慧和文化"，冰山的冲击力正是来自于庞大的水下部分。品牌文化是品牌建立的基础。它能提升品牌的价值。能够潜移默化地促成消费者对品牌的认同和喜爱。

品牌消费的实质就是一种符号消费。只有赋予符号价值，品牌才能够被消费。因此，冰山到底有多大，决定因素在于冰山的下部，也就是品牌的"价值观、智慧和文化"。只有品牌价值足够殷实，才能确保整个冰山的稳固与壮大。这与斯科特·戴维斯（Scott

Davis）的"品牌金字塔模型"理论不谋而合，品牌金字塔模型中，金字塔最低端是品牌的特性和属性，满足消费者的基本需要；中间部分是品牌利益，满足消费者的情感需要；最顶峰是品牌的信念和价值，满足消费者的精神和文化需要。

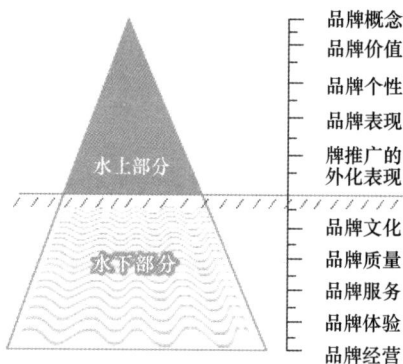

图1-1　品牌的冰山理论

第二节　选择品牌要素

一、品牌的功能与作用

对于消费者来说，品牌指明了一种产品的来源或生产者，让消费者知道，哪一个生产者或分销商是可以信赖的。最重要的是，品牌对于消费者具有特殊意义。消费者由于过去与这种产品打过交道，或通过多年的营销活动了解了这些品牌，他们知道哪些产品能满足自己的需求，哪些不能。于是，品牌就成了他们选择产品时的一种简单的标准与工具。

如果消费者见过一种品牌，并且对它有一定的了解，在他们选择产品时，就不必再多作思考或是分析有关信息。所以，从经济学的角度看，品牌从两个方面使消费者降低了寻找中意产品的成本：内在方面（即他们必须考虑多少问题）和外在方面（即他们必须寻找多少地方）。基于对产品品质、产品特性等的了解，消费者可以对有关某一品牌自己不了解的地方作出种种假设，抱有合理的期盼。

品牌与消费者之间的关系，可以视为一种合同或者协定。消费者对品牌的信任和忠诚，暗示着他们相信这种品牌会有一定的良好表现，且该品牌会通过产品的一贯性能、合理的定价、促销、分销计划和行动向他们提供某种效用。当消费者意识到了购买这种品牌的好处时，只要他们在使用产品时有满足感，就很可能会继续购买。这些好处可能不会单纯地起作用。品牌是一种象征性的手段，它在消费者心目中树立了产品的某种形象。某种品牌与某些使用该品牌的人联系在一起，就反映了某种价值观念或者特点。消费这种产品，是消费者与别人，甚至与他们自己交流信息的一种手段：他们是什么类型的人，或者他们想成为哪种类型的人。品牌对于消费者及制造商（公司）的作用如表1-2所示。

表1-2　品牌的作用

消费者	制造商（公司）
产品来源的识别	简化运作或追踪的识别方法
产品制造者的责任	合法保护独特性特征的方法
减少风险	满足顾客质量要求的标志
承诺、保证书、与产品制造者的契约	赋予产品独特性的方法
象征的手段	竞争优势的来源
质量标识	财务回报的来源

二、选择品牌要素的原则

品牌要素的选择有多种方法和相关准则。品牌要素可以用来确定和区分一种产品的视觉或听觉信息。最常见的品牌要素包括品牌名称、标识、符号、特征、包装和广告语。品牌要素的选择有助于提高品牌的知名度，或者增强品牌给人的强有力的、讨人喜欢的、独特的联想。要检验品牌要素在树立品牌方面的贡献，就要考虑消费者在仅仅知道品牌名称、标识或别的要素的情况下对产品的看法。在选择、设计品牌要素以建立品牌资产方面，主要有五个标准，如表1-3所示。品牌要素的选择可以以它们为准：

（1）容易记忆的特点（可记忆性）：容易识别并回忆起来。

（2）有意义的特点（有含义性）：可信、有意义、同时具有幽默、有趣和丰富的视觉及听觉形象。

（3）可转移性：可在产品类别内或是不同类别间转移，并可突破地域和文化的界限。

（4）可适应性：可塑性强，容易更新换代。

（5）可保护性：受法律保护，能防止竞争方面可能出现的问题。

前两个标准更富于进攻性，目的是创建品牌知识结构；后三个标准更富于防御性，目的是充分重视和保护品牌知识结构的价值。每一条标准都有自己的一套详细的考虑内容。例如，品牌名称的知名度或是容易记忆性，需要被提高到以下程度：读、写简单容易；被人们熟悉并有意义；与众不同、别具一格、不同寻常。符合前两项标准的品牌名称更容易让人回忆起来，而第三条标准则更容易让人识别出来。

根据这些标准，可选出适当的品牌要素，通过提高产品知名度，形成有利的品牌形象，这对于品牌资产的建立是有帮助的。由于不同的要素具有不同的优势，在多数情况下，应当采用一个子集合，或者一切可能的品牌要素。

品牌要素有时也称为品牌认知，指的是那些用以标记和区分品牌的商标设计。主要的品牌要素有：品牌名称、标识、图标、声望、广告语、广告曲和包装。品牌要素独立于产品及其营销方案的决策之外。品牌要素的选择应该致力于尽可能多地建立品牌资产。换言之，既要加强品牌意识，又要促成强大、有力和独特的品牌联想的形成。品牌要素的品牌创建能力表现在顾客在只知道品牌名称、相关标识和某些其他特征的情况下，是如何知晓该产品的。

表1-3　品牌要素选择标准

可记忆性：容易识别/容易回忆
有含义性：描述性/说服性/趣味性/联想性
可保护性：法律角度/竞争角度
可适应性：灵活/可更新
可转换性：产品门类内/地域和文化界限间

第三节　服装品牌分类

一、高级时装与大众服装/批量生产的服装

1. 高级时装

高级时装是指被数量很少的群体所接受的新款式。这些人便是那些很早接受服装界变化和创新的时尚引领者。高级时装通常销量很少，并且价格不菲。这种服装因为太时尚或者创新而不能迎合大众消费者的需求，或者它们的价格超出了普通消费者的购买力。相反，如果这种款式能为更广大的消费者所接受，也就很容易复制，很容易批量生产，并以低价出售。这时，首先接受这一款式的时尚引领者和开创者们就会转向更新的款式。高级时装通常在时尚中心以设计师名字命名，主要是设计师品牌。

2. 大众服装/批量生产的服装

大众服装/批量生产的服装是由接受度非常广泛的款式构成的。这种服装都是批量生产并批量销售，价位中等偏低，吸引大多数具有时尚意识的大众消费群。大众服装是服装业的主体。

法国高级定制时装（Haute Couture）认定条件

高级定制服装的名称受到法律保护而不能任意采用，某一品牌要成为高级女装必须向法国工业部下属的专业委员会（高级女装协会）递交正式申请并符合以下条件：

（1）在巴黎设有工作室。

（2）参加高级女装协会每年1月、3月举办的两次的女装展示。

（3）每次展示至少要有75件以上的设计由首席设计师完。

（4）常年雇用3个以上专职模特。

（5）至少雇用20名工人。

（6）每个款式服装件数极少且基本由手工完成。

最后，经审定合格才能获得高级女装称号。高级女装也不是终身制的，需要每两年申报一次，审查不合格即取消高级女装资格。高级女装出现于18世纪的沃斯时代，极盛时有数百家，到20世纪90年代后期，只有18家品牌有此荣耀，除皮尔·巴尔曼、皮尔·卡丹、尼娜·里奇、让·路易·谢瑞、纪梵希、纪·拉罗什、伊夫·圣·洛朗、伊曼纽尔·温加罗、克里斯汀·迪奥、克里斯汀·拉克鲁瓦、夏奈尔、森英惠、路易·费罗外、还有勒科阿内·埃曼、帕科·拉巴纳、拉比杜斯及多浪迪。

二、按品牌的所有者分类

按照品牌的所有者来分类，可以分为设计师品牌、商业品牌和制造商品牌三种。

1. 设计师品牌

大多数设计师品牌是以设计师命名品牌的。之所以由设计师名字命名，一方面是设计师本人为了区别于其他设计师制作的产品而标上的记号；另一方面，西方服装产业发展最初是从手工作坊的规模做起来的，也就是现在的设计师工作室的雏形。随着岁月的变迁，一代代著名设计师本人退出历史舞台，而以他们的名字命名的品牌却被永久性地保留了下来。国际上著名的品牌大多数都是设计师品牌，它的创立都和创始人有关，甚至直接用创始人的名字来命名，如夏奈尔、范思哲、华伦天奴等；国内设计师品牌如素然、德诗、怡希、吉芬、例外（表1-4）。

表1-4　国内外设计师品牌

国外设计师品牌				国内设计师品牌			
品牌英文名	品牌中文名	创始人	创立时间	品牌英文名	品牌中文名	设计师	创立时间
Chanel	夏奈尔	Coco Chanel	1913	JEFEN	吉芬	谢　峰	2000
Dior	迪奥	Christian Dior	1946	EXCEPTION	例外	马　可	1996
KENZO	高田贤三	TAKADA KENZO	1970	ZUCZUG	素然	王一杨	2002
Giorgio Armani	乔治阿玛尼	Giorgio Armani	1975	cleanwater	洁	姚　峰	1996
VERSACE	范思哲	Gianni Versace	1978	TENGS	滕氏	滕家兴	1989

2. 商业品牌

商业品牌是一种虚拟经营，指只拥有自己的营销公司，将服装放到外加工厂贴牌去做，这样的好处是可以减少投入。

3. 制造商品牌

制造商品牌指拥有自己的生产基地厂房，自行加工产品，如雅戈尔、太平鸟、红豆等。

三、按年龄及风格分类

女装品牌按年龄和价格分类，可以分为少女装、淑女装和中高档女装三类（表1-5、表1-6）。

1. 少女装

少女装一般指15～18岁这个年龄段的女性穿着的服装，这类服装款式随意、大方、纯洁、舒适并且富有个性。色彩一般比较丰富亮丽，如红色、黄色、蓝色、白色等亮色系为主，能突显年轻女性青春活泼的特性。这类服装分为青春休闲型和新潮时尚型，前者如ONLY、VERO MODA、ESPRIT等，后者如Etam、QUA、Mo&Co等。

2. 淑女装

淑女装的消费人群年龄定位在18～26岁的年轻女性，这类服装奉行时尚、优雅、简洁、大方，具有现代都市感，又给人以亲切的感觉。色彩偏淡雅，在亮色中加入一点灰色调，如米色、淡蓝等，服装设计细节上会加入很多流行元素，能凸显年轻女性时尚、知性、感性的一面。服装风格多样化，有性感可爱型，如ROSEBULLET、23区、ON&ON、miu miu等；优雅知性型，如例外、OTT、E+、JNBY、ICB等；都市婉约型，如素然、ESPRESSO、浪漫一身、秋水伊人等。

3. 中高档女装

中高档女装的消费人群年龄定位在28～35岁及35岁以上的成熟女性。这类服装遵循"优雅至上，时尚简约"的风格特征，塑造出一个成熟知性、时尚婉约的女性形象。这类服装色彩偏成熟，以黑白灰为基本色，加入一些稳重的颜色，如卡其色、驼色、米白色等，总体色调中性又不失优雅。服装在设计上会更讲究板型和工艺细节处理，面料一般会采用中高档的。服装风格分为都市职业型和优雅气质型，前者如宝姿、玛丝菲尔、菲妮迪、哥弟、阿玛施等，后者如卓雅、雅莹、慕诗、诗篇、BCBG等。

表1-5 女装品牌按年龄分类

分类	年龄		品牌
少女装	16～25岁	一线品牌（主要以商场通路为主，位置多为边厅）	E.LAND、TEENIEWEENIE、SCAT、edc、azona a02、ES
		二线品牌（商场和地铺，商场多为中岛）	Bettyboop贝蒂、SONNPY史努比、Mickey Mouse米奇、IIMK、宝贝双星、淑女屋、小熊维尼Weenie the Pooh、casablank卡莎布兰卡
		三线品牌（主要以地铺专卖店为主）	阿依莲、淑女坊、朵以

续表

分类	年龄		品牌
少淑装	25～35岁	一线品牌（主要以商场通路为主，位置多为边厅）	ONLY、VERO MODA、欧时力、Basic House百家好、ESPRIT
		二线品牌（以商场和地铺为主）	日播、杰西伍、mo&co、江南布衣、秋水伊人、浪漫一身、天恩
		三线品牌（主要以地铺专卖店为主，商场为辅）	海贝、香影、名典屋、妆宜、千百惠
淑女装	30～50岁	一线品牌（主要以商场通路为主，位置多为边厅）	CHANEL、DIOR、VERSACE、GUCCI、Hermes、Givenchy纪梵希、哥弟、阿玛施
		二线品牌（以商场和地铺为主，商场位置多为次边厅或中岛）	江南布衣、秋水伊人、浪漫一身、古木夕阳、La Chanpelle拉夏贝尔、贝拉维拉、日播、序言、Gen.简、LILY、素然
		三线品牌（主要以地铺专卖店为主，商场为辅）	海贝、太和、元田、红人

表1-6　女装品牌按风格分类

少女装	青春休闲型	ONLY、VERO MODA、ESPRIT
	新潮时尚型	Etam、QUA、MO&Co、歌莉娅
淑女装	性感可爱型	ROSEBULLET、23区、ON&ON、miu miu
	优雅知性型	例外、OTT、E+、JNBY、ICB
	都市婉约型	素然、ESPRESSO、浪漫一身、秋水伊人
中高档女装	都市职业型	宝姿、玛丝菲尔、菲妮迪、哥弟、阿玛施
	优雅气质型	卓雅、雅莹、慕诗、诗篇、BCBG

四、按区域特征分类（表1-7）

表1-7　按区域特征及派系分类

所处区域	服装派系	代表城市	派系特点	代表品牌
华北地区	京派（北派）	北京	讲究洒脱稳重，以商务、职业为主，显大方。地区主要以北京为代表，包含天津、河北、山东、河南。多采用传统的款式设计，冬春装一般采用纯天然的毛料和混纺面料。色泽偏中性，以浅灰、咖啡、黑色为主	白领、玖而美、赛斯特等
华东地区	沪派（海派）	上海	它吸收了京、粤两派的特点，于俏丽活泼之中显得端庄稳重，手感柔软滑爽，质地纯真自然，华贵大方。近年来，沪派服装发展很快，影响日深	La Chanpelle拉夏贝尔、粉红玛丽、贝拉维拉、斯尔丽、日播、天恩、序言、Gen.简、LILY、素然等

续表

所处区域	服装派系	代表城市	派系特点	代表品牌
华东地区	杭派	杭州	以杭州为主要产地，多以丝绸为面料，设计理念时尚，文化内涵丰富，风格清丽雅致，富有江南气息。中国美院和浙江理工大学输出的大量设计师及邻近柯桥中国轻纺市场的优势为杭州女装的发展奠定了良好的基础	江南布衣、浪漫一身、古木夕阳、菲妮迪、OTT、玖姿、敦奴、雅莹等
华中地区	汉派	武汉	以武汉为主要产地，穿着端庄大方，在新潮方面稍逊于沪、粤，比较注重实用。其面料色泽偏深，以灰、黑、深蓝、深绿等为主，款式偏休闲	佐而美、邦珈、太和、元田、红人、名典屋等
华南地区	粤派（南派）	广州、深圳	突出体现女性的简洁柔美，产地以东莞虎门最负盛名。由于地理因素，受港台时尚特点影响，粤派服装新潮与实用于一体，以清新的大自然色为主，多用轻薄面料，剪裁得体，款式多变，线条简洁、流畅，突出女性的温柔气质	例外、娜尔思、影儿、米克芭娜、歌莉娅、卡佛连、珂罗娜、曼尼奴、城市俪人、欧时力等
台湾	台派	台湾	有着典型的欧洲风格，但板型上非常贴合亚洲女性的身形和气质，十分注重细节，带来活泼、浪漫气息；在服装用料上非常讲究，以台湾、美国面料为主	哥弟、阿玛施、采轩、哥蒂诗、蕾朵、声雨竹、贝尔尼尼等

第四节　品牌文化与品牌理念

一、服装品牌文化

品牌文化是指通过赋予品牌深刻而丰富的文化内涵，建立鲜明的品牌定位，并充分利用各种强有效的内外部传播途径形成消费者对品牌在精神上的高度认同，创造品牌信仰，最终形成强烈的品牌忠诚。拥有品牌忠诚就可以赢得顾客忠诚，赢得稳定的市场，大大增强企业的竞争能力，为品牌战略的成功实施提供强有力的保障。服装品牌文化是品牌在经营中逐步形成的文化积淀，代表了企业和消费者的利益认知、情感归属，是品牌与传统文化以及企业个性形象的总和。与企业文化的内部凝聚作用不同，品牌文化突出了企业外在的宣传、整合优势，将企业品牌理念有效地传递给消费者，进而占领消费者的心智。品牌文化是凝结在品牌上的企业精华。

品牌文化的核心是文化内涵，具体而言是其蕴涵的深刻的价值内涵和情感内涵，也就是品牌所凝炼的价值观念、生活态度、审美情趣、个性修养、时尚品位、情感诉求等精神象征。文化内涵是品牌能否长远发展的核心因素。有远见的企业通常注重对自身品牌内涵的建设。创建品牌的内涵涉及建立品牌形象、品牌风格特点以及它在消费者脑海中所代表的意义，并设定与之相匹配的目标人群定位，品牌定位又通常与品牌箴言的具体形式相关。

品牌文化的塑造通过创造产品的物质效用与品牌精神高度统一的完美境界，能超越时空的限制带给消费者更多的高层次的满足、心灵的慰藉和精神的寄托，在消费者心灵深处形成潜在的文化认同和情感眷恋。在消费者心目中，他们所钟情的品牌作为一种商品的标志，除了代表商品的质量、性能及独特的市场定位以外，更代表他们自己的价值观、个性、品位、格调、生活方式和消费模式；他们所购买的产品也不只是一个简单的物品，而是一种与众不同的体验和特定的表现自我、实现自我价值的道具；他们认牌购买某种商品也不是单纯的购买行为，而是对品牌所能够带来的文化价值的心理利益的追逐和个人情感的释放。

因此，他们对自己喜爱的品牌形成强烈的信赖感和依赖感，融合了许多美好联想和隽永记忆，他们对品牌的选择和忠诚不是建立在直接的产品利益上，而是建立在品牌深刻的文化内涵和精神内涵上，维系他们与品牌长期联系的是独特的品牌形象和情感因素。可见，品牌就像一面高高飘扬的旗帜，品牌文化代表着一种价值观、一种品位、一种格调、一种时尚，一种生活方式，它的独特魅力就在于它不仅仅提供给顾客某种效用，而且帮助顾客去寻找心灵的归属，放飞人生的梦想，实现他们的追求。

二、服装品牌理念

品牌理念是品牌文化定位的基础，品牌定位要准确反映品牌理念，将品牌理念与产品、服务和企业营销的各个方面有机结合。企业在建立品牌战略时，首先要确定品牌的理念，准确定位品牌理念。而品牌理念是指品牌的价值观，是品牌的精神内涵，即品牌以什么态度对待消费者、竞争者和利益相关者，品牌的形象是什么等。品牌理念是品牌系统的核心部分，决定着品牌的行为表现和品牌的发展方向。表1-8列举了实体店与网络原创设计师品牌的不同理念。

表1-8 实体店与网络原创设计师品牌理念

实体店设计师品牌		网络设计师品牌	
品牌名称	品牌理念	品牌名称	品牌理念
例外	本源、自由、纯净	裂帛	本真、释放、理想主义
吉芬	诚信、创新、服务	阿卡	自由、随性、追逐梦想
JNBY	自然、自我	茵曼	素雅简洁、个性不张扬
OTT	自由、独立、中性	素缕	宽松、舒适、自在
播	希望、传播、播种	森宿	都市、真实、文艺
TANGY	平和、健康、美丽	有耳	乃闻、用心倾听
欧宝	中性、洒脱、自由	后构想	SLOW IS BEAUTIFUL

品牌理念要符合企业的现状，即企业通过努力可以实现；其次，品牌理念要以消费者为核心，体现品牌的利益认知；再次，品牌理念是企业文化的反映，要与企业文化保持一致；最后，品牌理念要继承传统民族文化的精髓。一个企业即使拥有再先进的技术、精密的仪器、科学的制度，如果没有赋予它们灵魂，也是创造不出高价值的。这个灵魂被浓缩为两个字——情怀。对品牌的情怀，使他们拥有生生不息的创新源泉；对顾客的情怀，使他们将服务变为分享而不是消费；对社会的情怀，让他们倍加珍视企业的价值和使命。

品牌只有被赋予感情才拥有生命，从而具有生生不息的发展动力。关于品牌，很多人会有不同的见解，有人说是靠资金打造，有人说是由产品表现，还有人说是有文化积累。对于设计师品牌来说这些还远远不够，"心"和"爱"是设计师品牌长盛不衰的秘密，只有用心去经营品牌，熟悉她，懂得她，用心呵护，用爱交融，才能培育出一个真正经得起岁月考验的品牌。

顾客只有成为企业的一部分，服务才可以成为分享而不是消费。现在越来越多的服装品牌在设计中有一个特殊的环节，就是一款新衣出来之后，往往会实行产品预售，让目标客户预购或者试穿，然后根据他们的体会和反馈对产品进行二次设计，多次迭代之后以达到完美效果，例如裂帛、阿卡、茵曼等网络设计师品牌会间断性地发布预售产品。

他们用耐心这把"铁杵"不仅磨出了服装的品质和品牌的品位，更与顾客们磨出了相知相交的感情。作为一个时尚的思考者和实践者，服装品牌一直追求创新的理念，精致的生活，严谨的态度，通过服装服饰将生活的本质呈献给广大的消费者。也因此给予顾客的服务已经延伸到关怀他们的身心健康、心灵需求和精神追求，以完善他们的生活，美丽他们的人生。这份情感不是营销技巧，更不是噱头，它来自品牌和设计师内心深处的理念。

企业只有勇于承担社会责任，才能无愧于这个伟大的时代，只有投入情感才能承担责任。是这个时代给予了我们机遇，给了我们创造和实现的可能，我们的个人价值和企业价值只有在与社会的互动中才能得到体现，我们的意义也只有因为社会的需要而得到升华。因此，阿卡（Artka）山花灿系列推出名为"一颗鸡蛋"的捐助计划；茵曼携手公益人士推出"助学+成长"公益项目，给山区小朋友搭建梦想的阶梯，让他们走得更高、更远；例外一直在思考如何通过改变原材料从而影响产品源头的行动，使得环保与人文关怀更贴近生活，并把这份思考以牦牛绒系列这种最直接的形式来实践其对环保理念和人文关怀的责任。

正是把"人文情怀"做到细致入微，才培育出经得起岁月考验的服装品牌；也正是因为把社会情怀落实到企业文化建设的精髓中，才使得一个个服装品牌成为充满爱心和责任感的企业。那些似静非静的服装为什么充满灵动，或许那一针一线之中，一经一纬之间，承载了太多的情怀。人文关怀作为一种精神方面的指导引领着品牌不断地发展，在实践的过程中需要很好地利用品牌的视觉形象，最大程度地关注消费者内心的情感需求，并向消费者传达品牌的价值观。而情怀绝不是产品上的一点装饰，情怀必然会在越来越的产品上，让用户感受到品牌的温度，这种温度也会让品牌最终找到自己。

第二章　服装品牌环境分析

第一节　国内外服装市场环境

一、全球服装行业格局

（一）全球服装价值链的形成

随着20世纪60年代和70年代服装在全球的生产转移以及外包的迅猛发展，服装产业成为了全球化的拓荒者。服装生产商成为这种转换的主要推动者，他们主要通过外包商将生产转移到低薪国家。杰罗菲（Gereffi）在1994年提出了买手驱动的商品链并对这种方式作了新的定义，Gereffi认为服装全球化的驱动者是来自发达国家的服装零售商和无生产的品牌公司（服装品牌营销商），他们一般将产品生产放在发展中国家，而生产者驱动是以跨国生产商主导的全球生产网络。研究认为，从CMT（Cut-make-trim）、OEM（original equipment manufacture）到全外包的升级是一个比较好也相对比较容易的机会，而升级到ODM（original design manufacture），甚至OBM（Own Brand Manufacture）的机会则比较低，因为设计研发、市场渠道和品牌这些活动被认为是发达国家买手的核心优势。20世纪90年代以来，伴随着经济全球化进程的加快，世界制造业生产体系在全球出现了前所未有的垂直分离和再构，出现了大量的中间产品，使得国际分工出现了巨大变化。其主要表现形式之一是垂直专业化分工即全球价值链分工，表现为劳动密集型工序或劳动密集型零部件生产与资本、技术、知识密集型工序或零部件的生产之间的分工，甚至是设计与制造的分工，并且有越来越多的国家参与到这种分工活动中。分工的细化导致了国与国之间的比较优势更多地体现为全球价值链上某一特定环节的优势，而非传统的最终产品优势。也有学者使用生产过程的片断化、外包、多阶段生产、生产的非地化、垂直专业化分工、要素分工和产品内分工等概念表示这一新的分工形式。

全球价值链分工呈现若干新特征：

（1）全球价值链分工使得国际劳动分工呈现不平衡发展趋势。全球价值链分工在纵向上分离出不同的层次。一方面，它使处在分工较低层次上的劳动横向差别减少，资产专用性弱化为通用性。这个层次的国际分工"进入壁垒"很低，是广大发展中国家参与国际分工的主要形式。另一方面，它又使得处在较高层次的劳动差别扩大，并日益专门化，专业化知识在分工中的重要性日益显著。这个层次的国际分工"进入壁垒"和"退出壁垒"都较高，其参与者不仅以劳动，而且以专业化知识和专用性资产参与国际分配。

（2）生产过程的各个阶段和功能分散于各国（地）以充分利用各国（地）的比较优势。现代通讯和管理技术使分散的各个阶段和功能保持联系以确保整体效率。

（3）跨国公司成为全球价值链分工的主导力量。全球价值链分工的实质是跨国公司在全球范围内的资源整合。

（4）比较优势与规模经济的存在是全球价值链分工的源泉、技术进步所导致的交易成本的降低是全球价值链分工得以开展的前提条件。

（5）贸易自由化和多边贸易体制的建立是全球价值链分工的制度保证。过去几十年间，通过不同途径推进的贸易自由化改革，使发达国家制成品的平均关税水平从40%左右下降到目前的3%~4%，大大降低了全球价值链分工跨境交易成本，推进了全球贸易自由化进程。

（二）全球服装价值链的演变

"二战"以前，服装生产主要存在于各国内部，不具有全球性。作为一国工业化初期的主导产业，服装成为其对外贸易的主要出口制成品。"二战"后，随着生产和贸易的全球化，跨国公司内部出现了垂直分离，为了适应全球服装市场快速多变的竞争需求，它们将服装制造环节放在劳动力成本低廉的发展中国家和地区进行，而将附加值高的设计、营销、品牌等环节仍留在国内完成。因此全球服装价值链的片断化主要表现为生产环节在全球的转移。这一转移过程包括了三个阶段：20世纪50年代到60年代初，受日本服装需求的刺激，北美和西欧的跨国公司纷纷将服装生产环节由国内移至日本。20世纪70年代到80年代初由日本向中国香港、中国台湾和韩国转移。20世纪80年代到90年代初，由于许多发展中国家对外开放的速度加快，全球服装价值链也在不断地进行动态调整，生产环节在亚洲逐渐向中国大陆、越南、印度尼西亚、菲律宾等国家转移，在拉丁美洲，墨西哥、巴西、阿根廷成为主要的供应商。除此之外，服装加工环节还逐渐延伸到了东欧和非洲的一些国家和地区（图2-1）。至此，形成了当前的全球服装生产网络。

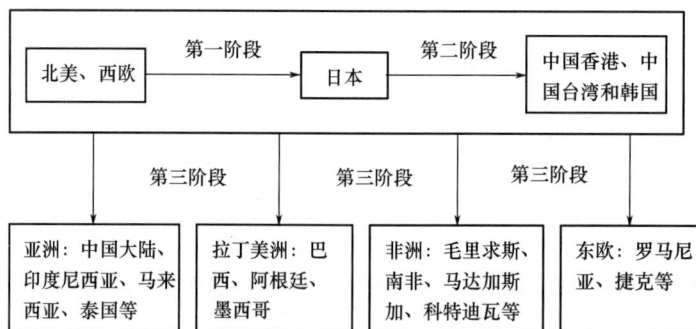

图2-1　全球服装价值链制造环节的转移

（三）全球服装价值链中的领导公司

　　服装生产需要大量低技术劳动力，跨国公司的潜力已经受到来自海外直接投资的限制。因此，跨国公司需要转向其他类型的跨国活动，例如成品的进口，品牌与商标的许可经营和国际分包。这些活动已经在买手驱动的商品链中形成了多重的领导公司。在全球服装价值链中的领导公司有三种类型：分别是服装零售商、服装品牌营销商、服装品牌制造商（图2-2）。随着服装生产在全球的分散和领导公司竞争的加剧，每一类公司都拥有广泛的全球采购能力。尽管生产开始出现垂直分离，但是它们正在加强服装价值链中附加值高的活动和加强服装链条的市场细分，导致这些公司边界的模糊化和链条中利益的再分配。

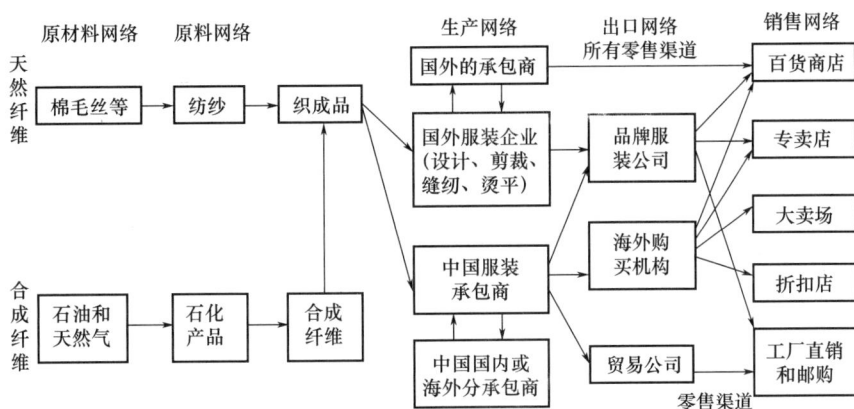

图2-2　全球服装产业价值链

1.服装零售商

　　在以前，零售商是服装品牌制造商的主要客户，但随着利益的驱动服装零售商逐渐成为了制造商的竞争者。由于消费者需要更好的价值，零售商更多转向直接进口，这也是市场上出现了许多零售商拥有自有品牌的主要原因。自20世纪80年代以来，很多零售商开始销售自有品牌（店铺品牌）服装，从而与国内服装品牌营销商和品牌制造商形成了直接竞争。零售商的产品价格比起竞争者更便宜，而且省去了一些中间环节费用，因而比原来获利更多。零售商也因此承担了诸如产品设计、面料选择、服装制作或转包等职能。

　　零售商在销售季节来临之前已下单订购大部分产品，秋/冬系列通常在每年2、3月份订购，而春/夏系列则在每年8、9月份订购。因此，零售商得承受一个相当大的市场风险，如果销售不畅成为滞销款，将给零售商带来批量的库存；另外，如果产品市场反应良好而成为畅销款，则零售商需要通过分析销售数据，根据货品的款式、色彩、尺码进行补单。订单的选择和采购数量的决定是对百货商店买手的一个巨大考验，也是衡量其是否胜任买手职业的重要考核标准。

2. 服装品牌营销商

没有工厂的生产商如丽资克莱本（Liz Claiborne）、唐娜·卡兰（Donna Karan）、拉尔夫·劳伦（Ralph Lauren）、汤米·希尔费格（Tommy Hilfiger）、诺帝卡（Nautica）和耐克（Nike），它们从诞生之日起就开始全球化的运作，因为大部分外包生产任务在海外完成。为了更好地应付进入的竞争对手，服装品牌营销商采纳了几方面的战略反应来改变全球采购网络的内容和范围。这些措施包括：收缩自己的供应链，采用更少的但更有能力的制造商；指导供应商从特定来源采购零部件，从而减少自身的采购和分销活动；放弃某些支持性功能（如样板放缩、样板制作、样衣生产），交给供应商来完成；采用更严格的买方认证制度来提升供应商能力；采购网络从亚洲转换到西半球。

3. 服装品牌制造商

越来越多发达国家大的服装品牌制造商不再决定是否在海外生产，而是决定如何组织和控制生产网络。品牌制造商供应中间输入品（已裁的面料、线、扣和其他辅料）给广阔的海外供应商网络，这些供应商一般位于邻近国家，并有互惠贸易协定，允许海外组装完成的产品重新进口，并仅对外国劳动力增加的部分价值征税。这种国际转包系统存在于世界各个区域。在美国也称为807/9802规则或"产品分享制"，美国生产商的采购网络主要位于墨西哥、中美洲和加勒比海；在欧洲，也被称为"出口加工贸易"，主要的供应商位于北非和东欧；而在亚洲，来自劳动力成本相对较高的制造商如中国香港也与中国大陆和其他低薪国家签有"外发加工协议（OPA）"。

二、国内服装行业的基本情况

（一）中国服装行业概况

纺织服装行业是我国传统支柱产业，目前中国已是全球最大的纺织品及成衣出口国，行业整体受出口市场和国内市场影响波动，且纺织服装效用内涵不断丰富和拓展使其国内需求与宏观经济的关联度增大；中国纺织服装行业侧重生产制造中低端品牌产品，整体处于充分竞争状态，目前纺织制造行业竞争主要围绕规模、产品结构及技术水平展开，服装行业竞争主要围绕品牌、渠道和供应链管理能力展开，产品设计能力整体仍然较低；产业政策主要围绕提振行业需求、促进产业结构调整及升级转型等方面展开，相关政策有利于引导行业规范健康发展，但整体效果仍不明显。2011年以来，受欧盟主权债务危机升级、美国经济增长乏力、国内经济增速放缓等因素影响，我国纺织品服装内外需增速均有所放缓；部分龙头企业向地产、新能源等高风险领域拓展；行业整体盈利状况不强，债务负担较轻，但债务结构不够合理。虽然纺织服装需求有一定的刚性，但纺织服装行业结构性矛盾突出，低端产能过剩，高端产能不足，行业整体竞争非常激烈；同时，行业缺乏对上、下游的议价能力，易受原材料价格波动的影响；此外，国内成本优势弱化带来的出口竞争力趋势性下降加大了行业运营风险，而部分龙头企业向高风险业务领域拓展则对行业整体信用品质造成了不确定影响。

20世纪80年代末，凭借低廉的劳动力成本等优势，中国成功承接了发达国家的纺织产业转移。经济全球化和我国在2001年加入WTO，为国内纺织服装行业提供了更大的国际发展空间。近年来，纺织服装行业持续发展，并逐步形成从上游的纤维原料加工到下游服装、家用、产业终端产品制造的完整产业体系，产业规模及生产配套能力均具有良好水准。目前，中国是全球最大的纺织服装生产制造国，也是全球最大的纺织品及成衣出口国。2011年，中国纺织品服装出口所占份额由2010年的34.38%增加到35.12%，其中，纺织品出口所占份额从2010年的30.7%增加到32.2%；服装出口所占份额从2010年的36.9%增加到37.3%。纺织服装行业是我国国民经济的传统支柱产业和重要的民生产业，在繁荣市场、扩大出口、吸纳就业、增加农民收入和促进城镇化发展等方面发挥着重要作用。2003—2011年，我国规模以上纺织服装企业工业总产值年均增速为22.58%。2011年，全国3.6万户规模以上纺织服装企业实现工业总产值54786.5亿元，同比增长26.8%，占全国规模以上工业总产值比重约为5.8%。

（二）中国服装行业的特点

中国是世界上最大的服装消费国，同时也是世界上最大的服装生产国，但中国服装产业整体发展很不平衡。广东、江苏、浙江、山东、福建、上海等东南沿海省份所生产的产品占据了全国80%以上的市场份额。而中西部地区的服装产业则还非常落后。各服装企业之间的竞争也还停留在比较低的层面上，主要体现在价格、款式等方面的竞争，绝大多数服装企业的产品销售还是以批发市场的大流通为主。而近年来服装企业的品牌意识虽然不断加强，但中国服装行业目前还只有有限的几个中国驰名商标，还缺乏真正意义上的国际服装品牌，主要还是通过低成本优势在与国际品牌进行竞争。

中国服装行业最为成熟和稍微具备国际竞争力的当属男装和羽绒服了，这片领域诞生了杉杉、雅戈尔、波司登、雪中飞等众多知名品牌，集中了好几家上市公司，它们品牌实力较强，规模和竞争力都处于服装行业前列。而女装、童装、睡衣等市场则相对发展不成熟，强势领导品牌还很缺乏。从整体上看，目前我国服装行业具有以下几大特点。

1. 规模大、产量大

中国人口众多，这就使得服装生产加工这种劳动密集型企业在国内有了充分发展壮大的土壤，大规模的厂房和大批廉价劳动力造就了国内服装行业的大产量大规模的现状。

2. 水平低

虽然国内服装企业众多，发展迅速，但目前来看仍是以服装加工代做为主，国内自主知名品牌较少，高端品牌较少，总体水平偏低，国内高端市场很大一部分都由外来高端品牌占据，随着国内自主服装品牌的发展，国内外知名品牌争夺国内高端市场的现状将会愈演愈烈。

3. 品牌意识凸显，品牌对于流行趋势的导向作用明显增强

随着国民经济的发展和人们生活水平的提高，人们对服装的要求不再仅仅局限于遮体避寒等基本功能，对于服装品质和流行时尚的追求在服装选择中的决定性作用越来越大。知名的品牌更容易赢得消费者的信赖，品牌对于流行趋势的导向作用逐渐加强。

4. 集群化发展

从集群化发展来说，我国服装产业多集中在南方地区以及环渤海地区，并以此三大经济圈为辐射中心向外发展。围绕专业市场、出口优势、龙头企业等形成以生产某知名产品为主的区域产业集群。

5. 品牌和市场细分化时代的到来

国内服装行业的品牌和市场细分化时代已经到来，这样的发展趋势有一部分也是学习国外知名品牌经验的结果。以丹麦知名服装公司绫致时装为例。绫致时装旗下自主品牌多达12个，这12个品牌分别针对时尚女性（ONLY）、成熟女性（vero moda）、青春男生（Jack jones）等不同的消费者群体，做到品牌和市场细分，有针对性地设计和生产产品。另外，服装企业的加工商与经销商也进一步分化，逐步出现了单纯负责产品经销的职业经销商，服装行业的职能也进一步分化了。以围绕代理商、加盟商或者百货招商等少数人运作的小众化市场逐步向以直接面对消费者、运用互联网电商平台等的大众化市场转变。

6. 劳动密集型企业迁出一线城市成大趋势

随着北京大红门、动物园等知名服装批发市场外迁计划的出现，预示着劳动密集型企业迁出一线城市的大趋势正在实行。这类企业的外迁可以为周边城市提供更多的就业机会，带动地方经济发展，解决一线城市高昂的门店租金压力。同时，劳动密集型企业外迁对一线城市缓解交通压力和因人口过度集中带来的环境污染等起到重要作用。

三、国内服装行业发展趋势

（一）消费增长促进服装品牌发展

中国人口14亿，庞大的人口基数本身就组成了一个庞大的服装消费市场。同时随着中国国民收入的不断飞升，在2004年人均GDP超过了1000美元后，中国市场将进入精品消费时代，服装消费将不再仅仅为了满足其最基本的生存需求，将向更高的心理需求、自我满足需求跃进，特别是几千万人口跨入中产阶级后，其对反映自身社会地位和品位的服饰的需求将越来越迫切，将成就一批抓住了该阶层需求的服装品牌。国内服装市场将越做越大，市场细分将越来越小，今后国内服装市场的消费趋势将集中在精品化和个性化上。目前服装行业所处的温和增长期比较长，这是由产业升级转型的共性决定的。对于服装企业来说，疯狂开店、博眼球的营销手法等老的套路已经不能刺激业绩增长了，新的增长将会通过收购其他品牌或渠道、与互联网深度结合等新的商业模式实现。

事实上，服装行业在2013年已经表现出了这方面的趋势，比如探路者、美特斯邦威等均试水O2O，森马与多个国外品牌合作将产品引入中国市场等，越来越多的中国设计师开创自己的品牌和网店。除此之外，还有一个显著的趋势是服装企业将眼光放在了三、四线城市。其实，三、四线市场才是中国的大市场，有土豪高端消费，但更多的是大众消费，未来支撑大众品牌做大做强的主流市场在三、四线城市。而一、二线市场会越来越国际化，做好形象是不错的选择。用心去研究三、四线市场需要，满足三、四线市场的品牌春天还没有真正开始。对于以低值导向的批发杂牌而言，溢价空间会变窄。

　　这种情况延续至2013年，这一年"关店"依旧是服装行业的关键词：2012年，佐丹奴在内地关闭了163间门店，2013年三季度，其再度关闭7家；截至2014年9月30日的上半财年，波司登减少门店503家；七匹狼在2014年上半年店铺数量也净下降了152家；中国动向、361度、安踏、匹克、特步、李宁六大知名国内运动品牌，2014年上半年则累计关店2249家。造成关店的主要原因：第一，一窝蜂挤在一起，竞相抬高租金；第二，店铺大小不一，SKU差异太大；第三，不同品牌定位的商圈适应性存在问题；第四，硬件装修形象更换过频，成本摊销过高；第五，商业地产房租泡沫化，国内主要上市服装公司经营指标如表2-1所示。

表2-1　国内主要上市服装公司经营指标

服装企业公司名称	产能	子品牌	网点数量	加盟占比
雅戈尔集团股份有限公司	西服、衬衫和休闲服年产能分别为160万套、1600万件和805万件	金标、蓝标、绿标、汉麻世家、浩狮迈	2302个	19%
海澜之家服饰股份有限公司	年服装物流总量3044万件，主要外包生产	海澜之家、爱居兔	1919个	97%
杉杉集团有限公司	年产针织服装3000万件，针织坯布2万吨	衫衫、法涵诗、法思·迪萨、菲莱、梵尚、纪诺斯、菲何、玛柯·爱萨尼、莎喜、小衫哥	375家代理商	—
福建七匹狼实业股份有限公司	自制318万件，外包1140万件	经典系列、时尚系列、休闲系列、设计师系列、蓝标系列、童装系列，代理：CANALI、VERSACE、GEORG JENSEN等	3976个	87%
九牧王股份有限公司	委托104万件，自制0.5万件	九牧王、格利派蒙	3140个	77%
浙江报喜鸟服饰股份有限公司	—	报喜鸟、宝鸟、卡博诺、圣捷罗、比路特、法兰诗顿、索洛赛理 代理：东博利尼，巴达萨里、哈吉斯	1068个	—
浙江步森服饰股份有限公司	衬衫191万件，西裤60万件，西服17万件（2010年数据）	经典正装系列、商务休闲系列、时尚活力明系列	900个	95%
希努尔男装股份有限公司	—	绅士正装系列、商务休闲系列	632个	92%

续表

服装企业公司名称	产能	子品牌	网点数量	加盟占比
广州卡奴迪路服饰股份有限公司	T恤21万件，裤子11万件，夹克约5万件	卡奴迪路，代理：BALLY、MUNSINGWEAR、新秀丽、美旅、菲拉格慕、ARMANI饰品	318个	45%
上海美特斯邦威服饰股份有限公司	外协为主	Meters/bottwe、ME&CITY等	4793个	76%

（二）纺织服装出口退税调整

纺织服装行业整体盈利能力弱，税负的高低是企业净利润的重要影响因素。在现有的税收政策中，出口退税对纺织服装企业具有重大影响。对于外贸企业来说，出口退税率的提高将显著减轻企业的成本压力，出口退税提高1个百分点，企业的利润率最多可以增加1个百分点，出口退税若下调，企业的出口数量及盈利水平将受到不同程度的冲击，其中对于中小企业的影响更加显著。近年国家数次调整出口退税税率（表2-2），目前纺织品服装出口退税率为16%，处于历年来较高水平，体现了国家对行业出口较大的支持力度，有助于改善行业对外贸易环境。

表2-2 中国纺织服装出口退税历年调整

时间	调整内容
1995年7月	纺织品服装出口退税率从13%下调至10%
1996年12月	纺织品服装出口退税率从10%下调至6%
1998年1月	纺织品服装出口退税率重新上调至11%
1999年1月	纺织品服装出口退税率11%上调至13%；同年7月，纺织品出口退税率由13%上调至15%，服装退税率13%上调至17%
2001年7月	棉纱、棉布、棉制品出口退税率由15%上调至17%
2004年1月	纺织品、服装出口退税率分别由15%、17%下调至13%
2006年9月	纺织品出口退税率由13%下调至11%
2007年7月	服装出口退税由13%下调至11%
2008年8月	部分纺织品、服装的出口退税率由11%上调至13%；同年11月，再次从13%上调至14%
2009年2月	纺织品服装出口退税从14%上调至15%；同年4月，再次从15%上调至16%

资料来源：中债资信整理

四、国内服装行业总体竞争状况

（一）服装行业发展状况

从国际竞争格局看，欧美等国外品牌在高端市场具有显著的竞争优势，其竞争力主要体现在面料工艺、研发设计、品牌管理、渠道精细化管理、供应链管理等方面，而中国纺织服装企业则主要定位于生产制造环节及中低端品牌运营，竞争力主要来自于国内完整的纺织服装产业生产体系、劳动力及能源成本优势等方面。由于发展时间长，进入门槛低，中国纺织服装行业参与企业众多，集中度很低，行业竞争激烈。截至2011年底，中国纺织业规模以上企业达2.25万家，前十大企业收入占比不足5%。行业内企业普遍盈利能力较低，且缺乏对上、下游的议价能力，易受原材料价格波动的影响，整体处于充分竞争状态（表2-3）。基于不同的目标客户群体和发展阶段，各子行业行业集中度和竞争态势存在较大差异。

表2-3　纺织服装子行业发展状况及竞争状态

子行业	发展阶段	竞争状态	代表公司
高级定制设计师品牌	幼稚期	初步发展，代表品牌社稷、ne-tiger、mark cheung、maryma design等	中国服装
户外用品	成长期	国外品牌几乎垄断市场，国内品牌探路者唯一与之抗衡	探路者
高档服装	成长期	主要与国外二线品牌在高档商场渠道竞争，竞争激烈，单一品牌占有率低	朗姿股份、凯撒股份、卡奴迪路
家纺行业	成长期	国内品牌三足鼎立，国内外品牌进入多	罗莱家纺、富安娜、梦洁家纺
商务休闲	成熟期	晋江品牌袭断男装商务休闲，渠道下沉进行中	七匹狼、九牧王、中国利郎
大众休闲	成熟期	行业被不断细分、国外快销品牌不断进入，竞争加剧	美邦服饰、森马服饰、搜于特
正装行业	成熟期	差异化竞争，行业集中度较高，龙头企业地位稳固	报喜鸟、雅戈尔
出口型子行业	衰退期	充分竞争	孚日股份

（二）国际服装品牌对国内服装企业的挤压

全球化市场日益加深，国际品牌纷纷登陆中国市场，不论是奢侈品牌，还是快速时尚品牌，都加剧了中国服装市场的竞争格局。当中国奢侈品市场超过美国成为全球第二大市场，当H&M、ZARA、GAP、C&A、UNIQLO纷纷如肯德基、麦当劳一样快速连锁开店的时候，国内服装品牌更加陷入了"狼来了"的时代，一个个境外知名品牌不断地在各类城市中显现。从2012年开始，服装企业普遍出现现金流紧张、利润下滑、经销商矛盾日益突出等问题，服装行业传统商业模式面临着重大挑战，关店、打折清库存成为其最直接的表现。

经过三十多年的发展，中国纺织服装行业把握品牌稀缺的机会，借助行业的增长顺势进行高速外延扩张，并初步形成了一批初具知名度和市场规模的品牌企业。值得关注的是，自2000年起，国际知名服装品牌相继进驻中国并加快开设店铺速度，尽管其在中国市场面临文化差异以及渠道稀缺的困难，但基于雄厚的资金实力、领先的设计能力、强大的品牌影响力和供应链管理能力，其在一、二线城市竞争中占据了一定优势，对本土品牌服装企业构成了较大威胁。

第二节　国内服装企业转型升级

一、中国服装业升级路径演进模式

现阶段中国服装业更多的是采用OEM（originalequipmentmanufacture）这种"国际代工"的生产方式，而要实现产业升级应该采用ODM（original design manufacture）和OBM（own brand manufacture）方式。中国服装业全球化过程中参与国际性的垂直分工或价值链分工，更多应该通过技术创新和品牌经营，加大R&D（research&development）投入力度，利用发展中国家的后发优势和比较优势形成竞争优势，提高核心竞争力，实现产业升级。

在全球价值链研发—生产—营销的流程中，现阶段中国服装业仍集中于生产加工的OEM形式。OEM是利用自己生产设备的能力为其他企业或品牌制造商生产进入市场的产品（表2-4）。国内很多服装出口企业，进行的外贸业务加工都属于此类，由于中国劳动力成本比较低，产品在国际市场具有竞争力，因此获得了国外制造商的垂青。目前国际上几乎所有知名品牌如AMARNI、GUCCI等都在中国贴牌。在这个阶段，中国服装业能产生"溢出效应"，即不仅赚取了进一步扩大再生产的资金，更重要的是锻炼了劳动者和企业管理者，增加企业的学习能力和组织能力，并改进了企业的各种附属设施。不利的方面是如果中国服装业长期定位于国际分工体系的低附加值环节，难以摆脱向下竞争的格局，那么实现生产到研发或营销的产业升级就比较难实现。ODM是指按国外贸易商的要求，由公司设计并生产，但仍不使用公司的品牌，也不负责产品销售。随着中国服装企业生产能力和质量的进一步提高，在OEM向ODM升级时，国外制造商由原先的来料来样加工逐渐向由生产商提供设计款式、制造商订单的模式转变，在价值链中生产商由生产向研发上游攀升，公司开始在技术创新、产品开发上获得利益，提高了产品的附加值。

表2-4　基于全球价值链（GVC）的中国服装业升级路径

	创新		生产		营销
	研究	开发	设计	制造	品牌运作/营销拓展/服务
OEM	发达国家服装企业			中国服装企业	发达国家服装企业
ODM	发达国家服装企业	中国服装企业			发达国家服装企业
OBM	中国服装企业			外发或外移	中国服装企业

OBM是产业升级的最高阶段，表现在服装业不仅进行服装的研发和设计，而且还拥有自有品牌。在OEM向ODM或ODM向OBM升级时，越向上游前进，企业价值链两端的要求也越高，特别是OBM阶段，需要企业拥有自己的全球营销网络渠道和企业自身的研发能力。它与OEM或者ODM之间的区别在于：第一，不再简单通过加工贴牌赚取加工费，而是在运作自有品牌的基础上赚取更多的品牌收益；第二，从OEM向ODM的转化，虽然也是一种产业的升级形式，但没有在真正意义上改变加工从属的关系；第三，当产业升级到OBM，原先的从属关系开始发生变化，原先的代工者就可能转化为发包者。

二、服装业升级路径分析

随着国际分工的深入，在一些地区国家之间形成了基于全球价值链分工的OEM、ODM和OBM三种不同类型的生产模式，根据波特对企业价值链的分析，企业价值链包括研究与开发、设计、生产制造、服务和贸易销售等几个环节，而在这些环节中，根据微笑曲线（Smiling Curve），曲线两端才是企业制胜的关键，一端是通过市场调研，经过研发设计出满足消费者需求的新产品，另一端是通过营销和品牌来创造产品的价值。而中间段的组装制造生产等工序则利润空间最小。企业经营附加值也呈现出"中间小，两头大"的微笑形状（图2-3）。

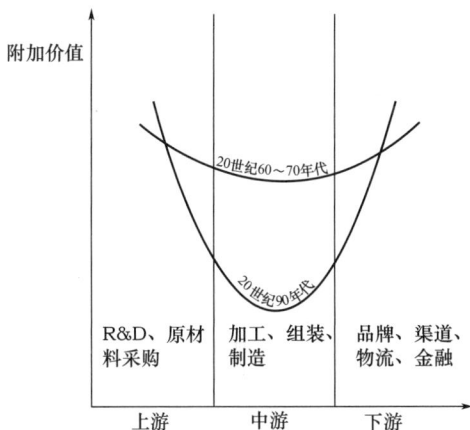

图2-3　微笑曲线（附加值曲线）

在OEM向ODM转变时，服装企业沿着抛物线的左侧（价值链上游）升级，随着新技术研发的投入，产品附加价值逐渐上升。企业开始向面料或者服装的上游延伸，具体表现在纤维的开发应用、面料（组织、花型、肌理等）的设计、技术的攻关、服装产品的设计开发。对于拥有强大制造能力的一些中国服装企业而言，转变过程应该加大产业上游技术开发力度，在国内外市场中寻找差异化空间，挖掘新的市场空间。这种基于技术创新的升级模式，关键在于差异化战略，而不是OEM的成本领先战略。而差异化战略的关键在于技术创新，因此对于原有专注于OEM的中国服装企业，关键是要贴近消费者和市场。

在ODM向OBM升级时，企业沿着抛物线的右侧（价值链下游）升级，随着品牌运作、销售渠道的建立附加价值逐渐上升。这个阶段，服装企业主要依托自有品牌开拓国内外市场，建立起全球营销网络和物流体系、快速反应（QR）、供应链管理（SCM）、敏捷销售（LeanRetailing）等新型营销管理模式。对于在OEM已经积累了原始资本和技术的国内服装企业，直接进入市场发展自有品牌是有条件的。目前，随着国内服装消费市场的成熟和扩大，许多原来以经营外贸为主的公司开始实现两条腿走路，经营品牌开始拓展国内服装市场，甚至是"以外贸养内销"。而对于经营自有品牌，关键在于品牌策划、品牌定位、品牌维护、营销渠道建设以及售后服务。

从OEM向ODM和OEM向OBM混合升级模式，即同时向产业上游和下游升级。如大型服装企业雅戈尔集团，一方面通过技术创新开发新型的面料织物，另一方面，通过整合营销开拓国内外市场，完善自有品牌和营销渠道，建立起完善的供应链管理体系。在这个阶段，关键在于企业要充分利用自身在资本、研发、渠道和品牌等方面的资源条件，坚持以服装为主业的多元化经营方针，实现企业的整体升级。

第三节　公司观念导向演变

一、生产观念

生产观念是商业领域中最古老的观念之一。生产观念认为，消费者喜欢那些随处能够买到的、价格低廉的产品。生产导向型企业的管理层总是致力于提高生产效率，实现低成本和大众分销。这种导向在以中国为代表的发展中国家具有一定的可行性。

二、产品观念

产品观念认为，消费者喜欢那些具有高质量、高性能水平或富有创新特色的产品。在奉行这种理念的企业里，管理人员总是生产优质的产品，并不断加以完善。但是，管理人员有时会迷恋上自己的产品，因而有可能陷入"更好的捕鼠器"这类陷阱当中，幻想着只要生产更好的捕鼠器，人们就会踩破自家商店的门槛。实际上，对于一种新产品或改进的产品而言，如果没有制订出合适的价格并采取合理的分销、广告和销售措施，未必能够获得成功。

三、推销观念

推销观念认为，如果让消费者和企业自行抉择，他们不会足量购买该组织的产品。因此，该组织必须主动推销和积极促销。

四、营销观念

营销观念是在20世纪50年代中期出现的。营销观念认为，实现组织诸目标的关键在于正确确定目标市场的需求和欲望，并且比竞争对手更有效、更有利地传送目标市场所期望满足的东西。

推销观念注重卖方的需要，而营销观念则注重买方的需要。推销观念以卖方的需要为出发点，考虑的是如何把产品变成现金；而营销观念考虑的则是如何通过产品以及与创造、交付产品和消费最终产品有关的所有环节来满足顾客的需要。

五、全面营销观念

21世纪营销的趋势和力量正促使一些领先企业接纳一套新的理念和实践方式。全面营销观念是以开发、设计和实施营销计划、过程及活动为基础的，但同时也深度地认识到上述营销计划、营销过程和营销活动的广度和保持之间的相互依赖性。全面营销者认为，在营销实践中每个细节都是特别重要的，采纳广泛的、整合的视角不可或缺。

因此，全面的营销试图充分认识并努力协调市场营销活动的范围和复杂性。勾勒出全面营销的框架，并概括出其中所包括的四个关键要素：关系营销、整合营销、内部营销和绩效营销，如图2-4所示。成功的企业将是那些随着市场和市场空间的持续变化而不断调整其营销活动的企业。

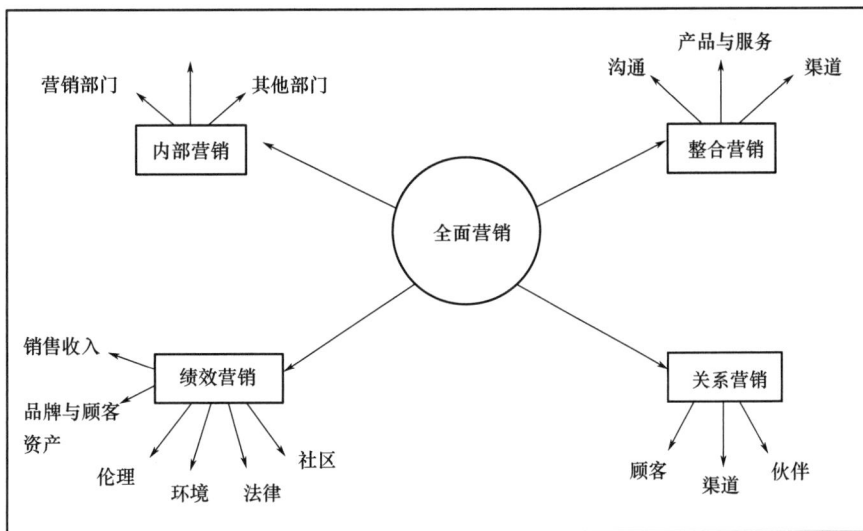

图2-4 全面营销观念的主要维度

（一）关系营销

市场营销的主要目标越来越集中于开发与相关组织和个体之间密切的、持久的关系上。其中，这里所说的组织与个体是指那些直接或间接对组织的营销活动是否能够获得成功产生影响的组织与个体。关系营销就是要与关键的利益相关者建立起彼此满意的长期关系，以便赢得和维持商业业务。

关系营销中包括四个关键的利益相关者，分别是顾客、员工、营销合作伙伴（渠道、供应商、分销商、经销商和代理商）、金融界的一员（股东、投资者和分析者）。营销者应该尊重利益相关者的需求，使各个利益的相关者各取所需，并制订出可以平衡关键利益相关者收益的政策和战略。为了与这些利益相关者形成密切的关系，就必须要了解它们的能力、资源、需要、目标和欲望。

关系营销的最终结果，就是建立起独特的公司资产：营销网络。一般而言，营销网络包括企业以及其提供支持的利益相关者：顾客、雇员、供应商、分销商、经销商、代理商和大学研究人员等，企业已经跟这些利益相关者建立起互惠互利的商业关系。在营销网络中，其运行规则非常简单，即与关键的利益相关者建立起高效的关系网络，利润会随之而来。遵循这一原则，更多的企业希望拥有品牌资产，而不是有形资产。同时越来越多的企业开始把业务外包给那些可以更高效、更廉价从事外包业务的企业，而自己仅仅从事核心业务。

（二）整合营销

营销者的任务就是设计营销活动和全面整合营销计划，以便为消费者创造、传播和交付价值。其中，营销活动可能包括多种形式。麦卡锡把诸如此类的营销活动概括为四大类，并称之为4P，即产品、价格、渠道和促销（图2-5）。

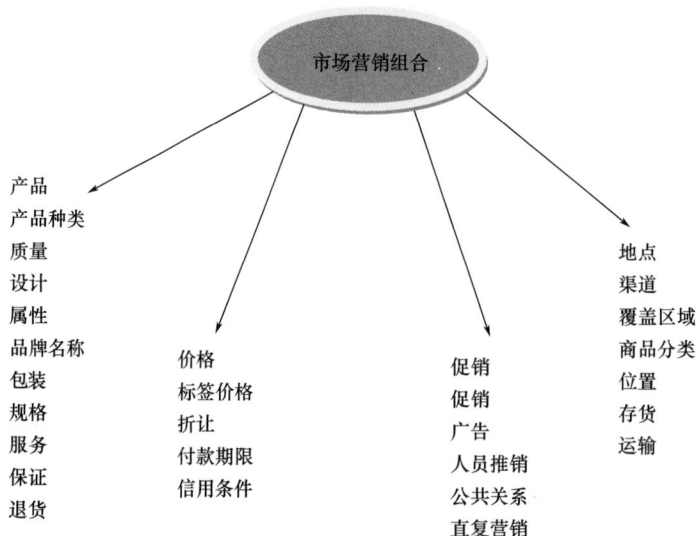

图2-5　市场营销中的4P

在市场营销组合中，每个P中都包括若干特定的变量，如图2-5所示。营销者需要就市场营销组合做出决策，以便对其交易渠道和最终消费者产生积极的影响。成功的企业是那些可以通过有效沟通来满足顾客需求的企业，而且是能够经济有效地、便利地满足顾客需求并超越顾客期望的企业。整合营销一般包括两大主题：第一，许多不同的营销活动都能够沟通和交付价值；第二，在有效协调的情况下，实现各项营销活动的综合效果的最大化。也就是说，营销者在设计和执行任何一项营销活动时都必须全盘考虑。

（三）内部营销

在全面营销中，包含内部营销，它可以确保组织中的所有成员都坚持适当的营销准则，尤其是高层管理人员。内部营销的任务是雇用、培养、激励那些想要为顾客提供好的服务而且也有能力这样做的员工。聪明的营销者已经认识到：内部营销同样重要，有时甚至比外部营销更重要。在企业员工没有准备好提供优质服务之前就向顾客做出承诺是很没有意义的。

一般而言，企业必须在两个层面上开展内部营销活动。一方面，各种不同的营销职能（销售人员、广告、客户服务、产品管理、市场调研）必须通力合作。另一方面，营销部门也需要其他部门的支持，其他部门也必须关注市场营销，必须考虑顾客的利益。内部营销需要高层管理人员的垂直协调与领导，而且也离不开与其他部门之间的横向协同。

（四）绩效营销

全面营销中也包括绩效营销，关注的是营销活动和营销计划对企业收益的影响，而且同时也会从更广泛的角度考虑问题以及法律、道德、社会和环境因素的影响。高层管理人员不仅仅要重视销售收入，而且还应该关注营销记分卡，了解市场占有率、顾客流失率、顾客满意度、产品质量和其他绩效指标的具体水平。

市场营销的影响不仅仅涉及企业和顾客，也涉及社会。营销者必须从广义的视角认识和理解自己在道德、环境、法律和社会环境下的角色。这无疑扩大了市场营销的概念，我们把它称为社会营销。社会营销观念认为，组织的任务就是确定诸目标市场的需要、欲望和利益，并以保护或提高消费者和社会福利的方式，比竞争者更有效率、更有效果地向目标市场提供所期待的满意水平。社会营销观念要求营销者在营销活动中充分考虑社会与道德问题。他们必须在企业利润、消费者需要的满足和公共利益这三者之间求得适当的平衡。随着产品的商品化程度在增大（同质化趋势），随着消费者越来越关注社会责任，有些企业，包括美体小铺（TheBodyShop）、天木蓝公司（Timberland）和巴塔哥你亚公司（Patagonia），都开始把社会责任作为把自己与竞争对手区分开来、影响顾客的偏好和实现销售收入与大量利润的重要手段。它们认为，顾客会越来越看重组织公民行为。

第四节　服装工业四级市场

服装业包括很多不同的层面。为了满足服装消费者的不同需求，各个分支层面之间需要密切协作。而较于其他行业所不同的是，各个分支层面间有着环环相扣的特殊关系。服装业由四级市场构成，分别为初级原材料层面，二级设计生产层面，三级零售层面和相关辅助层面（图2-6）。尽管每个分支层面都有着各自的市场主体，但它们之间需要相互协作，才能提供满足消费者需求的服装产品。正是由于各分支层面间存在的这种特殊关系，才使得服装业特别激动人心。

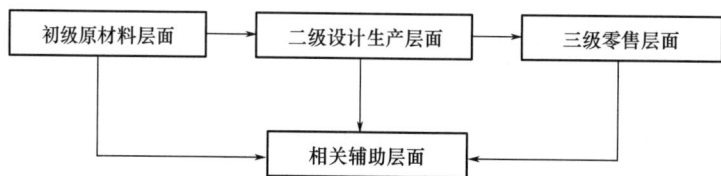

图2-6　服装工业四级市场示意图

一、初级原材料层面

初级原材料层面由服装原料的种植商和生产商构成，如纤维、织品、皮革、毛皮的供应商，他们在原料市场发挥着作用。初级原材料部门需要对面料颜色和质地进行规划。这一分支层面距离最终服装销售市场的时间最长。在服装销售前的初级环节的工作需要提前两年时间。初级原材料产品通常从第三世界国家进口，在当地，这些初级原材料一般未经任何工业深加工。

二、二级设计生产层面

二级设计生产层面包括一些生产商和承包商，他们对初级原材料进行加工，做成服装的半成品或成品。这一分支层面的产品不仅包括各类男装、女装、童装，还包括各类袜子、外套、内衣、服饰、化妆品及香水，此外还包括家居装饰用品。

二级分支层面的生产商可能在美国，也可能在其他国家。目前，也在远东地区、加勒比海国家、南美洲或欧洲国家加工服装。二级分支层面的工作，在将服装成品推向市场之前往往需要提前半年到一年半的时间。

三、三级零售层面

三级零售层面是最终销售产品的分支行业。在这一分支层面，零售商从二级生产商那里购进产品，然后直接销售给消费者。在很多情况下，零售部门都需要与初级和二级部门密切协作，协调生产，才能提供满足消费者需求的商品。初级、二级与零售商层面之间的关系是垂直型的。离消费者越远的层面，越是需要尽可能早地对生产进行规划。零售商要在销售旺季来临之前3～6个月就开始采购服装。

四、相关辅助层面

相关辅助层面是四大分支中唯一与其他三个层面同时发生联系的分支行业。辅助部门由所有支持机构组成。支持机构不断与初级原材料部门、二级设计生产部门和零售部门合作，使消费者全面了解生产出来用于消费的服装产品。这个分支行业包括所有的广告媒体：报纸、杂志、电台、电影、电视，同时还包括服装咨询人员和服装研究人员。

第三章　服装品牌消费者分析

第一节　影响消费者购买行为的主要因素

消费者行为是个人、群体、组织如何挑选、购买、使用和处置产品、服务、想法、体验来满足他们的需要和欲望的过程。消费者的购买行为受文化、社会、个人因素的影响，文化因素的影响则是最为广泛和最为深刻的。

一、文化因素

文化、亚文化和社会阶层对消费者购买行为有非常重要的影响。文化是影响人的欲望和行为的最基础的决定因素。每个文化都包含小的亚文化。亚文化包括国籍、信仰、种族、地理区域。亚文化可以帮助营销人员更具体地进行细分识别和社会化。

事实上，人类社会始终存在着社会层次，经常以社会阶层的形式出现。社会阶层是在一个社会中具有相对的同质性和永久性的群体，他们是按等级排列的，每一阶层的成员具有类似的价值观、兴趣爱好和行为方式。

陆学艺教授以职业分类为基础，以组织资源（具有决定性意义）、经济资源、文化资源占有状况这三种资源的占有状况作为划分社会阶层的标准，把当今中国的社会群体划分为五个等级、十个阶层。五大社会经济等级（根据家庭人均年收入或月收入数据）如下：

（1）上层：高层领导干部，大企业经理人员，高级专业人员及大私营企业主。

（2）中上层：中层领导干部，大企业中层管理人员，中小企业经理人员，中级专业技术人员及中等企业主。

（3）中中层：初级专业技术人员，小企业主，办事人员，个体工商户，中高级技工，农业经营大户。

（4）中下层：个体服务者，工人，农民。

（5）底层：生活处于贫困状况并缺乏就业保障的工人、农民和无业、失业、半失业人员。

在诸如服装、家居等领域，各社会阶层显示出不同的产品偏好和品牌偏好。在媒体选择方面，各阶层也不同，上层消费者偏爱书籍杂志，下层消费者爱看电视。

二、社会因素

消费者的购买行为也受到一系列社会因素的影响，如消费者的参考群体、家庭和社会角色地位。

1. 参考群体

一个人的参考群体是指那些直接或间接影响他人的看法和行为的群体。凡对一个人有着直接影响的群体被称为成员群体。某些成员群体是主要群体，如家庭、朋友、邻居与同事，他们的关系是持续性且非正式的互动。人们还从属于必要群体，如宗教组织、专业群体和贸易协会，其成员之间关系一般更正式且相互影响较少。

人们至少受到相关群体三个方面的显著影响。相关群体往往会迫使个人接受新的行为和生活形态的影响，并且还影响个人的态度和自我概念；相关群体还产生某种趋于一致的压力，可能会影响个人对产品和品牌的选择。人们还经常受到一些自己并不属于的群体的影响，一个人希望去从属的群体，被称为仰慕群体；另一种群体叫分离群体，它是一种其价值观和行为被一个人所拒绝或接受的群体。

受到参考群体影响极大的产品和品牌，营销人员就必须想办法去接触和影响有关相关群体中的意见领袖。意见领袖是指在有关产品的非正式沟通过程中，会对一个特定的产品或产品种类提供建议或信息的人，例如他会指出哪些品牌是最好的，或某个产品如何使用等。像热点这样的服装公司，希望吸引对时尚敏感且多变的年轻人。

2. 家庭

家庭是社会上最重要的消费和购买组织，而家庭成员是最有影响力的主要参考群体，因此对它要作广泛的研究。在购买者生活中可区分出两种家庭类型。原生家庭包括一个人的双亲和兄弟姐妹。每个人从其父母那得到有关宗教、政治、经济、个人抱负、自我价值等方面的指导。父母对购买者的购买行为无意识的影响仍然是重要的。在许多父母和子女共同生活在一起的国家里，父母的影响力是显著的。

对日常购买行为有更直接影响的是衍生家庭，即夫妻加上子女。在美国，一般夫妻在购物上的涉入度由于产品类别的不同而相异。妻子主要购买家庭的生活用品，特别是像食物和服装等。

对于贵重商品和服务，如汽车、度假和房产等，更多的是由夫妻双方共同做出决策。营销人员们意识到实际上女性与男性相比会购买更多的高科技小产品，但大多数消费性电子产品专卖商店对此反应迟缓。有些聪明的电子产品专卖商店留意到女性顾客的抱怨，她们说受到了销售员的忽视、怠慢甚至冒犯。拥有7000家连锁店的Radioshack公司就主动招聘女性经理来管理公司，目前有1/7的店铺由女性管理。

不过男人和女人对营销信息的反应是不同的。一项研究显示，女性注重人际关系，看重家庭和朋友的关系和联系，而男人们则更看重竞争，将行动视为最先考虑的重点。商品现在更直接开发以女性为目标的新产品，如桂格（Quaker）的女士营养麦片和佳洁士防蛀增白牙膏。宣威最近几年针对女性市场设计出的Dutch Boy牌油漆，该产品的"旋转和倒出"油漆非常方便女性使用。

购买形态的另一项改变是儿童与青少年的购物金额逐渐增加和他们所带来的直接和间接的影响力。直接影响力来自于孩子们的暗示、要求和需求，如"我想去麦当劳"。这些间接影响意味着父母知道这些品牌、产品的种类，还有他们孩子的偏爱，家长已不需要任何暗示或是直接询问。

3. 角色和地位

一个人会参加许多群体——家庭、俱乐部及各类组织。群体是一个重要的信息来源，能够帮助确认行为准则。个人在群体中的位置可通过角色和地位来确定。角色是由一个人应该进行的各项活动组成。每一角色都伴随着一种地位。服装营销人员必须意识到产品和品牌正成为地位的象征，人们在购买商品时往往结合自己在社会中所处的地位和角色来考虑。

三、个人因素

消费者的购买行为也受到个人特征的影响，这些特征包括年龄、生命周期阶段、职业和经济情况、个性和自我概念、生活形态和价值观。正因其中许多因素对消费者的行为具有直接影响，作为营销人员必须仔细研究这些特征。

（一）年龄和生命周期阶段

我们对于服装、食物和娱乐的口味变化通常和年龄有关。消费行为随着家庭生命周期不断演变，还伴随家庭成员的年龄、性别、数量而不断变化。此外心理生命周期也日益显得重要。

（二）职业和经济环境

职业会影响消费者的消费模式。像蓝领工人会买工作服、工作鞋和午餐饭盒。公司总裁则会买西服套装、飞行旅游、乡村俱乐部汇集。营销人员们试图识别那些对其产品和服务比一般人更有兴趣的职业群体，甚至为特定职业群体定制其所需的产品。

经济环境对消费者的产品选择也有很大影响，这些环境包括储蓄和资产、借款能力、对支出与储蓄的态度等。像古驰、普拉达、迪奥这样的奢侈品制造商在经济衰退时是很脆弱的。如果经济指标显示衰退，营销人员就应当对产品进行重新设计、重新定位和重新定价，继续向目标顾客提供价值。

（三）个性和自我概念

每个人的个性特征都会影响其购买行为。个性是指一组可分辨的人类心理特质，此个性特质会导致对环境的刺激有相对一致的、持续不断的反应。在消费者进行服装品牌选择时，个性是一个很有用的变量。假如品牌也有个性，消费者很可能选择和自己个性相符的品牌。比如一些著名品牌，它们当中很多都显示了某种很强的特质：李维斯是粗犷，金宝汤是坦诚。这个发现意味着这些品牌吸引到的顾客是拥有同样特质的消费者。一个品牌的个性也可有多个属性：李维斯的个性是年轻、叛逆、可信和美国化的。公司利用品牌的特色和形象来建立品牌个性。

（四）生活形态和价值观

来自相同的亚文化群、社会阶层、职业的人们也可能有着不同的生活形态。

生活形态是一个人在世界上通过他的活动、兴趣和看法表现出来的生活模式。生活形态描绘出同他或他的环境间互动的全貌。例如，消费者是比较在意钱还是比较在意时间，会形成不同的生活形态。对于那些比较在意钱的消费者，公司会为他们提供低成本的服务和商品来吸引这类消费者。那些缺少时间的消费者，他们更愿意付钱叫人去做事。以他们为目标市场的公司会为这些人群创造方便的产品和服务。

消费者的决策也受核心价值的影响，核心价值观是指消费者的态度与行为所构成的一个信念系统。锁定消费者价值观的营销人员认为，如果能吸引人们内在的自我，就能影响到他们的购买行为。

第二节　中国消费者结构

一、中国消费者市场

巨大而广博的市场中，一个企业不可能服务所有的顾客，而顾客的购买要求又各不相同，所以一个企业需要辨别出它能为之服务的群体，这样就要做出一个最有效的消费者市场细分。

市场细分是由在一个市场上有相同需求的消费者所组成的。通常细分消费者市场的主要因素有：地理、城市大小、气候、人文因素、收入、职业、教育、宗教、个性、生活方式等。不管企业采用什么样的市场细分方法，关键是营销计划要通过识别消费者的不同而进行调整，才能获利。表3-1中列出了一些主要的消费者市场细分的因素。

表3-1　消费者市场的主要细分因素

地理因素	
地区	按行政区域划分：1. 华北地区：北京、天津、河北、山西、内蒙古；2. 东北地区：辽宁、吉林、黑龙江、大连；3. 华东地区：上海、江苏、浙江、安徽、福建、江西、山东、宁波、厦门、青岛；4. 中南地区：河南、湖北、湖南、广东、广西、海南、深圳；5. 西南地区：重庆、四川、贵州、云南、西藏；6. 西北地区：陕西、甘肃、青海、宁夏、新疆

续表

地理因素	
城市大小	一线城市、二线城市、三线城市、四五线城市等
人口密度	都市、郊区、乡村
气候	南方、北方
人文因素	
年龄	6岁以下、7～11、12～19、20～34、35～49、50～64、65岁以上
家庭规模	1～2人、3～4人、5人以上
家庭生命周期	青年，单身；青年，已婚，无子女；青年，已婚，最小子女不到6岁；青年，已婚，最小子女6岁以上；较年长，已婚，与子女同住；较年长，已婚，子女超过18岁；较年长，单身；其他
月收入	2000元人民币以下，2001～4000元人民币，4001～8000元人民币，8001～12000元人民币，12001元人民币以上
职业	专业和技术人员；管理人员、官员和业主；推销员；工匠，领班；操作员；农民；退休人员；学生；家庭主妇；失业
教育	小学及以下、初中、高中、大专、本科、硕士、博士及以上
宗教	天主教、基督教、印度教、伊斯兰教、其他、无
种族	黄种人、白种人、黑种人
社会阶层	下下、下上、中下、中中、中上、上下、上上
心理因素	
生活方式	文化型、运动型、户外生活型
个性	被动、爱交际、喜命令、有野心
行为因素	
使用时机	普通时机、特殊时机
追求的利益	质量、服务、经济、速度
使用者情况	从未使用过、以前用过、有可能使用、第一次使用、经常使用
使用率	不常用、一般使用、常用
品牌忠诚情况	无、一般、强烈、绝对
准备程度	未知晓、知晓、已知道、有兴趣、想得到、企图购买
对产品的态度	热情、积极、不关心、否定、敌视

二、葫芦形社会结构

受益于全球化影响的中国当代社会形态既非橄榄球形也非M形，而是葫芦形。未来20年，中国三、四级城市将是中国品牌和世界品牌争霸的主战场，跨国公司与本土企业谁能成为葫芦形市场的主控方，谁就能创造葫芦形生态圈中的新经济。中国葫芦形社会下的经济型消费将成为中国商业的主旋律。

中国社会财富结构形态和市场结构分布呈现为一个巨大的葫芦形，从上到下，分别对应着富豪、中富、中产、准中产、小康、中下、底层七大阶层。葫芦上面最小的肚子代表着极少数中富及顶级富豪，其下面的大肚子里则藏着中国广袤三、四级城市及其辐射的成千上万的卫星镇里的中下阶层，葫芦底端是极少数的弱势群体。随着葫芦曲线的变化，中下层人的社会地位随着曲线的攀升不断向上递进，中富阶层的人数量庞大，而准中产阶层则像一个不停晃动的钟摆，在中产与小康间徘徊。与中国社会财富结构相对应的是，中国市场结构分布也呈现为一个巨大的葫芦形。位于葫芦顶端的一级城市引领了中国的消费升级浪潮，位于葫芦底部的众多新兴城市将激起巨大的消费潜流，囊括巨大未来市场的葫芦的"大肚子"部分，是中国容量最大潜力最大的市场，该市场消费者的主权思想将成为支撑中国商业发展的主导思想。

三、中国中产阶层消费者

现今关于中产阶层的流行定义是：中产阶层大多从事脑力劳动，主要靠工资及薪金谋生，一般受过良好的教育，具有专业知识和较强的职业能力及相应的家庭消费能力；有一定的闲暇，追求生活质量，对其劳动、工作对象一般也拥有一定的管理权和支配权。同时，他们大多具有良好的公民、公德意识及相应修养。换言之，从经济地位、政治地位和社会文化地位上看，他们均居于现阶段社会的中间水平——这是一个貌似明晰，实则含混的定义。

（一）中产阶层的生活方式及态度

中产阶层家庭对穿着、饮食的时尚潮流投入相对较多。家庭理财方面选择股票较普遍，也选择风险较小的储蓄和购买保险。他们的生活态度是追求享受——"自己工作那么辛苦，就应该享受好一些"。"享受多一些，享受好一些"是他们的人生信条。

（二）中产阶层的消费心理倾向

1. 时尚消费

十分关注国际、港台、国内流行趋势，有选择或盲目地跟进，以保持始终"In vogue"。尤其是35岁以下的青年中产群体，他们的消费水平总是会略高于收入水平。消费外来产品也是在他们中流行的一种时尚。如阎云翔的报告"在美国，快餐常客通常与低收入、低品位联系在一起，而在北京，大多数快餐常客是中层专业人员，时髦的雅皮士和受过良好教育的年轻人。吃洋餐、买洋货已是中国雅皮士把自己归属于中国白领的重要方式"。

2. 品牌消费

中产阶层的大多数人都十分关注品牌，并选择性地拥有品牌。经济资本雄厚的新富或高层白领用知名品牌进行包装和消费；经济资本不那么雄厚的在耐用品、"地位商品"上选取品牌；较为拮据的人则在服装、装饰品、化装品等能够支付的条件下选择品牌。可以说，已经很难找到不拥有任何一样品牌的中产群体，哪怕是一再标榜拒绝国外品牌的官员，也可能正在用着ZIP火机或足登皮尔·卡丹。商品的符号价值在此具有更重要的象征意义。

3. 文化消费

中产阶层有向上跃升愿望和地位忧虑，这就促使他们有较强烈的学习、更新动机，通过获取新的技能、文凭等提升文化资本竞争优势。因此，工作之余参加各种培训是中产阶层群体尤其是白领阶层重要的生活内容。中产阶层是目前中国社会文化消费支出最大的群体。中国的文化产业将主要靠他们推动，无论从生产还是消费的层面。他们是《英文早报》《三联生活周刊》《读者》等资讯与时尚报刊的主要消费者。互联网、音乐会、画展、博览会等也是中产阶层的主要消费场所。

4. 品位消费

在中国，目前大概没有哪个其他阶层比中产阶层群体更为强烈地关注和提升品位。在日常生活中有意无意地流露出某种品位标志，一方面是为了突出个性特征；另一方面则是想显示出一种身份的"区隔"：不仅区隔于其他阶层，特别是下层，同时也是内部不同群体的区隔。不同群体，尤其是文化资本优越的人，更希望借助品位显示出与新富等不同群体的区隔。

5. 休闲消费与享受型消费

关注健康与生活质量，不仅仅生存，还要学会享受生活，这已成为中产阶层大多数人的生活方式的基本原则。提前享受的信用消费观念，通过像美国老太太和中国老太太这样的故事灌输；学会休闲才是真正的生活这些观念，通过正面反面的案例，西方中产阶级生活模式的演绎被更加广泛地接受。父辈们勤劳努力只会工作不懂休闲，节俭吝啬不会花费的生活方式已被逐步放弃，"花明天的钱，享今天的闲"；"能花才会挣"；短途旅游、健身、美容、"丁克"（无子女的二人世界）家庭；同居……中国中产阶层的生活比他们的父辈精致多彩了。

总体来看，中国的中产阶层正处于一个中西方生活方式交融的时刻，经济的发展带动了不同阶层人士的收入变化，也使得中层阶层更加发展壮大。中层阶层注定是中国最具消费潜力的群体，并且也是潜在数量最大的消费群体。

第三节 消费者购买行为模式

认识购买者行为，要从认识刺激反应模式开始（图3-1）。营销和环境的刺激进入了购买者的意识，购买者的个性和决策过程导致了一定的购买决定。营销者的任务是要了解在外部刺激和购买决策之间购买者的意识发生了什么变化。动机、认知、学习和记忆这四个关键的心理过程，从根本上影响着消费者对外部刺激的反应。

图3-1　购买行为模式

这个模式表明，消费者的购买行为是由某些刺激引起的。这些刺激既来自外部环境，也来自消费者内部的生理和心理因素。消费者在多种刺激因素下，经由复杂的心理活动评价产生购买动机，在购买动机的驱动下进行购买决策，采取购买行为并进行购后评价，由此实现一次完整的购买行为过程。

一、动机

消费者对商品的需求，通常受到其特有的兴趣与需要制约。在任何时候我们都有许多需要。需要的产生源自于生理的紧张，如饥渴、身上的不适。而另一些需要则是源于心理的。当需要达到一定强度而驱使人们去采取行动时，需要就会变成动机。

马斯洛的理论是最著名的人类动机理论之一。需要的层次理论是研究人的需要结构的一种理论，是美国马斯洛于1960年在其著作《动机与人格》中首先提出的一种理论。马斯洛将人的需求分为五个层次，即生理需求、安全需求、归属与爱的需求、尊重需求和自我实现需求五类，依次由较低层次到较高层次排列（图3-2）。人们都是最先满足最迫切的需要。在满足了最迫切的需要之后就会转向满足下一个迫切的需要。

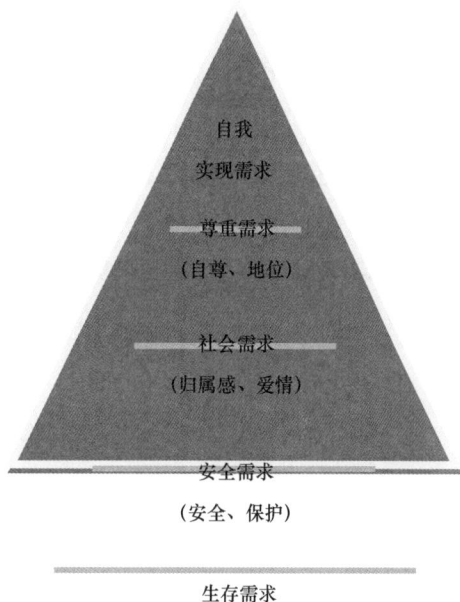

图3-2　马斯洛的需求层次

二、认知

一个受到激励的人会随时准备行动。在营销中，认知比实际情况更重要，因为认知影响消费者的行为。认知是指一个人的选择、组织并解释外来信息输入，以产生其内心世界有意义的图像的过程。

在营销中，人们的认知比该商品的事实更重要，因为认知对消费者行为有实质性的影响。人们会对同一刺激物产生三种认知过程：选择性注意、选择性扭曲、选择性保留。

尽管人们删掉了很多刺激物的影响，但还是会遇到很多意想不到的刺激物的影响。例如，来自电话的销售员的意外样品。消费者对于有品牌标识的产品和无品牌标识的产品往往给出不同的意见，这是源于对于该品牌的营销活动在无形中改变了他们对于产品的认识。人们会忘掉许多学习过的事物，只记忆支持其态度与信念的信息。这也揭示了为什么许多营销人员不断地重复向目标顾客传递信息，这是为了确保他们的信息不会被遗漏。

三、学习

学习是指由经验而改变行为的过程。学习的理论告诉研究人员，他们可以通过把学习与强烈驱动力联系起来，运用刺激性暗示和提供积极强化等手段来建立对产品的需求。当学习取决于消费者对结果所作的推论或解读时，一些研究人员更喜欢用主动性认知方法来研究。

四、记忆

所有在生活中积累的信息和经验都可以成为我们的长期记忆。心理学者将记忆分为短期记忆和长期记忆。大多数学者广泛接受的观点认为长期记忆结构与关联性模式形成有关。在这个模型中，通过一系列的联想，消费者的品牌知识作为一个节点被链接存在我们的记忆中。品牌联想是由一些包含可以链接到品牌节点的所有与品牌相关的想法、感觉、知觉、印象、经验等所组成的联想。我们可以把营销看作一个方法。这个方法确保消费者有合适的产品和服务经验来产生合适的品牌知识结构并且存储在记忆中。

第四节　购买决策过程

一、消费者购买行为类型

消费者购买决策随其购买行为类型的不同而变化。阿萨尔（Assael）根据购买者在购买决策过程中的介入程度和品牌间的差异程度，区分了消费者购买行为的四种类型（表3-2）。

复杂的购买行为包括三个步骤。首先，购买者产生对商品的信念；其次，对这个商品形成态度；第三，做出慎重的购买选择。当消费者专心仔细地购买，并注意现有品牌间的重要差别时，也就完成了复杂的购买行为。

减少失调的购买行为。消费者对于各种品牌看起来没有什么差别的产品的购买也持慎重态度。

习惯性的购买行为。许多产品的购买是在消费者低度介入、品牌间无多大差别的情况下完成的。购买食盐就是一个很好的例证，消费者对这类产品几乎不存在介入的情况。

寻求多样化的购买行为。某些购买情况是以消费者低度介入但品牌差异很大为特征的，在这种情况下，消费者被看成是经常改变品牌选择的。

表3-2 购买行为的四种类型

	高度介入	低度介入
品牌间差异很大	复杂的购买行为	寻求多样化的购买行为
品牌间差异很小	减少失调的购买行为	习惯性的购买行为

二、消费者购买过程

消费者的购买行为或多或少是一种反复的品牌购买决策过程。消费者的品牌购买行为会受到三类因素的影响：个人变量、环境变量以及人与环境的相互作用。也就是说，消费者内在心理因素的驱动，文化、社会等外部因素的约束以及内部与外部环境的互动，会促使消费者形成个人的自我概念与生活方式，进而影响消费者的购买决策行为。

聪明的公司试图了解顾客的购买决策过程，包括他们学习产品、选择品牌、使用产品甚至处理产品的经历。营销研究者开发了一个购买决策过程的"五阶段模型"（图3-3）。

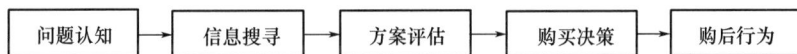

问题认知 → 信息搜寻 → 方案评估 → 购买决策 → 购后行为

图3-3 消费者购买过程的五阶段模型

在购买过程中，消费者会经历五个阶段：问题认知、信息搜寻、方案评估、购买决策和购后行为。消费者并不是总是依次通过全部五阶段的。他们可能会越过或颠倒某些阶段。图3-3提供了一个很好的参考框架，我们仍将使用这一模式，因为它阐述了消费者面对一个高度购买涉入情况时所有可能发生的过程。

（一）问题认知

购买过程开始于消费者确认面对的问题或需要，这个需要可以由内在或外在的刺激所激发。内在刺激即由人体内在的机能和感官所引发，上升到某一阶段就会成为一种驱动力。需求也可能由外在刺激引起。

营销人员需要识别能引起消费者某种需要的环境。通过一些从消费者处收集来的信息，就能识别一些常见的会引起对产品兴趣的刺激因素。这样营销人员就可以制订引起消费者兴趣的各种营销战略。这对购买奢侈品、度假产品来说尤其重要。

（二）信息搜寻

消费者对品牌的期望建立在自己的信息搜寻努力的基础上，但也会受到过去的消费体验、以前的期望以及对消费需求的估计等因素的不同影响。信息的主要来源基本上可分为：个人来源（亲朋好友）、商业来源（广告、网站、推销员、包装）、公共来源（大众媒体、消费者评级机构）与经验来源（处理、检查和使用产品）。以上这些信息来源的影响随着产品的类别和购买者的特征而变化。一般来说，消费者最多的信息来源是商业来源，即营销人员所控制的来源。然而，最有效的信息通常来自于个人来源或属于独立权威的公共来源。

每个信息来源对于购买决策起到不同的影响作用。商业来源一般起到通知的作用，个人信息来源起着判断或评价的作用。

通过搜集信息，消费者熟悉了市场上的一些竞争品牌和其特性。营销人员需要识别不同的导致消费者作决策的属性的层次，来理解不同的竞争力和这些差异是如何形成的。这个识别层次的过程叫做市场划分。属性的层次还能揭示顾客细分市场。首先决定价格的购买者是价格主导型，最先决定品牌的是品牌主导型。种类/价格/品牌主导型的消费者形成一个细分类别；质量/服务/种类主导型的形成另一类。每个细分类别在人口统计、心理统计、媒体消费习惯方面都有不同，并且具有不同的认知、考虑和选择模式。

（三）方案评估

消费者怎样在众多竞争性品牌信息中进行选择，并做出最后的价值判断呢？所有消费者或是同一消费者的所有购买情况，都不是只是使用单一的评估过程，而是数种决策评估过程并行。目前营销人员们认为消费者对产品所形成的判断大都建立在有意识的和理性的基础之上。

通过实践和学习，人们获得了自己的信念和态度，它们又反过来影响人们的购买行为。信念是指一个人对某些事物所持有的描绘性思想。态度是指一个人对某些事物或观念长期持有的认识上的评价、感情上的感受和行动倾向。人们几乎对所有事物都持有态度，如宗教、政治、服装、音乐。

消费者进行评估时，一般分为三个步骤进行。首先，全面了解商品的性能、质量、款式、价格、品牌及特点等，获得总体上的认识；其次，综合比较同类商品的优缺点；最后，根据自己的爱好和条件，提供选择方案，确定购买对象。作为营销者，应了解消费者处理信息的过程，掌握消费者的购买意向，发挥必要的参谋作用。

（四）购买决策

在评价阶段，消费者会在选择组的各种品牌之间形成一种偏好。消费者也可能形成某种购买意图，即偏向购买他们喜爱的品牌。

即使消费者对品牌的评价已经完成，仍有两项因素会在购买意图和最终购买决策间产生干扰。第一个因素是他人的态度。他人的态度会降低一个人对于某项目方案的偏好程度，这取决于两件事：一是他人对购买者所喜好的品牌持否定态度的强度；二是购买者对遵从他人期望的动机的强度。他人的否定态度越强烈且与购买者的关系越密切，购买者就越是会调整他或她的购买意图。反之亦然。

第二个因素是非预期到的情境因素。某些突发事件可能会改变购买意图。消费者购买决策的改变、延迟或取消很大程度上是由于感知风险导致的。消费者在购买和消费产品的过程中可能感知到许多风险。

（1）功能风险：产品功能没有达到消费者的期望。

（2）身体风险：产品的使用对消费者或者其他人的身体健康的影响。

（3）金融风险：产品的价格和价值不符。

（4）社会风险：购买这项产品让人感觉尴尬。

（5）心理风险：产品影响使用者的心理状态。

（6）时间风险：产品的故障会导致消费者必须承担寻找另一项使其满意的产品所需付出的机会成本。

消费者做出购买决策时，会受到多种因素的影响和制约。从营销者的角度看，应做好售前、售中、售后服务工作，加深消费者对本企业及其产品的良好印象，争取消费者的"货币选票"投向自己的产品。

（五）购后行为

购买后，消费者可能听到一些其他品牌的优点或偏好的属性而产生认知失调的情况，这便需要一些信息来支持其原先的购买决策。营销沟通的任务是提供消费者能够强化原先选择的信念和评价，以帮助消费者对原先购买的品牌仍然留有正面的感觉。

消费者购买使用产品后，根据自己的期望对产品做出评价，或通过与家庭成员、亲朋好友交流，验证自己所做出的购买决策是否正确，从而形成购后感受。若产品的效用符合或者高于原有的期望，消费者就会感到满意；反之，则会感到不满意。购后感受作为"口传信息"，不仅影响到消费者自己能否重新购买，而且还影响到其他人的购买。因此，在商品营销活动中，要特别重视消费者的购后感受和评价阶段，及时与消费者沟通，慎重处理消费者反馈回来的意见，尽量避免因消费者投诉而造成的厂家和品牌声誉方面的损失。

第五节 营销网络门店选址因素

公司重点围绕大中城市及经济发达城市核心商圈布局直营店，各地核心商圈的高档零售百货、大型购物中心、高级酒店及机场商业等高端零售终端是公司营销网络的最优选址。

　　在遵循以上选址原则的同时，公司选择城市及商圈需要参考很多当地宏观及微观经济环境因素，如人们收入支出的分配比例，富裕人群的数量，新门店对其他区域门店的影响，中心城市门店的辐射效应，新门店位置的周边环境定位及竞争对手选址情况等。具体而言，营销网络选址主要考虑因素如表3-3所示。

表3-3　营销网络选址考虑因素

因　素	具体内容	
城市基本情况	城市特点：经济水平、产业结构、政府机构、历史文化、自然环境、风土人情、媒体资讯等	
	城市规划：城区规划、商业区规划、市政设施规划等	
	城市公共设施状况	
	交通条件：城市公交车、地铁轻轨、私车拥有量、城市道路、铁路、民航等	
消费者研究	消费者结构：人口总量、人口密度、人口布局、阶层构成、流动人口、人口增长趋势等	
	消费者偏好与行为：生活方式、工作特点和休闲偏好、消费习惯、购物场所、时间和倾向等	
	消费者购买力：人均可支配收入、消费水平、储蓄率等	
城市商业形态	城市商业结构	
	商业集中化程度及趋向：商业步行街、商场、街边店等	
门店位置	商圈定位：主要及次级商圈范围、租金价位等	
	商场环境：商场楼层、楼层位置、物业管理、水电、消防情况等	
	交通状况：目前及未来可能增减的交通方式及途径、车流量、马路宽窄、停车问题等	
	人流状况：工作日与假日、白天与夜间的人流量比例，目标消费群数量等	
竞争状况	竞争对手在当地的营销网络分布、市场开拓状况、经营业绩以及与本品牌的互补效应等	

第四章　创造顾客价值

第一节　顾客感知价值

一、顾客管理的重要性

今天的企业正面临前所未有的激烈竞争，而企业如果能从产品理念和销售理念走出而转向全面营销理念，就能有效地应对竞争。众所周知，营销导向的基石就是拥有牢固的顾客关系。营销人员必须通过告知顾客、鼓励顾客，甚至激励顾客的活动来与顾客保持联系。

面对日益变化的竞争环境，市场的竞争归根结底表现为顾客的竞争，维系和保持顾客是企业生存和发展的关键。企业既要不断满足新的顾客，更要努力保持现有顾客，培育忠诚顾客，稳定市场占有率。顾客已日益成为现代企业最稀缺的资源，识别和理解顾客对不同感知价值维度的关注程度和反应，是极具重要意义的。

随着社会的发展，消费者的需求也在发生变化，消费者需要的不仅仅是商品本身，还需要一种感性意义上的体验，体验经济和体验营销正在成为关注的焦点。顾客正在从以往的"理性消费"转向以"感性消费"为主，从"物质消费"转向以"精神消费"为主。而顾客感知价值被认为是吸引和维持顾客的一个重要因素，也是公司战略的一部分。特别是市场竞争的加剧，提高顾客感知价值被视为企业提高竞争优势的重要途径。顾客感知价值关注的是外部顾客对企业所提供价值的主观判断，顾客感知价值是企业竞争优势的源泉。无论是服务业还是制造业，为顾客提供优异价值是建立和保持顾客关系的重要手段。

二、顾客感知价值研究综述

顾客正在从以往的"理性消费"转向以"感性消费"为主，从"物质消费"转向以"精神消费"为主，而顾客感知价值被认为是吸引和维持顾客的一个重要因素，也是公司战略的一部分。特别是市场竞争的加剧，提高顾客感知价值被视为企业提高竞争优势的重要途径。顾客感知价值理论受到国内外学者的广泛关注，Schwepker认为顾客感知价值是21世纪的重要课题，Woodruff认为顾客感知价值是"下一个竞争优势的源泉"。为顾客创造和提供良好的感知价值已成为企业获得竞争优势的新源泉。国内外学者对于顾客感知价值的研究可以分为两类，一类是以Zeithaml为代表的"得失说"比较理论，从价值比较角度来分析顾客感知价值。另一种是以Sweeney和Soutar为代表，从实证分析顾客感知价值的

"多维度说"。

"得失说"认为顾客感知价值是基于所得与所失的感知对产品效用所做的总体评价。顾客感知价值是顾客所能感知到的利得与其在获取产品或服务中所付出的成本进行权衡后对产品或服务效用的整体评价。顾客感知价值的核心是感知利益与感知付出之间的权衡，这一点得到了众学者的认同。

"多维度说"则提出如果把顾客感知价值仅仅认为是质量和价格之间的权衡就过于简单化了，其实任何产品或服务所提供的价值都包含多个维度的变量。大多数研究者认可这一观点，但是迄今仍未对包含哪些维度达成共识。罗杰（Roger）提出顾客感知价值的三个维度：经济利益、感知利益和情感利益。帕拉素拉曼（Parasuraman）和格瓦拉（Grewal）则认为顾客感知价值的构成因素包括产品质量、服务质量和价格。彭斯（Burns）将顾客价值归纳为四种价值形式：产品价值、使用价值、拥有价值以及顾客在评价过程形成的总的评价价值。译斯曼尔（Zeithaml）认为顾客感知价值至少有五个方面，即内在属性、外在属性、感知质量、价格（货币的和非货币的）和其他有关的高级抽象概念。Kantamneni和库尔森（Coulson）认为感知价值有四个维度：社会价值、体验价值、功能价值和市场价值。霍尔布鲁克（Holbrook）认为顾客感知价值包括功能、情感以及社会三类价值。谢恩（Sheth），纽曼（Newman）和格罗斯（Gross）将感知价值划分为功能价值、社会价值、情感价值、满足价值和条件价值。奥利弗（Oliver）提出了"渴望价值"和"实收价值"。Rintamäkiet al.认为顾客感知价值是指顾客对特定购物活动所形成价值的主观认知和综合评价，包括实用价值、社会价值和享乐价值。斯威尼（Sweeney）等创建了包含19个项目的量表称为PERVAL，可用于评价某一耐用消费品品牌的顾客感知价值。Sweeney&Soutar通过对耐用品的实证研究提出了四种价值维度：一是情感价值，指顾客从商品消费的感觉和情感状态中所得到的效用；二是社会价值，指产品提高社会自我概念给顾客带来的效用；三是质量价值，指顾客从产品感知质量和期望绩效比较中所得到的效用；四是价格价值，指短期和长期感知成本的降低给顾客带来的效用。Jillian&Geoffrey认为顾客感知价值在概念上不同于顾客满意，顾客满意更简单，而顾客感知价值具有更为复杂的结构，并归纳出顾客感知价值的四个维度：情感价值、社会价值、功能价格价值、功能质量价值。Pura研究手机服务顾客感知价值与顾客忠诚度之间的关系时，将感知价值分为货币价值、便利价值、社交价值、情感价值、条件价值、认识价值。白长虹提出了品牌要素是顾客感知价值驱动因素之一，指出品牌之所以对企业有价值，其根本原因是它对于顾客有价值。

三、顾客感知价值的模型

（一）泽瑟摩尔的可感知价值理论

泽瑟摩尔（Zeithaml）认为，在企业为顾客设计、创造、提供价值时应该从顾客导向出发，把顾客对价值的感知作为决定因素。顾客价值是由顾客而不是供应企业决定的，顾客价值实际上是顾客感知价值。泽瑟摩尔将顾客价值概括为顾客感知价值，就是顾客所能感知到的利益与其在获取产品或服务时所付出的成本进行权衡后对产品或服务效用的总体评价。这一概念包含着两层涵义：首先，价值是个性化的，因人而异，不同的顾客对同一产品或服务所感知到的价值并不相同；其次，价值代表着一种效用（收益）与成本（代价）间的权衡，顾客会根据自己感受到的价值做出购买决定，而绝不是仅仅取决于某单一因素。泽瑟摩尔于1988年提出了顾客感知价值模型（图4-1），并指出顾客从产品属性的评价形成对质量感知，从质量感知形成对产品完整价值的判断。同时，泽瑟摩尔通过大量的实证研究得出这样几个结论：

（1）价值中收益成分包括显著的内部特性、外部特性、感知质量和其他相关的高层次的抽象概念。

（2）感知价值中所付出的包括货币成本和非货币成本。

（3）外部特性是"价值信号"，能够在一定程度上取代顾客在收益与成本之间进行的费神的权衡。

（4）价值感性认识依赖于顾客进行估价的参照系统，即依赖于进行估价的背景。例如在不同的购买地点、购买时间、消费时间与地点，顾客对价值的感知就不一样，这意味着顾客感知价值是动态的。

总之，顾客感知价值的核心是感知利益与感知付出之间的权衡，这一点得到了众学者的认同。因此，提升顾客价值可以通过增加顾客感知利益或减少顾客感知付出来实现。其中，感知付出包括购买者在采购时所要付出的全部成本，如购买价格、获得成本、运输、安装、订购、维护修理以及采购失败或质量不尽如人意的风险；感知利得是在产品购买和使用中产品的物理属性、服务属性、可获得的技术支持等。

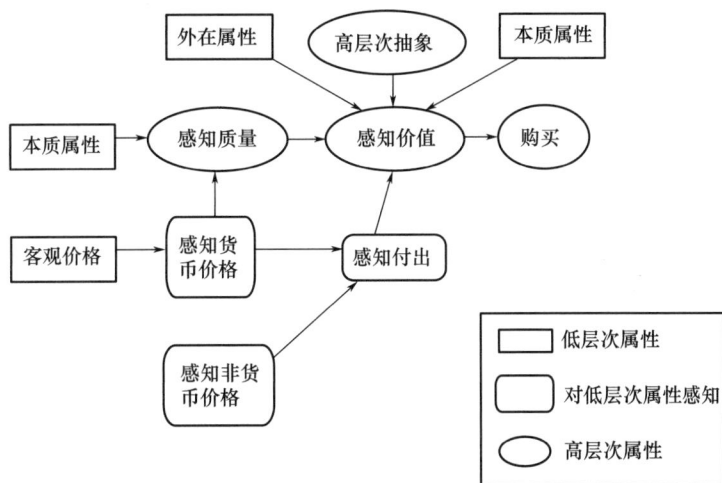

图4-1 泽瑟摩尔（zeithmal）的价值感知模型

（二）科特勒的可让渡价值理论

科特勒（Kotler）是从顾客让渡价值和顾客满意的角度来阐述顾客价值的。科特勒指出，顾客能够判断哪些供应品将提供最高价值。在一定的搜寻成本和有限的知识、灵活性和收入等因素的限定下，顾客是价值最大化的追求者。他们形成一种价值期望并根据它行动。他认为我们对顾客研究的前提是，顾客将从那些他们认为能提供最高顾客让渡价值的公司购买商品。

所谓顾客让渡价值是指总顾客价值与总顾客成本之差。总顾客价值就是顾客从某一特定产品或服务中获得的一系列利益，它包括产品价值、服务价值、人员价值和形象价值等。顾客总成本是指顾客为了购买一件产品或服务所耗费的时间、精神、体力以及所支付的货币资金等，顾客总成本包括货币成本、时间成本、精神成本和体力成本。科特勒的顾客让渡价值模型如图4-2所示。

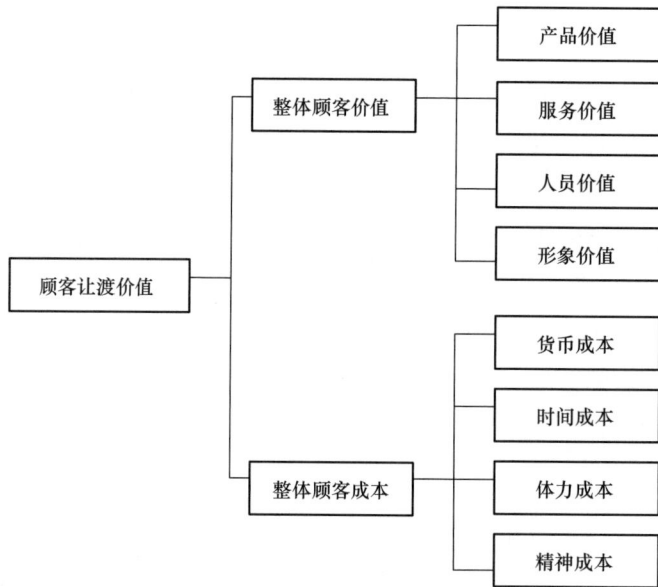

图4-2　菲利普·科特勒（philip kotler）的顾客让渡价值模型

（三）格隆罗斯的顾客价值过程理论

格隆罗斯（Gronroos）是从关系营销的角度阐述顾客价值的。他认为，价值过程是关系营销起点和结果。关系营销应该为顾客和其他各方创造出比单纯交易营销更大的价值。顾客必须感知和欣赏持续关系中所创造的价值。由于关系是一个长期的过程，因此顾客价值在一个较长的时间内出现。格隆罗斯将此称为价值过程。他认为，将顾客感知价值定义为顾客根据付出了什么和得到了什么的感知而对产品的效用做出总的评价，这种看法没有考虑到提供物的关系方面，实际上关系本身对总的感知价值可能有重要影响。在紧密的关系中，顾客可能会将重点从独立的提供物转向评价作为整体的关系。如果关系被认为有足够价值的话，即使产品或服务不是最好的，参与交换的各方可能仍然会达成协议。

格隆罗斯认为，在关系范畴中，提供物同时包含核心产品和各种类型的附加服务。代价包括价格和某方出于关系而发生的额外成本，这称为关系成本。因此，考察顾客价值的方法是区分提供物的核心价值与关系中额外要素的附加价值。关系范畴中的顾客感知价值可以表述为下面两个公式：

（1）顾客感知价值（CPV）=（核心产品+附加服务）/（价格+关系成本）

（2）顾客感知价值（CPV）=核心价值±附加价值

在关系中，顾客感知价值是随着时间发展和感知的。在公式（1）中，价格是个短期概念，原则上在核心产品送货时交付。但关系成本则是随着关系的发展发生的，而且边际成本呈递减趋势。核心产品和附加服务的效用也是在关系的发展过程中体现出来的。公式（2）中也包含了一个长期概念。附加价值也是随着关系的发展而显现出来的。

（四）伍瑞夫的顾客价值层次模型

伍瑞夫（Woodruff）这个模型认为，顾客用"手段—目的"模式形成期望价值，从最低一层开始，顾客首先会考虑产品的具体属性和属性效能。在购买和使用产品时，顾客会就这些属性对实现预期结果的能力形成期望和偏好（第2层）。顾客还会根据这些结果对顾客目标的实现能力（最高层）形成期望。从分层的顶部向下看，顾客会根据自己的目标来确定不同使用情景下各类结果的重要性，与此类似，重要的结果又引导顾客认定属性和性能的重要性。顾客使用同样的期望属性、结果和目标来评价产品，形成实受价值。使用情景在顾客的评价和期望中起着重要作用。如果使用情景属性变化，产品属性、结果和目标都会发生变化如图4-3所示。

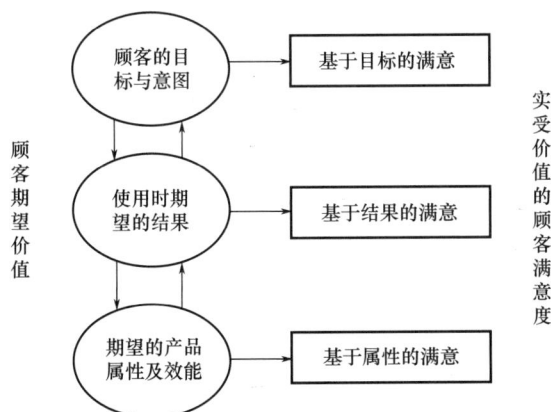

图4-3　顾客价值层次模型Woodruff

第二节　顾客满意与顾客忠诚

一、顾客满意研究综述

顾客满意是指顾客对某一产品或者某一服务提供者迄今为止全部消费经历的整体评价，不同于代表顾客对于某一件产品或某一次服务经历评价的特定交易的顾客满意，这是一种累积的顾客满意。顾客满意是指以迄今为止累积起来的所有消费经历为基础来做出未来是否重复购买的决策，而不是以某一次消费经历。因此，与特定交易的顾客满意相比，累积的顾客满意能更好地预测消费者后续行为（顾客忠诚）以及企业绩效，以它作为指标来衡量经济生活的质量也更有说服力。1989 年瑞典在福内尔（Fornell）教授等人的指导下率先建立起包括国家、行业、企业/品牌3个层次的瑞典顾客满意度指数（SCSB，Sweden Customer Satisfaction Barometer），其模型共有五个结构变量：顾客预期、感知价值、顾客满意度、顾客抱怨和顾客忠诚。瑞典SCSB模型提出了顾客满意弹性的概念。美国顾客满意指数模型（ACSI，American Customer Satisfaction Index）相对于SCSB 评价模型，增加了感知质量这一结构变量，以便区分顾客是属于质量驱动还是价格驱动型，ACSI是目前体系最完整、应用效果最好的一个国家顾客满意度理论模型。欧洲顾客满意指数（ECSI，Europe Customer Satisfaction Index）是ACSI的变形，增加了企业形象变量作为结构变量，取消了顾客抱怨变量。ECSI显示顾客感知价值通过顾客满意作为中介变量影响了顾客忠诚。而顾客满意度测评在中国刚进入借鉴与试验阶段，中国清华大学提出了中国的顾客满意指数模型。

（一）瑞典顾客满意指数模式（SCSB）

1989 年瑞典在Fornell教授等人的指导下率先建立起包括国家、行业、企业/品牌3个层次的瑞典顾客满意度指数SCSB，模型共有五个结构变量：顾客预期、感知价值、顾客满意度、顾客抱怨和顾客忠诚（图4-4）。瑞典SCSB模型提出了顾客满意弹性的概念。顾客满意弹性是指顾客忠诚对顾客满意的敏感性，即顾客满意提高一个百分点，顾客忠诚将提

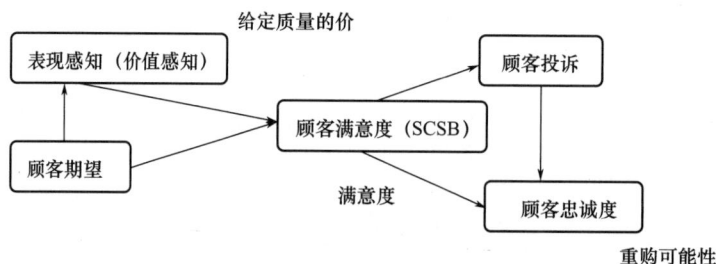

图4-4　瑞典顾客满意指数SCSB模式

高多少个百分点，这样就可以从量化的角度来研究不同程度的顾客满意对顾客忠诚的影响及其非线性关系。

（二）美国顾客满意度指数模型（ACSI）

1994年，ACSI是Fornell等人在瑞典顾客满意指数模式（SCSB）基础上创建的顾客满意度指数模型（图4-5）。与SCSB的3层结构不同，ACSI包括国家、部门、行业、企业、品牌4层结构，相对于SCSB评价模型，ACSI模型中增加考虑了感知质量这一结构变量，以便区分顾客是属于质量驱动还是价格驱动型，ACSI是目前体系最完整、应用效果最好的一个国家顾客满意度理论模型。

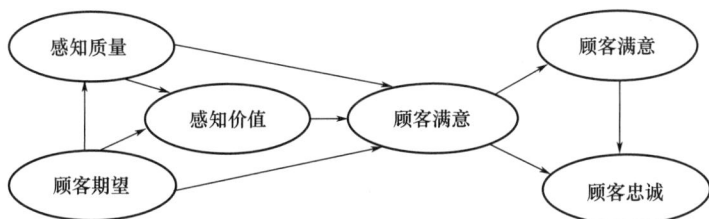

图4-5 美国顾客满意度指数ACSI模型

（三）欧洲顾客满意指数（ECSI）

欧洲顾客满意指数（ECSI）是美国顾客满意度指数模型的变形，增加了企业形象变量作为结构变量，取消了顾客抱怨变量（图4-6）。ECSI将顾客感知价值分为企业形象、顾客期望、硬件和软件要素的感知质量四个维度，也显示顾客感知价值通过顾客满意作为中介因子影响了顾客忠诚。感知硬件质量为产品质量本身，感知软件质量为服务质量。ECSI认为顾客抱怨以及企业对抱怨的处理，应当作为服务的一个环节，是影响顾客满意度的因素而不是结果，因此，在ECSI只有顾客忠诚而取消了顾客抱怨变量。

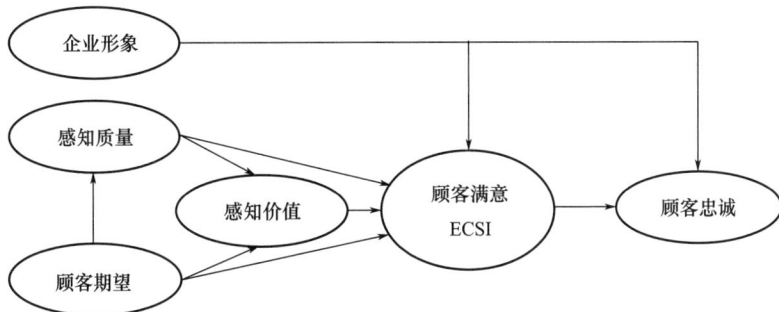

图4-6 欧洲顾客满意度指数ECSI模型

（四）中国顾客满意度指数测评基本模型

顾客满意度测评在中国刚进入借鉴与试验阶段，中国清华大学提出的顾客满意度指数模型（图4-7）是在学习和借鉴美国顾客满意度指数（ACSI）基础上，根据中国国情对模型结构和测评指标体系进行必要的改造后建立起来的具有中国特色的质量测评方法。

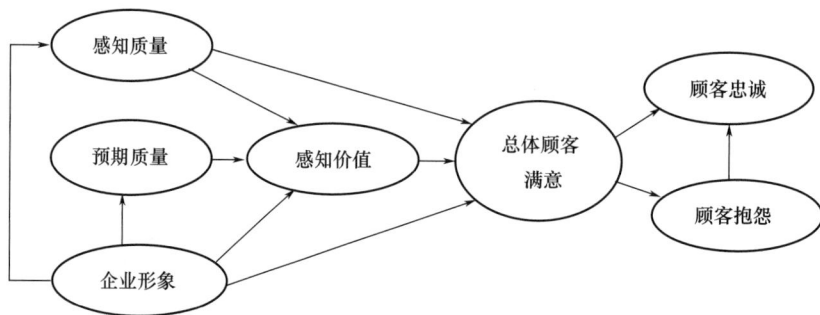

图4-7　中国顾客满意度指数测评基本模型

二、顾客忠诚研究综述

顾客忠诚定义为顾客重复购买某一特定产品和服务的心理趋势。忠诚的顾客意味着持续地重复购买，较低的价格敏感度，较少的促销费用等，是组织盈利能力的一种表现。如何提高顾客忠诚度，企业将注意力转移到顾客感知价值，顾客感知价值是顾客忠诚的重要源泉。顾客忠诚能降低企业成本、保留原有顾客，提高企业利润率，并产生口碑效应，创造学习效应。顾客忠诚可以从行为忠诚、态度忠诚以及两者结合忠诚三个角度来区分。当顾客有需求时，其会重复购买同一公司或品牌产品的行为。顾客使用或有购买经验而对某公司或品牌产生偏好或者产生积极购买倾向。

顾客忠诚就是顾客对偏爱产品和服务的深度承诺，在未来一贯地重复购买并因此而产生的对同一品牌或系列产品或服务的重复购买行为，而不会因市场情景的变化和竞争性营销力量的影响产生转移行为。行为与态度相结合的忠诚得到了大部分学者的支持，认为单一的行动忠诚和态度忠诚都不能完全解释顾客的忠诚。因此，顾客忠诚度显示出行为和态度的双重特征。Fornell认为顾客忠诚的衡量应包括重复购买意愿和对价格的接受程度。Jones&Sasser认为顾客忠诚的衡量可分为三个部分：顾客购买行为，包括顾客最后一次购买产品或服务的时间、频率、数量；再次购买的意愿，指顾客在初次购买某产品或服务后再度购买的意愿；衍生的行为，主要包括向亲戚朋友的推荐、积极的口碑宣传等（表4-1）。

表4-1　顾客忠诚的衡量指标

主要作者	顾客忠诚的衡量维度
Jones&Sasser（1995）	顾客购买行为，再次购买的意愿，衍生的行为（口碑、推荐）
Griffin（1995）	经常性重复购买，愿意为企业进行口碑宣传，购买企业提供的各类产品或服务，面对竞争对手的促销没有交易转换
Zeithaml（1996）	企业忠诚，支付溢价，转换倾向，内部反应，外部反应
Olive（1980）	产品或服务的偏好，顾客的重复购买行为
Gronholdt等（2000）	顾客再购买的意愿，顾客对价格的容忍程度，顾客向亲戚朋友等人推荐意愿，顾客交叉购买的意愿
Backman&Crompton（1991）	顾客态度，顾客行为
Fornell（1992）	顾客重复购买意愿，对价格的容忍度

综合学者们对顾客忠诚衡量的看法，笔者认为顾客忠诚衡量主要分为再购行为、口碑、推荐行为、抱怨行为、价格敏感程度、转换行为等。

三、顾客满意度和忠诚度

顾客在购买产品后的满意度取决于顾客对产品的期望值和实际产品所产生的效果。一般情况下，满意是指一个人通过对一个产品的可感知的效果与他/她的期望值相比较后所形成的愉悦或失望的感觉状态。如果效果低于期望，顾客就会不满意；如果可感知效果与期望相匹配，顾客就满意；如果感知效果超过期望，顾客就会高度满意或欣喜。这种购买期望是经由顾客过去的购买经验、亲朋好友的言论、营销者和竞争者发出的信息和许诺产生的，如果营销者将期望值定得太高，顾客很可能会失望；另一方面，如果产品给顾客传达的信息让顾客的期望值太低，那么就无法吸引足够的购买者。

顾客满意是指消费者对达到自己期望结果后的一种心理上的满足。顾客满意对顾客的忠诚有很大的影响甚至起决定作用，即顾客越满意，顾客忠诚度越高。但顾客满意不一定就意味着顾客忠诚。企业普遍认为顾客忠诚度取决于顾客满意，而事实是较高的顾客满意度并未给企业带来忠诚的客户，这种满意度没能影响到他们下一次的购买计划：即满意陷阱。发展顾客忠诚是保持和提高竞争优势的重要途径，也是每个企业追求的目标。留住顾客的关键是让顾客满意，一个高度满意的顾客会忠诚公司更久，并会购买更多的公司产品，所以一个聪明的公司应该经常测试顾客的满意度，以此审视自己的产品和服务，提升顾客的满意度。

四、顾客感知价值、顾客满意与顾客忠诚关系综述

有学者支持满意价值因果链，认为顾客感知价值是顾客满意的结果，是顾客购买后的评价行为。然而大多数学者支持价值满意因果链，认为顾客价值是顾客满意的重要前因。

科尔特（Kolter）和利维（Levy）最早提出顾客感知价值，认为"顾客满意度取决于其感知价值"。顾客感知价值概念是定义在买或不买的层次上，而满意则是发生在购买之后的评判。过去的研究总是将产品或服务质量作为顾客满意的主要驱动因素，而忽略顾客在交易全过程中各种形式的付出，顾客感知价值是顾客所能感知到的利得与其在获取产品或服务中所付出的成本进行权衡后的整体评价，是决定顾客满意的重要前提。

威廉D. 尼尔（William D.Neel）认为顾客忠诚是由顾客价值而非顾客满意驱动的，顾客满意并不能保证顾客的重复购买。马力行的研究也证实顾客价值是顾客忠诚的重要影响因素，并且同时影响消费者的态度忠诚和行为忠诚。（杰基.L.M.泰姆）Jackie L.M.Tam研究表明，顾客感知价值比顾客满意更能够引发再购买行为。侯宪静认为顾客忠诚的形成源于顾客感知价值，顾客感知价值影响顾客态度及行为忠诚。综上所述，顾客感知价值对顾客忠诚有影响，但是直接还是间接的影响仍存在分歧。

顾客忠诚度的重要性驱使学术界和企业对其进行了长期跟踪研究，重点主要放在如何让顾客满意上。有学者的研究表明两者并未存在显著相关关系，但大多数学者认为顾客满意度与顾客忠诚度有显著正相关关系。安德森（Anderson）和耐瑞斯（Narus）认为，顾客越满意，顾客关系就越可能得到维持。有学者认为顾客感知价值是通过中介因子顾客满意影响顾客忠诚，郑国中认为顾客感知价值是顾客忠诚的决定性因素，顾客满意是顾客感知价值与顾客忠诚之间的中介变量。

第三节　帕累托原理

20/80法则是十九世纪意大利经济学家帕累托（Bilfredo Pareto）率先发表的一项量化的实证法研究成果。在调查取样中，他发现大部分财富流向了少数人手里。不论是早期的英国还是其他国家，甚至从早期的资料中，他都发现相同的模式一再出现，而且在数学上呈现出一种稳定的关系。

20/80法则又称"帕累托法则"。它是指20％的客户实现80％的利润。主要阐述的问题是：资源配置及资源所发挥的作用是不同的。它已经成为营销学上广为使用的一个概念，即在营销学活动中，对不同的目标客户群体采取不同的营销方法。

一、顾客终身价值最大化

从本质上说，营销是一门吸引和维系赢利顾客的艺术。然而，每个公司都会在某些顾客上损失金钱。著名的20/80法则认为，在顶部的20％顾客创造了公司80％以上的利润。在某些情况下，这一法则更为极端；20％最有价值的顾客（按人均算）创造150％～300％的利润，而10％～20％最没有价值的顾客会把利润降低50％～200％，中间60％～70％顾客持平。图4-8显示了顾客利润分布情况，说明了公司可以通过"解雇"最差的顾客来提高利润。

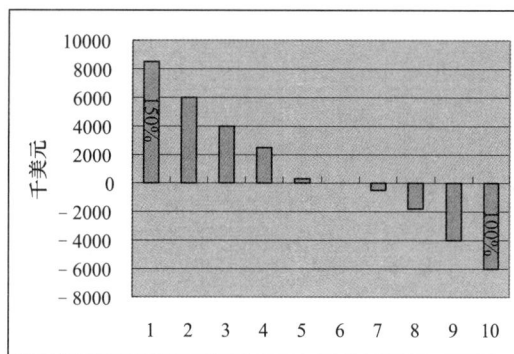

图4-8　150/20法则

公司最大的顾客并不必然会为公司带来最大利润。最大的顾客常常需要提供相当程度的服务和最大的折扣优惠。最小的顾客虽然支付产品的全价，接受最少的服务，但其所产生的交易成本却会降低公司的获利。中等顾客受到良好的服务，支出的价格也接近全价，在很多情况下，他们带来最大的利润。

二、顾客盈利能力

什么样的顾客才能给公司带来利润呢？一个赢利顾客，是指能在一段时间内不断产生收入流的个人、家庭或公司，其所带来的收入超过企业能接受的用于吸引该顾客、同该顾客进行交易、服务该顾客所需的成本支出。必须注意的是，这里强调的是终身收入和成本，不是某一笔交易所产生的利润。营销人员可以根据细分市场或渠道来测量个别顾客的赢利能力。

三、顾客获利能力分析

图4-9显示了一种有用的盈利分析方法。如图4-9所示，公司可以对顾客2和3做些什么呢？首先可以提高无利润产品的价格，或者取消这些产品；其次也可尽力向这些顾客推销盈利产品。如果这些无利可图的顾客转向其他供应商，这可能是好事。事实上，鼓励无利

		顾客			
		C1	C2	C3	
产品	P1	+	+	+	高获利产品
	P2	+			获利产品
	P3		-	-	亏损产品
	P4			-	高度亏损产品
		高获利顾客	获利与亏损 混合的顾客	亏损顾客	

图4-9　顾客产品获利分析

可图的顾客转向竞争对手的产品对本企业是有利的。

顾客盈利能力分析（customer profitability analysis，CPA）可通过会计工具——作业成本法（active-based costing，ABC）来进行。公司估计来自于顾客的所有收入，并减去所有的成本。成本不仅应当包括制造和销售产品或服务的成本，而且包括所有与服务顾客有关的成本，如接听顾客电话的成本、拜访顾客的成本以及举办活动和发放礼物的成本。

当对每个顾客进行分析后，就可以将顾客区分为不同的收益群：白金顾客（最盈利者）、黄金顾客（盈利者）、黑铁顾客（低盈利但有理想的销售量）以及铅顾客（非盈利并且销量不理想）。公司的工作就是把黑铁顾客改造成黄金顾客，以及把黄金顾客转为白金顾客，同时放弃铅顾客，或通过提价、降低服务成本来使他们给公司增加盈利。换句话说，营销人员必须把顾客细分为值得追求的和基本上没什么利益潜力的两类，如果必须要关注的话，后者得到的关注应该相对较少。

四、提高顾客基础价值

公司利益相关者价值的主要驱动力是所有的顾客价值。成功的公司通过如下优秀战略来提高他们的顾客价值：

- 减少顾客流失率。
- 提升顾客关系的寿命。
- 通过"钱包份额""交叉销售"和"向上销售"来提高每个顾客的成长潜力。
- 使低利润顾客变得更加有利可图或者抛弃他们。为了避免直接抛弃顾客，可以尽量鼓励他们购买更多的商品，或者减少一些特色和服务，或者让他们为一些低利润项目付更高的费用。银行、电话公司、旅游代理公司现在都对曾经是免费的服务开始收费，以确保能够有最低程度的收益。
- 集中精力服务于高价值顾客。

五、顾客动态管理/顾客维系动态变化

图4-10展示的是吸引和维系顾客的主要步骤。起点就是有购买产品或服务意图的人。这些潜在的个人或组织可能对公司的产品或服务感兴趣，但可能没有购买的方式或意向。接下来的任务就是营销人员通过访问顾客、检查顾客的财务状况等方法确认哪些是有动机、有能力和有机会进行购买的预期顾客。而后公司就可以将这些预期顾客转变成首次购买顾客，再将这些首次购买顾客转变成重复购买顾客，然后将重复购买顾客转变成为公司特定关照和了解的顾客。下一步就是公司通过为参与的客户提供有利的方案使客户转化为会员型客户，再把会员型客户转化为拥戴型客户，拥戴型客户极力称赞公司及其产品和服务并鼓励其他人购买。而公司面临的最大挑战是如何将拥戴型客户转化为合伙人。

不容乐观的是，很多营销理论和营销手段只注重如何吸引新顾客，而不是注重维系和培育现有顾客。传统的营销方法只注重如何销售，而不注重建立客户关系；只注重售前服务、销

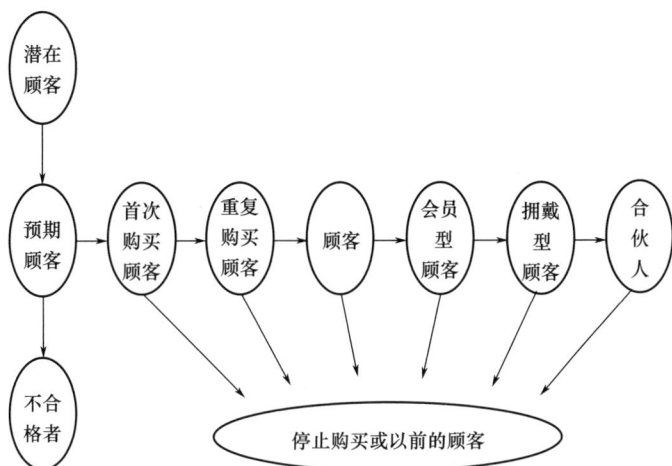

图4-10 顾客发展过程

售活动而不在乎售后服务。现在越来越多的公司认识到了使顾客满意和维系顾客的重要性。

满意的顾客构成公司的顾客关系资产。一个公司在被出售的时候，收购公司购买的不仅是厂房、设备和品牌资产，而且还包括转入的老客户，即与新公司进行交易的顾客数量和价值。下面是维系顾客的一组有趣的数字：

- 获取一个新顾客的成本是让顾客满意与保留顾客所花费的成本的5倍。要使已经满意的顾客产生转换行为，需要花费大量努力。
- 一般的公司平均每年流失10%的顾客。
- 一个公司如果将其顾客流失率降低5%，不同的行业其利润就能增加25%～85%。
- 顾客利润率主要来自于延长老顾客的生命周期，这主要是因为老顾客会增加购买、向别人推荐、对价格不敏感和减少服务的营运成本。

第四节 VIP管理

VIP（Very Important Person），即重要人物、要员，也可称呼为贵宾、高级会员等，是一个组织、社团、派对或国家对访客的一种分类。

VIP客户对品牌的关注率较普通顾客更高，成交率和连带销售的概率更大，VIP会经常光顾品牌，可以说是门店稳定销售的支柱客群。当然并不是所有的品牌都必须建立VIP体系，像H&M和GAP这样单价较低并且主要依赖客流的品牌建立VIP系统不仅耗时耗力，同时对于其业绩的影响也是难以估计的；但是对于那些单价较高、品牌附加值较大的品牌来说，VIP的意义就显而易见了。

一、VIP客户的培育与管理

- VIP档案记录要详细，及时更新，必须留照片。
- 要养成VIP客户留电话的习惯，同时注明客户的特征。
- 设定VIP客户年度目标，对重点VIP客户按照季节进行分解跟进，落实到人。
- 重视新客户二次消费，做好及时跟进工作。
- 重视上市波段销售周期，及时跟进及时邀请。
- 对VIP做好节假日的维护。
- 做好VIP客户销售管理。

VIP管理框架如表4-2所示。

表4-2　VIP管理框架

VIP 管理	顾客 需求	产品价格 上的特权	正价产品折扣优惠	
			折扣产品折上折优惠	
			产品买赠优惠	
		品牌服务 的增值体验	品牌礼物馈赠	节日与生日品牌价值回馈
			品牌活动参与	特殊VIP选择与回馈
			消费积分变现	
			VIP售后服务	金卡顾客——重要场合量身定制
			品牌资讯服务	
			生活情感体验沟通	
	VIP 管理 目标	制造品牌 忠实顾客	VIP数量的提升	日常VIP开发和维护，活动VIP开发和维护
			VIP消费金额提升	
			VIP光顾品牌频率提升	
			VIP内化传播	
		推广品牌 附加价值		
VIP 管理	VIP 制度 政策	会员资格	初级会员资格	消费金额要求：消费任意金额
			银卡会员资格	消费金额要求：一次消费5000元，或一年内累计消费10000元，即可成为银卡会员
			金卡会员资格	消费金额要求：一次消费20000元，或一年内累计消费50000元，即可成为金卡会员
			钻石卡会员资格	消费金额要求：一次消费50000元，或一年内累计消费100000元，即可成为钻石卡会员

续表

VIP 管理	VIP 制度 政策	增值服务		
		积分政策		1元=1分，特殊活动双倍积分，积分回馈不 分VIP等级，统一按照相同比例实施
		价格政策	初级会员资格	只积分，不打折
			银卡会员资格	打9折
			金卡会员资格	打8.5折
			钻石卡会员资格	打8折

实际业务中，VIP管理是企业实现零售与批发促销的重要手段，无论是金融、能源或软件业，或者是我们立足的时装产业，都需要围绕忠实消费者实施营销管理。因为今天的市场哲学是CS法则，即顾客满意度中心法则，俗话说就是"顾客就是上帝"。

在VIP管理的问题上，商品价格的一系列变化，在最后的交易环节，如何让买家心甘情愿地埋单？

这个埋单，不仅是随机性的、冲动性和盲目性的，还应该是长期的。用个不恰当的例子，就是使买家产生"瘾"。吸烟者的烟瘾，可以看作是作为烟草消费者的顾客的一种忠诚。时装使用者的某种瘾，也可以使之成为时装品牌的忠实买家。但这首先需要以某些量化的形式来设计一些能够通过管理手段实现的目标。比如从最常用的"客单价"管理和"回头率"着手，如图4-11所示。

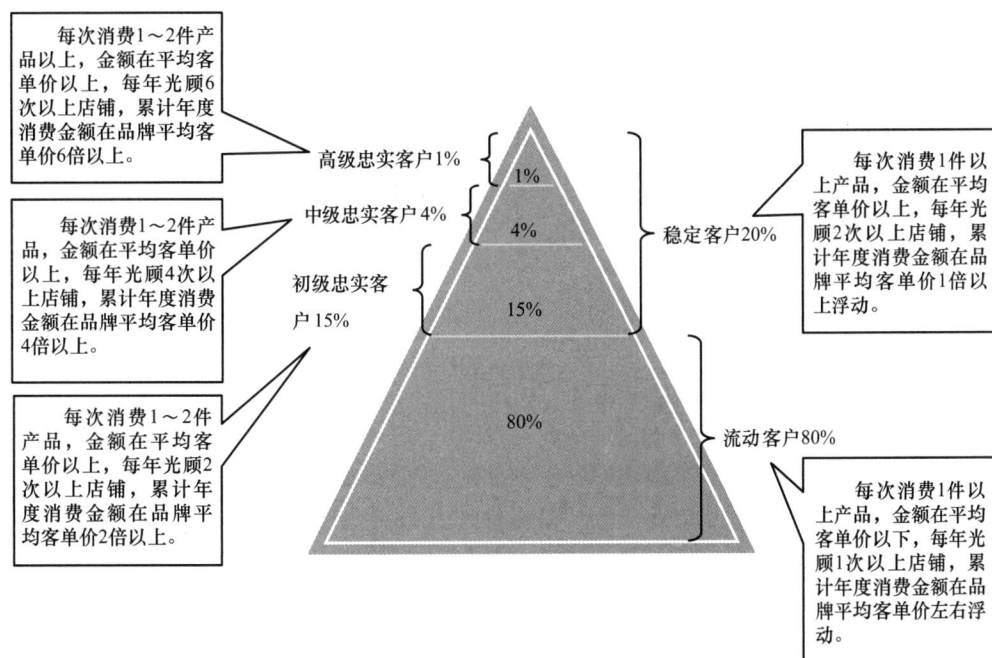

图4-11　VIP价值金字塔

　　这就关系到一个VIP的分级管理问题。对VIP顾客的分级有助于我们针对不同级别的VIP客户提供更为有效的服务，也使得投入与产出间的效益最大化。顾客是上帝，VIP顾客是上帝中的上帝；充分地挖掘VIP顾客的需求，提供针对性个性化的服务与维护，VIP上帝才会永远向品牌微笑。

　　例如：门店的店员在每位顾客消费后，都会将顾客送至门口，双手递上所购物品；顾客出门3分钟之内，便会收到一条感谢消费的感恩短信；三天之后会接到售后回访电话；15天内店员还会进行一次感情联络。这"3315"制就是EP雅莹对顾客关系管理的基础。

二、VIP专员职责

- 对本店现有VIP的管理及优化。
- 对持卡VIP的维护方法与跟踪。
- 对新发展VIP的质量的提高。
- 对本店现有VIP的核心型与活动型更好区分与维护。
- 对本店VIP售后服务的跟踪及信息反馈。
- 对每月制订的发展计划的规划和落实。
- 带动本店铺人员把顾客没想到的事情想到，想到的事情做好。
- 对店铺发展的VIP顾客的资料进行登记，并协同同事做好资料管理工作。

三、VIP管理的意义

（一）顾客的价值

　　顾客的价值，不在于他一次购买的金额，而在于他一生能给你带来的总金额，包括他自己以及对亲朋好友的影响，这样积累起来，数目是相当惊人的。所以，在店铺的运营过程中，除了要想方设法地满足顾客的需求，维持老顾客的忠诚外，还需要重视新顾客的不断开发。顾客的价值公式：

　　顾客的价值=货品平均值×购买系列×每年购买次数×顾客的寿命价值×口碑、声誉

　　一个顾客的价值是多少？假如一个顾客第一次购买的商品价值仅为18元，因导购介绍而购买了一件关联性产品，价值也为18元，顾客对商品的款式质地都非常喜欢，也十分满意导购员的服务态度，使这位顾客成为了老顾客。假如这位顾客每年来店里购买8次，并且将自己的良好感觉告诉朋友及家人，以每年10人为例，那么这个顾客的最终价值为：18×2×8×10×100，按照这样计算，一个只买18元的顾客，实际上可以给店铺带来28万多元的销售额。这28万多元依赖于一个品牌营销者的服务水准、工作热情、服务态度，以专业水准来留住顾客，并让顾客忠诚于该品牌。所以我们不仅要为顾客提供好的产品，更应该提供优质的服务，促使顾客从购买到持续购买，并通过口碑相传，为品牌带来源源不

断的利润。

（二）维持老顾客的价值

1. 维持老顾客的费用低而收益却很高

据调查显示，吸引新顾客的成本是维持老顾客的5倍以上。所以，假如店铺一周内流失了100个顾客，同时又获得100个顾客，虽然从销售业绩上来看仍然令人满意，但这样的结果是按"漏桶"原理经营店铺，没有较固定的老顾客，一旦客流减少，店铺的生意额将急剧下降。

实际上，你争取100个新顾客比保留100位老顾客花费的成本多得多，而且新顾客的购买率也相对较低，据统计分析，新顾客的盈利能力与老顾客相差了15倍。

2. 能产生良好的口碑效应——无形的宣传

老顾客如果对品牌拥有满意和忠诚度的话，便会为自己的选择而感到欣喜和自豪，所以也能不自觉地向亲朋好友推荐自己所购买的品牌产品及所得到的满意服务，这样老顾客就会派生出许许多多的新顾客。把这些新顾客再变成老顾客，你就有源源不断的生意，将会给品牌带来非常大的利益。

据调查研究，一个忠诚的老顾客可以影响25个消费者，诱发8个潜在顾客产生购买动机，其中至少有一个产生购买行为，只要维护好老顾客，老顾客就能为品牌带来源源不断的新顾客。

3. 老顾客接受品牌新产品比新顾客容易得多

当老顾客对品牌产生好感后，对品牌的员工、产品都非常信任，所以当有新货时，只要员工介绍得当，老顾客就会很乐意接受并且购买。而新顾客会有所顾忌和疑虑，信任是要花很多时间才能培养起来的。

（三）VIP管理带来的好处

从盈利的角度看，VIP管理带来的好处包括：

- 企业客户越多，长期利润越多。
- 企业提供5%的客户保留率，可以为其提升75%的收入。
- 吸引新客户的成本至少是维护老客户成本的5倍。
- 20%的客户创造企业80%的收入和90%的利润。
- 5%的小客户感到特别满意可以成长为大客户。
- 2%～3%的客户上行迁移可以创造10%的周转增长额及高达50%～100%的爆炸性利润增长。

（四）VIP资料的运用

对于老顾客，除了其在店中购买产品时应享受热情接待外，店长应与其保持联系，这样可以培养顾客的忠诚度，以长时期地维护顾客资源。

- 新货到柜时应通报。
- 各种活动时期的通知。
- 产品出现问题时主动通知。
- 产品特殊的洗涤保养的通知。
- 节假日的主动问候。
- 生日时的祝福。

（五）VIP报表分析体系

VIP报表分析有利于掌握服装品牌VIP客户的消费状况，有利于针对VIP设计营销策略，有利于进一步与VIP沟通，激活失效的VIP客户，提高销售额。VIP报表分析体系如表4-3所示。

- 新增VIP数量汇总月报表：了解稳定消费群每月幅度变化。
- VIP销售占比月报表：了解稳定消费群每月的消费占总销售的比例。
- VIP二次回头率月报：了解稳定消费群的忠诚度。
- VIP年龄结构月报表：了解稳定消费群年龄结构与公司目标客群的差距。
- 积分排行月报表：了解稳定消费群的消费能力，鼓励稳定消费群的再消费。

表4-3　某高档品牌VIP统计表

店铺名称	发展人数	店铺VIP数	散客消费客单数	VIP存档率	大于5千散客单数	VIP发展率	总实销	VIP实销	VIP销售占比	90天内有消费	VIP忠诚度	距最近消费365天未消费	办卡365天未消费	VIP流失率
杭州凤起路专卖	0	746	16	0.0%	0	0.0%	38,684	41,165	106.4%	167	22.4%	211	34	32.8%
杭州解百	0	547	0	0.0%	0	0.0%	24,331	8,353	34.3%	156	28.5%	179	13	35.1%
杭州万象城	2	112	0	100.0%	1	200.0%	21,360	13,212	61.9%	33	29.5%	6	2	7.1%
杭州武林路专卖店	0	680	0	0.0%	0	0.0%	38,515	28,372	73.7%	208	30.6%	187	45	34.1%
余姚华联	1	207	5	20.0%	0	0.0%	28,813	16,419	57.0%	99	47.8%	24	7	15.0%
诸暨雄风商厦	0	265	5	0.0%	1	0.0%	32,136	19,033	59.2%	99	37.4%	34	23	21.5%
杭州富阳专卖	0	378	5	0.0%	0	0.0%	29,080	14,449	49.7%	157	41.5%	71	20	24.1%
余姚专卖店	0	346	6	0.0%	1	0.0%	48,115	27,664	57.5%	166	48.0%	25	25	14.5%
诸暨专卖店	3	471	7	42.9%	2	150.0%	49,984	25,348	50.7%	180	38.2%	101	24	26.5%

续表

店铺名称	发展人数	店铺VIP数	散客消费客单数	VIP存档率	大于5千的散客单数	VIP发展率	总实销	VIP实销	VIP销售占比	90天内有消费	VIP忠诚度	距最近消费365天未消费	办卡365天未消费	VIP流失率
杭州凤起路专卖	23	752	20	115.0%	3	766.7%	360,589	295,784	82.03%	169	22.47%	211	33	32.5%
杭州解百	87	634	31	280.7%	4	2,175.0%	254,563	163,993	64.42%	158	24.92%	179	13	30.3%
杭州万象城	9	118	28	32.1%	7	128.6%	180,981	75,502	41.72%	32	27.12%	6	2	6.8%
杭州武林路专卖店	15	693	33	45.5%	1	1,500.0%	453,878	379,055	83.51%	201	29.00%	190	44	33.8%
余姚华联	21	217	32	65.6%	6	350.0%	206,396	96,969	46.98%	106	48.85%	23	7	13.8%
诸暨雄风商厦	9	271	43	20.9%	2	450.0%	167,680	86,537	51.61%	101	37.27%	34	26	22.1%
杭州富阳专卖	8	380	19	42.1%	3	266.7%	258,988	201,594	77.84%	162	42.63%	71	20	24.0%
余姚专卖店	9	349	21	42.9%	5	180.0%	529,226	454,320	85.85%	175	50.14%	23	25	13.8%
诸暨专卖店	5	471	18	27.8%	6	83.3%	360,815	284,346	78.81%	179	38.00%	106	24	27.6%

（六）让VIP客户参与到你的设计中来

国内的品牌产品设计往往是单方面的，即商品的整体设计、图案的创意构思单纯依赖于品牌公司的设计部门，缺乏与VIP顾客之间的互动。然而国外的一些奢侈品牌不仅在设计中极大地重视了VIP顾客的意见，还开展征集竞赛鼓励VIP顾客将自己的创意融入到产品的设计中去，最终将被采纳创意的顾客姓名命名其相关产品。这一方面增加了设计灵感，另一方面又增加了VIP顾客的品牌情结，可谓一箭双雕。

第五章　服装品牌市场细分和目标市场选择

第一节　服装市场细分

当代战略营销的核心，可被定义为STP。也就是市场细分、确定目标市场和市场定位。

——菲利普·科特勒

一、市场细分的重要意义

市场细分就是根据消费者对产品和营销组合的不同需求，把市场分割为具有不同需要、性格或行为的购买者群体，并勾勒出细分市场的轮廓，目的是针对每个购买者群体采取独特的产品或市场营销组合战略，使企业找到并描述自己的目标市场，确定针对目标市场的最佳营销策略以求获得最佳收益。科学的市场细分对企业的产品定位、价格制订、广告策略、包装设计和促销等营销要素组合的决策有着重要的指导意义。例如，如果市场细分中要吸引的广告观众是寻求经济低价的消费者，那么广告就应强调产品的价格竞争力；对于注重产品特殊功效细分市场的广告自然要强调产品的功效；而对于儿童的细分市场，产品的包装设计应该色彩明快，充满童趣，以吸引儿童，广告也应该更加表面化和情感化。

市场细分研究对新产品开发也同样具有指导作用，企业可以根据市场中存在的不同细分类型，配合新产品的研发，发掘新的市场机会，对新产品准确定位。同理，市场细分的信息也有助于企业合理选择在目标市场的促销方式。同时，对既定市场中细分市场的理解有助于企业对付竞争者推出的新产品。一旦细分市场确定下来，企业就可以估计出这些新产品对相关的细分市场可能产生的影响程度，并决定是否需要采用相应对策。如果竞争者的新产品定位模糊，则无须在防守方面投入大量资金。反之，如果新产品很好地满足了某一个细分市场的需求，那么与之相关的企业必须考虑推出自己全新的竞争性产品或改进现有产品的性能，调整营销策略或采取其他相应的措施。

二、服装市场细分的方法

尽管市场细分的变量繁多，但这些变量主要可以分为五大类，即：地理因素细分，人口因素细分，心理因素细分，行为因素细分和利益因素细分。在企业进行市场细分时应该根据产品特点结合使用，尤其应当重视利益细分变量的选用。利益细分实际属于行为细分的一种，它是根据顾客所追求的利益进行细分。一些研究表明利益细分变量是建立细分市场最为行之有效的细分方法。消费者寻求的利益对其购买行为所起的决定性作用，比其他变量的作用更直接更有可预测性。同时，一旦根据消费者的利益变量将他们划分为不同的细分部分，每一个细分部分都会在人口特征，心理特征等方面与其他变量形成对比，从而对构成细分市场的消费者形成更深层次的理解，使企业能够更有效的和消费者沟通，并进而向他们提供其最喜爱的产品。

（一）按地理变量细分市场

按照消费者所处的地理位置、自然环境来细分市场，比如根据国家、地区、城市规模、气候、人口密度、地形地貌等方面的差异将整体市场分为不同的小市场。地理变数之所以作为市场细分的依据，是因为处在不同地理环境下的消费者对于同一类产品往往有不同的需求与偏好，他们对企业采取的营销策略与措施会有不同的反应。

（二）按人口变量细分市场

按人口统计变量，如年龄、性别、家庭规模、家庭生命周期、收入、职业、教育程度、宗教、种族、国籍等为基础细分市场。消费者需求、偏好与人口统计变量有着很密切的关系，比如，只有收入水平很高的消费者才可能成为高档服装、名贵化妆品、高级珠宝等的经常买主。人口统计变量比较容易衡量，有关数据相对容易获取，由此成为企业经常以它作为市场 细分依据的重要原因。

1. 性别
由于生理上的差别，男性与女性在产品需求与偏好上有很大不同，如在服饰、发型、生活必需品等方面均有差别。

2. 年龄
不同年龄的消费者有不同的需求特点，如青年人对服饰的需求，与老年人的需求差异较大。青年人需要鲜艳、时髦的服装，老年人需要端庄素雅的服饰。

3. 收入
高收入消费者与低收入消费者在产品选择、休闲时间的安排、社会交际与交往等方面都会有所不同。比如，同是外出旅游，在交通工具以及食宿地点的选择上，高收入者与低收入者会有很大的不同。正因为收入是引起需求差别的一个直接而重要的因素，在诸如服装、化妆品、旅游服务等领域根据收入细分市场相当普遍。

4. 职业与教育
指按消费者职业的不同，所受教育的不同以及由此引起的需求差别细分市。比如，农民购买自行车偏好载重自行车，而学生、教师则喜欢轻型的、样式美观的自行车；又如，由于消费者所受教育水平的差异所引起的审美观具有很大的差异，诸如不同消费者对居室装修用品的品种、颜色等会有不同的偏好。

5. 家庭生命周期

一个家庭，按年龄、婚姻和子女状况，可划分为七个阶段：单身阶段、新婚阶段、满巢阶段Ⅰ、满巢阶段Ⅱ、满巢阶段Ⅲ、空巢阶段、孤独阶段。在不同阶段，家庭购买力、家庭人员对商品的兴趣与偏好会有较大差别。

除了上述方面，经常用于市场细分的人口变数还有家庭规模、国籍、种族、宗教等。实际上，大多数公司通常是采用两个或两个以上人口统计变量来细分市场。

（三）按心理变量细分市场

根据购买者所处的社会阶层、生活方式、个性特点等心理因素细分市场就称为心理细分。

1. 社会阶层

社会阶层是指在某一社会中具有相对同质性和持久性的群体。处于同一阶层的成员具有类似的价值观、兴趣爱好和行为方式，不同阶层的成员则在上述方面存在较大的差异。很显然，识别不同社会阶层的消费者所具有不同的特点，对于很多产品的市场细分将提供重要的依据。

2. 生活方式

通俗地讲，生活方式是指一个人怎样生活。人们追求的生活方式各不相同，如有的追求新潮时髦，有的追求恬静、简朴；有的追求刺激、冒险，有的追求稳定、安逸。西方的一些服装生产企业，为"简朴的妇女""时髦的妇女"和"有男子气的妇女"分别设计不同服装；烟草公司针对"挑战型吸烟者""随和型吸烟者"及"谨慎型吸烟者"推出不同品牌的香烟，均是依据生活方式细分市场。

3. 个性

个性是指一个人比较稳定的心理倾向与心理特征，它会导致一个人对其所处环境作出相对一致和持续不断的反应。俗语说："人心不同，各如其面"，每个人的个性都会有所不同。通常，个性会通过自信、自主、支配、顺从、保守、适应等性格特征表现出来。因此，个性可以按这些性格特征进行分类，从而为企业细分市场提供依据。在西方国家，对诸如化妆品、香烟、啤酒，保险之类的产品，有些企业以个性特征为基础进行市场细分并取得了成功。

（四）按行为变量细分市场

根据购买者对产品的了解程度、态度、使用情况及反应等将他们划分成不同的群体，称为行为细分。许多人认为，行为变数能更直接地反映消费者的需求差异，因而成为市场细分的最佳起点。按行为变量细分市场主要包括以下几点。

1. 购买时机

根据消费者提出需要、购买和使用产品的不同时机，将他们划分成不同的群体。

2. 追求利益

消费者购买某种产品总是为了解决某类问题，满足某种需要。然而，产品提供的利益往往并不是单一的，而是多方面的，消费者对这些利益的追求时有侧重。

3. 使用者状况

根据顾客是否使用和使用程度细分市场。通常可分为：经常购买者、首次购买者、潜在购买者、非购买者。大公司往往注重将潜在使用者变为实际使用者，较小的公司则注重于保持现有使用者，并设法吸引使用竞争产品的顾客转而使用本公司产品。

4. 使用数量

根据消费者使用某一产品的数量大小细分市场。通常可分为大量使用者、中度使用者和轻度使用者。

5. 品牌忠诚程度

企业还可根据消费者对产品的忠诚程度细分市场。有些消费者经常变换品牌，另外一些消费者则在较长时期内专注于某一或少数几个品牌。通过了解消费者品牌忠诚情况和品牌忠诚者与品牌转换者的各种行为与心理特征，不仅可为企业细分市场提供一个基础，同时也有助于企业了解为什么有些消费者忠诚于本企业产品，而另外一些消费者则忠诚于竞争企业的产品，从而为企业选择目标市场提供启示。

6. 态度

企业还可根据市场上顾客对产品的热心程度来细分市场。不同消费者对同一产品的态度可能有很大差异，如有的很喜欢，持肯定态度，有的持否定态度，还有的则处于既不肯定也不否定的无所谓态度。针对持不同态度的消费群体进行市场细分，在广告、促销等方面应当有所不同。

三、市场细分的程序

美国市场学家麦卡锡提出细分市场的一整套程序，这一程序包括6个步骤。

1. 选定产品市场范围

即确定进入什么行业，生产什么产品。产品市场范围应以顾客的需求，而不是产品本身特性来确定。例如，某一房地产公司打算在乡间建造一幢简朴的住宅，若只考虑产品特征，该公司可能认为这幢住宅的出租对象是低收入顾客，但从市场需求角度看，高收入者也可能是这幢住宅的潜在顾客。因为高收入者在住腻了高楼大厦之后，恰恰可能向往乡间的清静，从而可能成为这种住宅的顾客。

2. 列举潜在顾客的基本需求

比如，公司可以通过调查，了解潜在消费者对前述住宅的基本需求。这些需求可能包括：遮风蔽雨，安全、方便、宁静，设计合理，室内陈设完备，工程质量好等。

3. 了解不同潜在用户的不同要求

对于列举出来的基本需求，不同顾客强调的侧重点可能会存在差异。比如经济、安全、遮风蔽雨是所有顾客共同强调的，但有的用户可能特别重视生活的方便，另外一类用户则对环境的安静、内部装修等有很高的要求。通过这种差异比较，不同的顾客群体即可初步被识别出来。

4. 抽掉潜在顾客的共同要求，而以特殊需求作为细分标准

上述所列购房的共同要求固然重要，但不能作为市场细分的基础。如遮风蔽雨、安全是每位用户的要求，就不能作为细分市场的标准，因而应该剔出。

5. 根据潜在顾客基本需求的差异，将其划分为不同的群体或子市场，并赋予每一子市场一定的名称

例如，西方房地产公司常把购房的顾客分为好动者、老成者、新婚者、度假者等多个子市场，据此采用不同的营销策略。进一步分析每一细分市场需求与购买行为特点，并分析其原因，以便在此基础上决定是否可以对这些细分出来的市场进行合并，或作进一步细分。

6. 估计每一细分市场的规模

即在调查基础上，估计每一细分市场的顾客数量、购买频率、平均每次的购买数量等，并对细分市场的产品竞争状况及发展趋势作出分析。

第二节　服装目标市场

一、目标市场的选择

公司的营销不可能取悦每一个人。公司的营销经理要确定自己的目标市场，并只为自己定义的目标市场中的客户提供合适的服务。确定目标市场的两个基本步骤如下。

（一）衡量各细分市场

一般而言，企业考虑进入的目标市场，应符合以下标准或条件。

1. 有一定的规模和发展潜力

企业进入某一市场是期望能够有利可图，如果市场规模狭小或者趋于萎缩状态，企业进入后难以获得发展，此时应审慎考虑，不宜轻易进入。当然，过度竞争的细分市场也是需要认真考虑的。

2. 细分市场结构的吸引力

细分市场可能具备理想的规模和发展特征，然而从赢利的观点来看，它未必有吸引力。波特的研究表明，有5种力量决定整个市场或其中任何一个细分市场的长期的内在吸引力。这5个群体是：同行业竞争者、潜在的新参加的竞争者、替代产品、购买者和供

应商。

3. 符合企业目标和能力

某些细分市场虽然有较大吸引力，但不能推动企业实现发展的主要目标，造成企业精力的分散，这样的细分市场应考虑放弃。另外，企业的资源条件是否适合在某一细分市场经营也是重要的考虑因素，应选择企业有条件进入、能充分发挥其资源优势的细分市场作为目标市场，企业才会立于不败之地。

（二）选定目标市场

企业选择目标市场通常有图5-1显示的5种模式。

1. 集中单一细分市场

在服装产业中，品牌一般难以依赖于一个品类或者产品进行销售以支撑运营费用，单一细分市场主要集中在牛仔裤、毛衫、羊绒、皮革、内衣、袜子等单品上，最常见的方式是服装工厂主要生产某类单品，由其他品牌运行商进行整合运行，如国内最常见的商务男装品牌大多通过整合单品进行销售。因此，传统服装实体店因为商圈辐射、连带销售等原因，无法实现集中单一细分市场的销售。

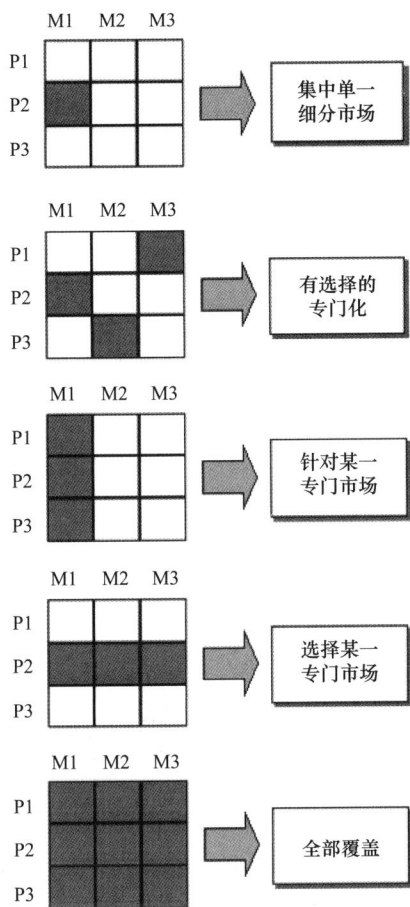

图5-1 选择目标市场的5种模式

而互联网有很强的规模经济效应，是因为一个网站一旦建成了，维护成本极低，在这个平台上新加一个客户的边际成本几乎等于零。虚拟空间市场中商品新增展示成本、检索成本接近为零，冷门商品和热门商品搜索交易的成本相同。原本20%的头部产品、畅销产品、热门产品和大众产品，因为消费者规模增加而销售规模急剧扩大，头部产品购买成本和购买价格更低。与此同时，原本80%的长尾产品、滞销产品、冷门产品、小众产品在虚拟空间里因为消费者数量无限扩大而具备生产规模效应。互联网思维讲究专注思维，将产品做到极致，超出用户预期，而传统企业强调规模经济、范围经济，因而，在看到利益诱惑的同时，传统企业要意识到产品线太多，缺乏聚焦点的弊端，重点发力将更加精准、优质。互联网下的网络经济因为长尾效应、范围经济等原因，原先的冷门产品成为热门产品，单品在互联网上的销售成为了一种可能。

2. 有选择的专门化

一家公司选择若干个细分市场，其中每个细分市场都有吸引力并符合公司要求。它们在各细分市场之间很少有共鸣效应，然而，每个细分市场都有可能赢利。这种多细分市场目标优于单细分市场目标，因为这样可以分散公司的风险。当宝洁推出佳洁士深层洁白牙贴时，最初的细分市场是新订婚或是即将做新娘的女性和男性同性恋者。

3. 针对某一专门市场

公司专门为满足某个顾客群体的各种需要而服务。例如，公司可为大学实验室提供一系列产品。公司专门为这个顾客群体服务，获得良好的声誉，并成为这个顾客群体所需各种新产品的渠道。但如果顾客突然消减费用，就会产生危机。

4. 选择某一专门产品

公司集中生产一种产品，向各类顾客销售这种产品。例如显微镜生产商向大学实验室、政府实验室和工商企业实验室销售显微镜。公司准备向不同的顾客群体销售不同种类的显微镜，而不去生产实验室可能需要的其他仪器。公司通过这种战略，在某个产品方面树立起很高的声誉。但如果产品被一种全新的技术所代替，企业就会发生危机。

5. 全部覆盖

一个公司想用各种产品满足各种顾客群体的需求。只有大公司才能采用完全覆盖市场战略，例如IBM公司（计算机市场）、通用汽车公司（汽车市场）和可口可乐公司（饮料市场）。大公司可用两种主要方法，即通过无差异营销或差异营销，达到覆盖整个市场的目的。

在无差异营销中，公司可以不考虑细分市场间的区别，仅推出一种产品来追求整个市场。为此，它设计一种产品和制订一个营销计划来吸引最大多数的购买者。它凭借广泛的销售渠道和大规模的广告宣传，旨在在人们的心中为该产品树立一个超级印象。无差异营销是"制造业中的标准化生产和大批量生产在营销方面的化身"。狭窄的产品线可以降低生产、存货和运输成本。无差异的广告方案则可缩减广告成本，而不进行细分市场的营销调研和计划工作，又可以降低营销调研和产品管理的成本。可以推测，公司可以将低成本转化为低价格，并赢得对价格敏感的那部分细分市场。

在差异营销中，公司决定同时经营几个细分市场，并为每个细分市场设计不同的产品。雅诗兰黛公司针对女性和男性的不同品位来定位它的市场：旗舰品牌，原创的雅诗兰黛吸引较年长的顾客；倩碧满足那些中年女性的需求；M.A.C.则是针对年轻人的；艾凡达适合那些芳香疗法的狂热者；而品木宣言则是针对那些追求天然成分化妆品的消费者。

二、目标市场营销策略

企业根据三种营销策略选择自己的目标市场。

（一）大一统策略

企业对所有的潜在用户采取同一产品和同样的服务。这看起来市场很大，在没有竞争及新发展起来的市场有时很成功，但由于不同用户需求不同，最终的结果是大多数客户流失。

（二）差异化策略

企业针对不同细分市场推出不同的产品与服务。对于一些世界级大企业（如西门子）可能很有成效，但大多数企业采用此策略的结果可能是战线过长、顾此失彼。

（三）集中策略

只针对某一个（或有限的几个经过严格挑选的）细分市场提供适当产品与服务，追求某一个细分市场的占有率，结果虽然在某个小市场表现不错，却可能丢掉了大市场。

可见各种营销策略都是有利有弊的。我们在选择营销策略时必须做好市场细分。

三、影响目标市场策略选择的因素

（1）企业资源或实力。
（2）产品的同质性，指在消费者眼里，不同企业生产的产品的相似程度。
（3）市场同质性，指各细分市场顾客需求、购买行为等方面的相似程度。
（4）产品所处生命周期的不同阶段。
（5）竞争者的市场营销策略，如果竞争对手采用差异性营销策略，企业应采用差异性或集中性营销策略与之抗衡。
（6）竞争者的数目。

第三节　服装品牌定位

在市场分析的基础上，品牌创建之初，品牌传播的基础性工作开始启动，而这个起步性的工作即为品牌的定位。我国著名的营销学者卢泰宏在他的《定位论：广义成功之道》中写道："今天，'定位'一词已成为最重要的、使用最广泛而频繁的战略术语之一……并已超出营销之专业范畴，上升为普适的、广义的成功之道。"而一个品牌传播之成功，也必然始于品牌定位。

一、品牌定位的步骤

余明阳等在《品牌传播学》著作中提出了品牌定位STP步骤，即市场细分（segmenting）、选择目标市场（targeting）、品牌定位（positioning）三个英文单词的组合，这也是品牌定位的三个必要步骤和基础性历程。

（一）市场细分

"市场细分"概念是由美国的营销学者温德尔·史密斯（Wendell R.Smith）提出来的，它顺应了卖方市场转化为买方市场的发展态势。任何品牌对市场的供给与服务能力都是有限的，所以市场细分是一个品牌企业选择目标市场的前奏，更是品牌定位的前提。市场细分是按照一定的标准来对市场进行区隔的，每个细分后的目标市场均应该有其自身的共性，并保持相对的稳定性，也就是说市场细分过程是将市场按一定标准去分割而又集合化的过程。

例如我们可以把服装市场按照"性别"分为两个细分市场：男装市场和女装市场；女装市场按照"年龄"又可以细分为三个市场：少淑女装市场、熟女装市场、老年女装市场；熟女装市场按照"风格"又可以细分为很多个细分市场。

现代市场营销者不能无区别地、笼统地对待消费者，必须根据顾客的需求与购买行为、购买习惯的差异，将整体市场划分为若干个细分市场，然后根据品牌自身的条件针对不同的细分市场的需求推出相适合的产品，以满足不同消费群体的需求。简而言之，消费者的需要、动机及购买行为因素的多元性，是市场细分的内在根据。

品牌在进行市场细分的的时候必须讲究细分的实用性和有效性，基本遵循四项原则：

（1）差异性，在该产品的整体市场中确实存在着购买与消费上的差异性，尤其服装市场更为显著。

（2）可衡量性，细分出来的市场不仅有明显的范围，而且也能估量该市场的规模及其购买力的大小，为此，市场细分的标准必须是明确的、可以识别和衡量的。

（3）可进入性，是指企业对该细分市场能有效进入和为之服务的程度，即市场的细分和选择必须适应企业本身的营销能力和开发能力，必须是企业可能进入并占有一定市场份额的。

（4）效益性，是指细分市场的容量是否能保证企业获得足够的经济效益。

（二）选择目标市场

目标市场也可以称为目标消费者市场，是指企业品牌营销活动所要满足的市场需求，是品牌决定要进入的市场，也是品牌所要服务的对象。品牌的一切营销活动都是围绕目标市场进行的。从现代企业营销的角度看，市场是潜在购买者对一种产品或服务的整体需求，购买者分布广泛，且数量众多，购买习惯和要求又千差万别，因此，任何企业、品牌或产品都不可能满足所有购买者的互有差异的整体需求。也就是说，某一个企业或品牌都只能满足一部分购买者的某种需求，而不能满足所有购买者的所有需求。所以，选择和确定目标市场，明确企业或品牌的服务对象，是企业或品牌制订市场营销战略的首要内容和出发点。

（三）品牌定位

品牌定位即针对目标市场需求，针对目标消费者的心理需求，来确立自己企业或品牌的市场位置或消费者的心理位置。品牌定位就是要根据目标消费者心理的空隙，为品牌确定一个与众不同的主张，确立一个独一无二的市场地位。

品牌定位一般从两个角度进行：一是产品定位，二是目标定位。

就服装品牌而言，产品的定位包括风格定位、产品类别定位、价格定位、品牌形象定位等。目标定位也可以说是消费者定位，包括区域、性别、年龄、职业、收入等的定位（图5-2、图5-3）。

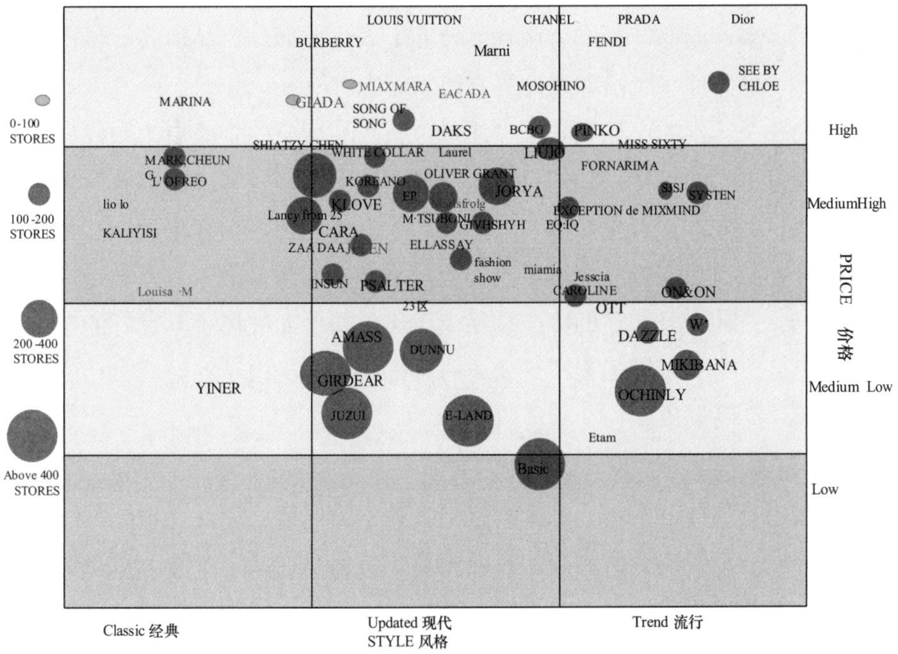

图5-2　品牌基于风格和产品价格的定位

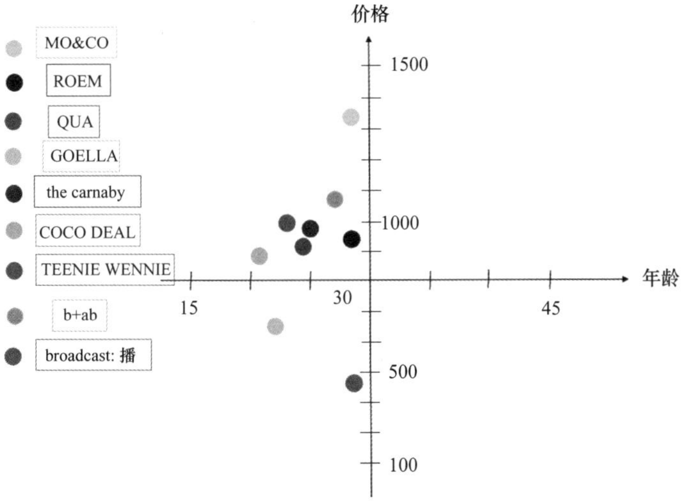

图5-3　某女装品牌基于产品价格和消费者年龄的定位

二、品牌差异化定位战略

如果一个公司的产品或服务与其他公司的产品或服务雷同，它将难以在市场中生存下去，所以公司必须寻找自己与其他公司的差异。

差异化需要对消费者有吸引力，并与这种产品和服务的方面相关。差异化战略可具体到四个方面。

1. 产品差异化

品牌能够在许多不同的产品或者服务的层面上产生差异：产品形式、特色、性能、耐用性、可靠性、可维修性、风格和设计等方面。

品牌定位的一个通常的产品要素是"质量"，产品优质的企业更为赚钱，因为良好的质量允许企业制订更高的价格；它们更多地受益于回头客、顾客忠诚以及积极有效的关系传播；而且高质量的成本比低质量的成本不会高很多。高价对顾客来说往往是优质产品的信号。包装、分销渠道、广告和促销手段也会影响产品的质量形象。下面是一些损害产品质量形象的例子：一种十分著名的冷冻食品由于经常降价而破坏了其良好的形象；一种优质啤酒因其由瓶装改为听装而损害了形象；一种高档电视机由于在经营大众商品的商店出售而失去了其优质产品形象。

2. 人员差异化

公司可通过培养训练有素的人才来获得强大的竞争优势。经过严格训练的人员具有六方面的特性：称职，员工具有所需要的技能和知识；谦恭，员工友好，尊重他人，体贴周到；诚实，员工诚实可信；可靠，员工能始终如一、正确无误地提供服务；负责，员工能对顾客的请求和问题迅速作出反应；沟通，员工力求理解顾客并清楚地为顾客传达有关信息。尤其是零售商，很可能使用它们的一线员工作为差异化和确定其产品定位的方法。

3. 渠道差异化

公司可通过设计分销渠道的覆盖面、专长和绩效来取得竞争优势。例如戴尔和雅芳，它们通过开发和管理高质量的直接营销渠道而获得差异化。回顾1946年，宠物食品的特点是便宜，但没太多营养，并且在超市和不经常见的宠物商店中出售；丹俄亥俄州的艾姆斯（Iams）发现了通过地区兽医、饲养员和宠物店来成功地销售宠物食品的方法。

4. 形象差异化

顾客购买产品的时候能从公司或品牌形象方面得到一种与众不同的感觉。形象是公众对公司和它的产品的认知方法。树立一个有效的形象必须做三件事。它必须通过一种与众不同的途径传递这一特点，从而使其与竞争者相区分。它必须产生某种感染力，从而触动顾客的内心感觉。它必须利用公司可以利用的每一种传播手段和品牌接触。例如，"IBM就是服务"这种特定信息，必须通过一些标志、文字和视听媒体、气氛、事件和员工行为来表达。

三、产品生命周期营销战略

大多数产品生命周期曲线都被描绘成一条钟形曲线，这条曲线分为四个阶段：导入期、成长期、成熟期和衰退期。

1. **导入期**

产品导入市场是销售缓慢增长的时期，这一阶段因为产品的导入市场所支付的巨额费用所致，利润几乎为零。

在导入阶段，公司利润很低。促销支出占销售额的比率最高，因为它需要高水平的促销努力，以达到以下目的：告诉潜在的消费者新的和他们所不知道的产品，引导他们试用该产品，使产品通过零售网点得以分销。

2. **成长期**

产品被市场迅速接受和利润大量增加的时期。

成长期的标志是销售迅速增长。早期采用者喜欢该产品，其他消费者开始追随领先者。由于有大规模的生产和利润机会吸引，新的竞争者进入市场，他们通过大规模生产来提高吸引力和利润。他们引进新产品和扩大分销连锁的数量。

产品价格维持不变或略有下降的依据是需求是否迅速增长。公司维持同等的促销费用或把水平稍微提高，以满足竞争和继续培育市场。销售的高速上升，使促销费用对销售额的比率不断下降。在这一阶段利润增加原因是：促销成本被大量的销售额所分担；随着生产经验的增加，单位产品制造成本比价格下降得更快。为了准备制订新的战略，公司必须注意增长速度何时开始下降。

3. **成熟期**

因为产品已进入被大多数潜在购买者所接受而造成销售增长减慢的时期。为了对抗竞争，维持产品的地位，营销费用日益增加，利润稳定或下降。

一个产品的销售成长率在到达某一点后将放慢步伐，并进入相对成熟的阶段。这个阶段的持续期一般长于前两个阶段，并给营销管理层带来最难对付的挑战。大多数产品都处于生命周期的成熟阶段，因此，大部分营销管理层处理的正是这些成熟产品。

销售增长率的减慢使得整个行业中的生产能力过剩，生产能力过剩又导致竞争加剧。竞争者更频繁地使用减价和不标价的方法销售。他们增加广告，扩大贸易和消费者交易的机会，为了找出比较好的产品式样和侧翼产品而增加研究和开发预算。这些步骤意味着某些利润正被侵蚀，有些较弱的竞争者开始退出。最后，该行业由一些地位牢固的竞争者把持，他们的基点是要获得竞争利益。

4. **衰退期**

销售下降的趋势增强和利润不断下降的时期。

销售衰退的原因很多，其中包括技术进步、消费者口味的变化、国内外竞争的加剧等。所有这些都会导致生产能力过剩、削价竞争增加和利润被侵蚀。这种销售衰退也许是很缓慢的，也许是很迅速的，销售可能会下降到零，也可能维持在一个低水平上持续多年。

当销售和利润衰退时，有些公司退出了市场。留下来的公司可能会减少产品在市场上的种类和数量，也可能从较小的细分市场和边际交易渠道中退出，还可能削减促销预算和进一步降低价格。

第六章　服装品牌产品开发

第一节　服装市场分析

一、服装市场调研

（一）服装市场调研的概念

服装市场调研是通过收集一系列有关服装设计、生产、营销的资料、情报和信息，以科学的方法和客观的态度，判断、分析、解释和传递各种有用的信息，以帮助决策者了解环境、分析问题、制订及评价市场营销和产品开发策略，从而达到更好地进入市场、占有市场并实现预期销售目标的方法。

（二）服装市场调研流程

市场调研大致要经过明确调研目标和内容、制订调研方案、执行调研方案、数据处理与分析和撰写调研报告等过程。

市场调研的目的是帮助企业发现问题和解决问题，所以在调研的准备阶段必须弄清几个问题：为什么要进行本项市场调研？本项市场调研要了解哪些情况？调研结果拟解决哪些问题？

1. **明确调研目标和内容**

由于要解决的问题不同，研究的问题也不同，所以调研的目标也就有所不同，而且有的研究目标比较单一，有的研究目标相对复杂。调研方案的设计是制订调研所要遵循的一个计划，以保证市场调研能有效地执行。一个调研方案主要包括调研项目、调研方法、调研人员、调研经费、调研时间和进程安排等内容。

（1）调研项目

选择调研项目取决于调研目标，它是对调研目标的具体指标分解。它要求市场调研的设计者要根据调研目标的要求去梳理、提炼、组织、安排这些市场调研项目，使之形成具有一定内在联系的市场调研体系。一般的市场调研项目应列出两至三级的调研项目；第一级调研项目往往数目较少，但关系调研目标的核心与方向，它们构成了一个调研项目的基本框架；二级调研项目是在一级调研项目范围内列出涉及的一些具体调研项目；三级调研项目则是在二级调研项目的基础上对二级调研项目内容的进一步细化。

（2）调研方法

一般说来，调研的方法有以下三种：观察法、询问调查法和实验法。新的营销科学已经认识到了以往凭经验积累所做的直观判断存在不足，也基本上放弃了口说手写的认知型调研如问卷调查，而是主张秘密观察消费者的行为，识别他们的真正意图。行为分析是利用人们无意识的行为深层次挖掘人的潜意识的一种新型调研方式。消费者行为分析是利用数据挖掘技术，有效地帮助营销工作者透过表面上无关联的顾客数据层，发现数据之间的内在的有意义的联系，从而不仅对顾客需求做出及时反应，而且对顾客需求进行有效的预期。现代商场的收银台大多已经使用了"销售时点系统"（POS 系统），顾客背景及购物的所有信息如会员卡信息、购买地点（店铺）、时间、消费品项、购买数量、支付金额等，在付款的瞬间全部被电脑记录下来。在上述顾客数据库的支持下，利用现代数据挖掘或分析技术，我们不仅可以归纳顾客在过去任何时段里的消费习性，还可以轻易估计在任何一个时段里，光顾某商店的顾客的特征、大概消费金额以及感兴趣的商品等。消费者行为分析其实质是采用观察法将顾客特征和购买行为过程的数据记录下来，并采用数据挖掘技术进行分析。观察顾客实际的行为而不通过提问或交流，这是观察法最明显的优点，它可以避免许多由于调研人员及询问法中的问题结构所产生的误差，也可避免被调查人员诱导产生的并不真实的回答。其次，调研人员不会受到被观察者意愿和回答能力等有关问题的困扰。第三，观察法可以收集到顾客行为、市场现象在不同时间状态的变化数据，便于进行动态的、深入的、对过程的研究。

（3）调研工具

在搜集一手资料中通常会使用一些调研工具，主要包括调查问卷、调查提问、调查记录表和一些调研设备，如照相设备、录音设备、录像设备等。

（4）调研人员

确定调研人员，主要是确定参加市场调研人员的条件和人数，包括对参与调研人员的培训。

（5）调研经费

调研费用一般包括人员劳务费、资料费、交通费、数据处理费等。

（6）调研的时间进度

对各类调研项目的工作进程、工作方法等做出具体的规定，一般要考虑以下几个方面：调研方案论证、设计、调研人员培训、实施调研、数据整理、数据录入和分析、调研报告的撰写等。

2. 执行调研方案

制订好调研方案后，即可按照设计执行方案，包括对消费者调研、竞争者调研和合作环境调研等（图6-1）。

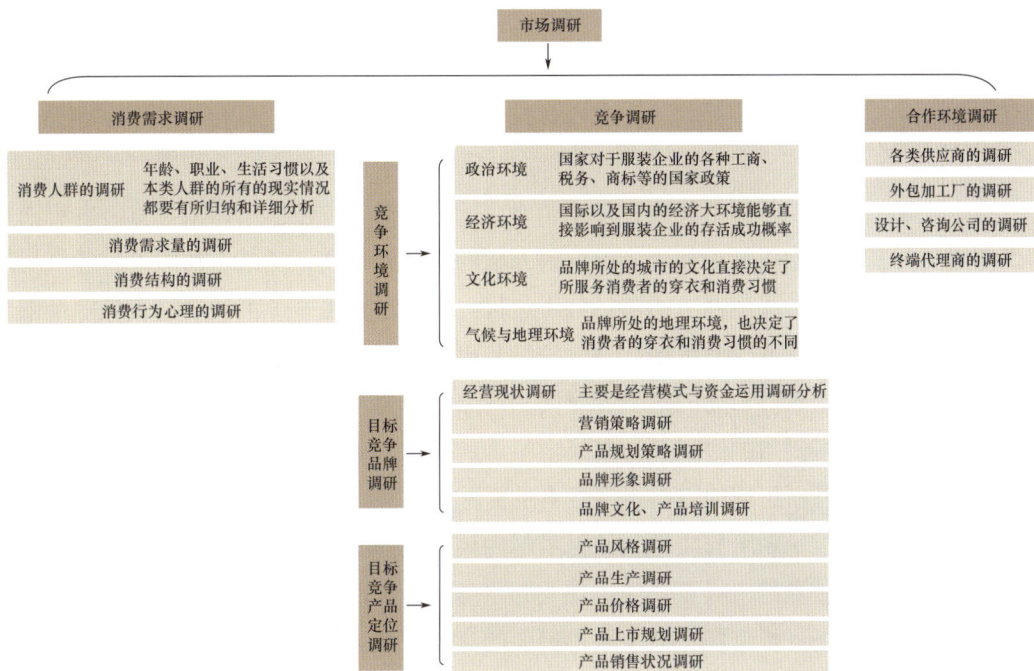

图6-1　设计执行方案

3. 调研结果分析

对信息和资料进行进一步统计分析，提出相应的建议和对策是市场调研的根本目的。市场调研人员须以客观的态度和科学的方法进行细致的统计计算，以获得高度概括性的市场动向指针，并对这些指针进行横向和纵向的比较、分析和预测，以揭示市场发展的现状的趋势。

4. 撰写调研报告

提出调研报告是市场调研的成果，调研报告应该包括以下几方面内容：

①序言。用以说明调研的目的、过程和方法。

②主体部分。根据调研的目的对数据处理的结果进行分析，做出结论并提出建议。

③附件。主要是报告主题部分引用过的重要数据和资料，必要时需要把详细的统计图表和调研资料作为附件。

二、目标市场的设定

服装企业为其品牌、产品选择目标市场并进行市场定位，是进行服装产品开发的重要一个环节。美国著名营销权威菲利普·科特勒指出：定位是树立企业形象，设计有价值的产品和行为，以便使细分化市场的消费者理解企业与竞争者的差异。服装市场品类和风格差异很大，企业要集中有限的资源和精力来设计生产和销售针对目标消费群的产品。因此，如何开发针对目标消费群的有独特品牌风格和满足消费者需求的产品，成为企业参与市场竞争的重要目标。目标市场的营销策略包括三个方面的内容：市场细分，选择目标市场和目标市场定位。

（一）市场细分

所谓市场细分，就是营销者通过市场调研，依据消费者（包括生活消费者、生产消费者）的需要与欲望、购买行为和购买习惯等方面的明显差异性，把某一产品的整体市场划分为若干个消费者群（买主群）的市场分类过程。在这里，每一个消费者群就是一个细分市场，亦称"子市场"或"亚市场"。每一细分市场都是由具有类似需求倾向的消费者构成的群体。分属不同细分市场的消费者对同一产品的需要与欲望存在着明显差别，同一细分市场的消费者的需要与欲望则极为相似。

市场是由消费者所组成的，由于消费者的需求、欲望千差万别和不断变化，消费者的购买行为和购买习惯呈现出异质性，使得需求的满足也呈现差异性，所以市场细分对企业来说十分必要。在激烈的市场竞争中，企业必须分析市场需求，进行市场细分，集中有限的资源有效地服务于目标市场，力争取得最大的竞争优势。通过市场细分，企业可以发现最有利的市场机会，提高市场占有率，还可以用最少的经营费用取得最大的经营效益。概括起来说，市场细分变量一般有人口统计变量、地理变量、心理变量、行为变量及利益需求变量等。如表6-1所示。

表6-1 消费者市场细分依据

细分依据	细分变量
人口统计变量	年龄、教育背景、职业状况、可自由支配收入
地理变量	地区、城市规模、地区人口密度、气候
心理变量	需求动机、个性、感知、参与程度、态度、生活方式
行为变量	社会文化细分：文化、宗教信仰、亚文化、社会阶层、家庭生命周期； 使用相关的细分：使用频率、感知状态、品牌忠诚； 使用情景细分：时间、目的、地点、人物
利益需求变量	舒适、社会认可、长期使用、经济、物有所值

（二）选择目标市场

通过市场细分，企业面对各种不同的细分市场，必须从中挑选适合自己品牌的目标市场，集中力量针对目标市场进行营销布局、设计开发等品牌战略。目标市场战略通常有以下三种方式：

1. 全面营销

以所有消费者为营销对象，只向消费者推出单一的、标准化的品牌产品，并以一种统一的销售方式来销售，由此取得价格优势，但是这种方式不能满足消费者多样化的需求。

2. **多样化营销**

企业生产不同特性、风格、款式、质地、号型的商品进行销售，但不是针对细分化市场的消费者需求来提供商品，只是针对大众消费群提供有更多选择机会的商品。

3. **目标市场营销**

从细分化市场里选择适合自己企业状况的目标市场对象，设计年、生产、销售目标顾客需求的品牌产品，并且制订有针对性的营销策略。

确立目标市场是为了让企业明确为哪类消费群服务，这类消费群体对设计、营销、品质、视觉营销方面有怎样的诉求，从而选择最合适的营销、设计方式，这样就更容易把握好目标市场，产品开发战略重点更明确，能更高效地进行计划、生产、销售活动。

三、目标市场定位

市场定位是20世纪70年代由美国学者阿尔·赖斯提出的一个重要的营销学概念。是指企业根据目标市场产品竞争状况，根据消费者对该类产品某些特征或属性的重视程度，为本企业产品塑造与众不同的鲜明个性，并将该形象生动的传达给消费者，求得消费者的认同。通常讲的定位有两种：目标消费者定位、品牌定位。这两种定位的内涵各有侧重，而又相互交叉和支持。

（一）目标消费者定位

目标消费者就是服装企业的服务对象，他们的特点和生活方式以及消费方式决定了其所需要的服务，他们是产品价值实现的终端。因此，对于目标消费者的定位决定了服装企业的所有问题（设计、生产、销售以及经营管理问题等）。所以，目标消费者定位是龙头也是根本所在。要在激烈的竞争中求胜，服装企业必须要以消费者为中心，从竞争者手中争取顾客，并且通过各种超值的因素来吸引新的顾客。对目标消费者的定位过程也是企业选择细分市场的过程。定位的因素如图6-2所示。

对于消费者的准确定位，决定了企业占有市场的有效性。现代的服装品牌之间的差异

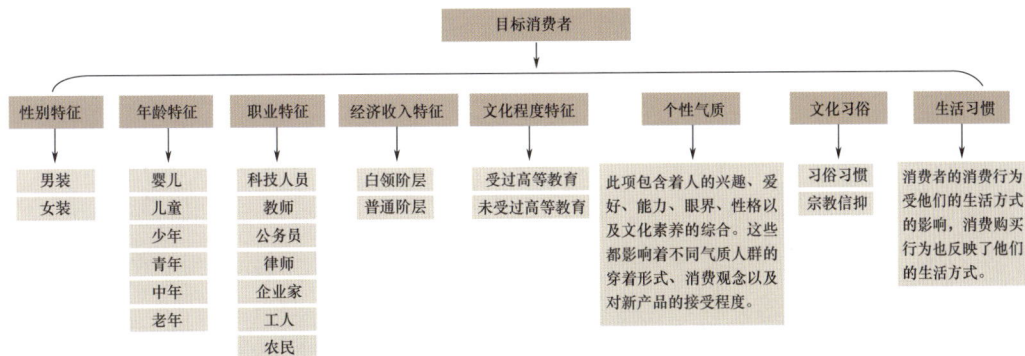

图6-2

性越来越小，因此，企业对于消费者更为深刻而准确的理解就成为一个品牌成功的关键所在。对于设计师而言，能否体味出各品牌之间的细微差别也是他的功力所在。

（二）品牌定位

服装品牌定位就是指服装企业针对目标市场，确定、建立一个明确的有别于竞争对手的、符合消费者需要的形象定位，使得这个品牌确定一个适合的市场位置以后，其商品能够在消费者的心中占领一个特殊的位置，与目标消费者产生共鸣。服装品牌定位有助于将产品转化为品牌，以利于潜在顾客的正确认识。品牌定位是企业经营的首要任务，也是品牌建设的基础，品牌定位在企业经营和市场营销中有着不可估量的作用。服装品牌的定位，主要从文化定位、产品定位、市场定位三个层面来分析。

1. 文化定位

服饰品牌的建立是文化产业之一，文化本身是一种有个性的、有特点的东西。所以品牌的定位首先在文化内涵上定位。服装品类的产生，一定有其历史渊源和特有文化，如中国的旗袍，美国的牛仔裤，产品本身就在向消费者传递着浓厚的文化信息。同时，创建品牌就是一个将文化精致而充分地展示过程；在品牌的定位过程中，文化起着凝聚和催化的作用，使品牌更有内涵；品牌的文化内涵是提升品牌附加值、产品竞争力的源动力。服装品牌文化影响力的竞争是高层次、高层面、高级别的竞争，品牌文化影响力大的，对消费者吸引力也大，以致让消费者感到品牌文化影响力、诱惑力难挡。一个服装品牌若是具有非同寻常的文化影响力，那么，对其实物产品提高市场占有率，提高经济效益是非常有用的。服装品牌的文化定位是覆盖多层面的，品牌文化定位一旦确立，可以进行辐射性的深造，在公众传播力上起到较大影响力。如：杭州凭借其优势的地理位置，将"水文化"与"丝绸文化"进行了巧妙的嫁接，其设计以"婉约""典雅"风格透着浓厚的江南水乡文化。又如"七匹狼"品牌文化已具有追求成就、勇往直前、勇于挑战的文化内涵，这种个性鲜明地突现男性精神的品牌文化定位，使七匹狼品牌以其深刻的文化品质，取得了中国男性群体时尚消费生活的代言人地位。品牌定位策略的制订要从文化中深入浅出，必须是一种文化的深刻体现和生动展现。由此看来，将文化定位作为服装品牌定位的基础，把文化财富转化为企业竞争的资本，是品牌文化定位的终极目的。

2. 产品定位

产品定位主要是指在服装品牌建立中突出服装产品的特点，如款式、工艺、面料等。即强调该产品与同类商品的不同之处，从而更好地满足特定消费者的需求。产品的定位可细分为设计定位、功能定位、品质定位、价格定位等几个方面。服装产品可细分为众多产品种类，从性别上粗分为男装、女装；在男装中，可分为正装、休闲装与运动装；在休闲装中，又可以细分为性格男装（七匹狼所独创），商务男装（以利郎为代表），运动休闲装等。服饰品牌企业也多为某产品种类作为其品牌的实体，如雅戈尔主产品是衬衫，报喜鸟主要是西服，波司登的主产品是羽绒服等。对于一个初创品牌的中小服饰企业来说，一上马就试图生产多个产品种类并打响品牌，往往会分散企业资源，抓不住关键。1992年底，李宁公司分别在北京、广东成立了三家分公司，各自从事运动服装、休闲服装和运动鞋的生产经营。在高速成长的过程中，公司难以抵挡发展中的诱惑，难以避免地走入了多元化产品发展之路。只生产运动服装的李宁公司，逐渐进入到非体育用品产品领域，曾经先后生产过西服甚至皮具等高档产品。这种缺乏产品定位感的品牌意识，给人感觉是李宁品牌什么产品都能做，反而导致公司员工和各级经销商在市场实际操作上方向不明，无所适从。所以服装品牌企业不能靠拍脑袋作决定，只有在调研基础之上，熟悉消费需求趋势，结合企业自身资源，才会做出准确的产品定位。

3. 市场定位

市场定位是将市场作为服饰品牌定位策略的着力点，可体现该服饰品牌对市场的细分程度，展现该品牌能填补的市场空缺，或者在寻找差异上的表现不俗。

（1）市场细分

服饰品牌对市场细分程度能够使消费者感受到该品牌的专业化以及对市场的把握能力。例如，该品牌的市场定位是主打一、二级市场还是三、四级市场？渠道选择是百货超市还是批发市场、专卖店？

（2）填补市场空白

这样的定位是希望通过展现对于空白市场的把握来抓住消费者的心。在别人没有想到时，我们提前做到了，真正做到人无我有，人有我优的市场定位策略。例如：在美国初期的牛仔服装市场中，男性是最主要的目标消费者，女性市场被大大忽略。lee品牌抓住这个契机，经过市场调研将目标市场定位于25～44岁的女性消费者。产品一改过去传统的直线外形，将产品裁剪成曲线形。曲线的牛仔正好迎合了现代女性的审美心理，能突出女性的身材曲线。定位于当时市场的空白，"最贴身的牛仔裤"取得了极大的成功。到1992年8月，lee平均市场占有率达到20%。通过以上分析可见，准确的服饰品牌定位不仅需要深刻的理解品牌定位的含义与目的，而且需要选择正确的服饰品牌定位策略。

第二节 服装品牌产品开发

服装产品开发对于一个品牌的建设有十分突出的作用。服装产品开发包括确定品牌的设计理念、决定新一季产品的设计主题、挑选面辅料、选择色彩、设计打样、核算成本、召开订货会等。

服装商品企划是一个系统化、全方位思考和预先规划的工作，需要一定的时间周期来完成。从产品开发的具体运作来看，可以看作理性分析思考与感性启发设计创造力的一种结合，从服装企业的角度。如图6-3所示为服装商品从企划开发到设计成品的流程。图中横向有四项任务：产品开发、设计、采购面辅料、生产。纵向分为从逻辑上可以分为

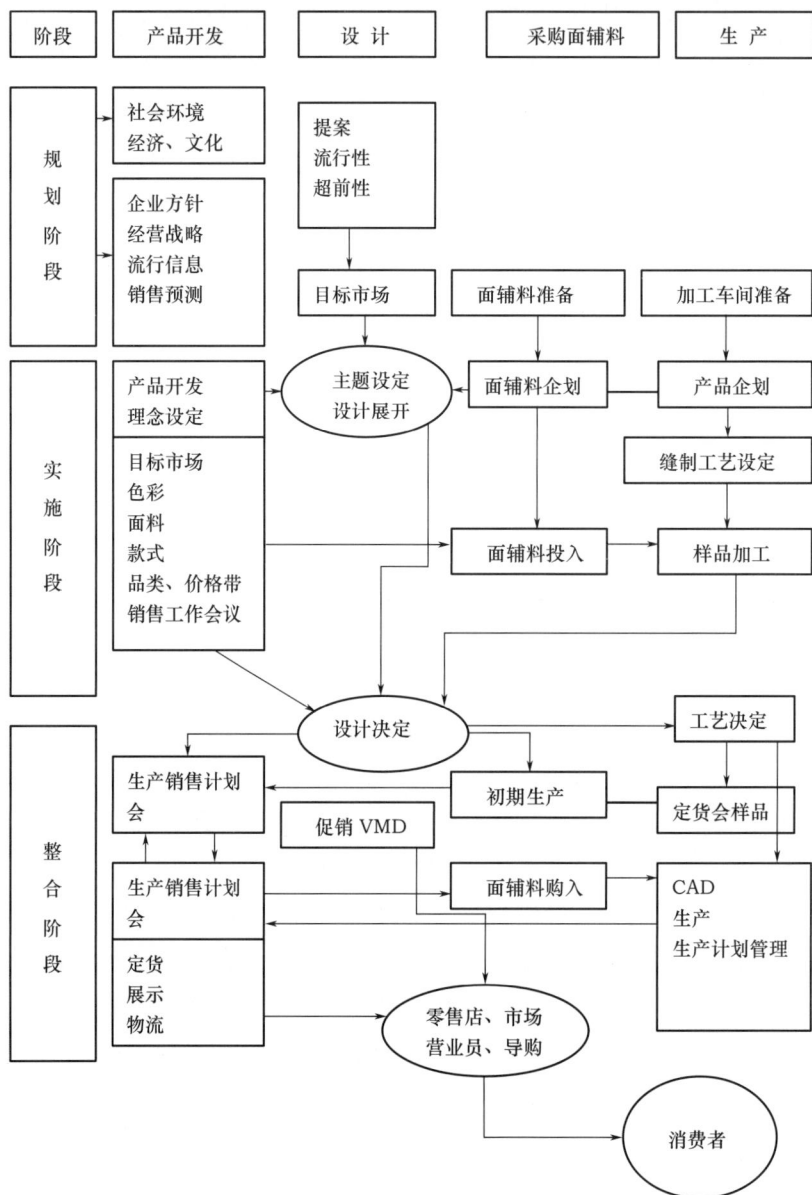

图6-3 服装品牌产品开发流程

"三个阶段"。"三个阶段"主要体现在产品开发营运过程，分为"规划阶段""实施阶段"和"整合阶段"。每个阶段承载的使命与工作重点是不同的："规划阶段"注重整季商品各项要素的规划。"实施阶段"侧重设计研发对企划落地执行的各个要素的把控，既要满足艺术和美学的商品研发创造，又要符合品牌终端营销运作各要素的需求。而"整合阶段"是将前面的所有工作在后期进行调整、弥补活动，是个综合性极强的工作阶段，需要协调多个部门、环节的工作，丰富的实际工作经验积累是这个阶段工作有效开展与实施的最好保证。

一、服装主题企划

服装品牌每一季开发的产品种类繁多，为满足消费者的差异化需求，品牌通常以系列的形式推向市场。系列化的产品要求风格集中、便于搭配。通过设定主题的方式将所开发的服装产品进行归类，使产品具有符合市场需要的服装风格和稳定的设计思路。服装主题企划是设计企划的核心内容，是整体设计方案和设计创意的浓缩。从设计与营销的角度来说，首先，设计主题能展现出服装的设计风格、设计理念、品牌形象的等的内容；其次，明确了设计主题可以为整个设计过程理清思路、便于设计团队分工合作；最后，主题还可以作为当季营销推广的基础，为将来的产品订货会、店铺陈列、宣传推广服务。主题趋势的预测也同样要基于对过去流行信息的反馈和未来流行方向的预测来获得，而社会事件和消费者的态度也决定了主题的方向，虽然品牌会根据品牌风格确定自己特有的主题，但是社会潮流的方向会对品牌有共性化的影响，具体如图6-4所示。

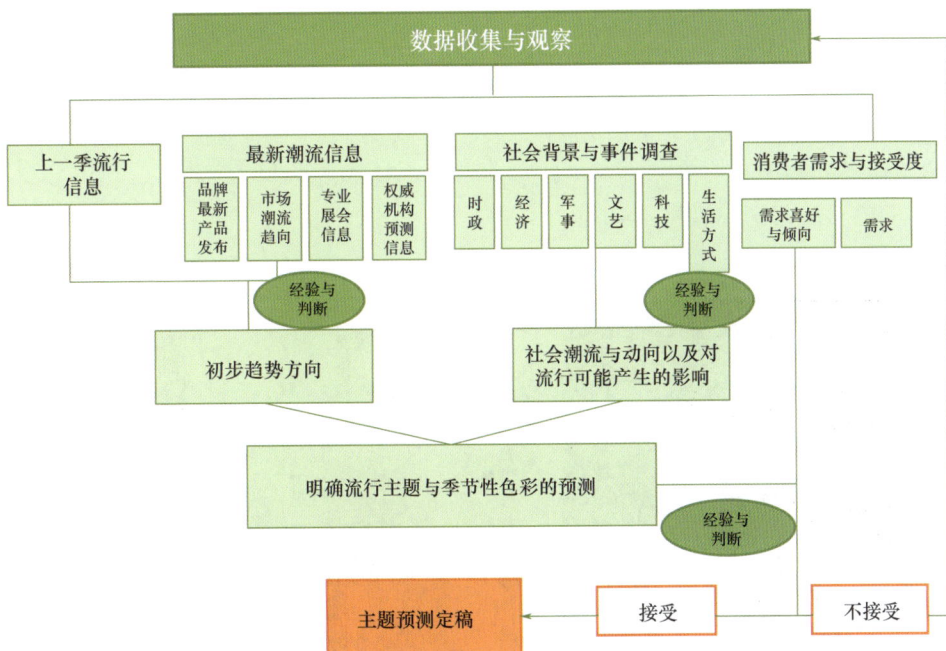

图6-4　流行趋势主题预测技术路线图

（一）企划主题的来源

1. 形象素材的意象化

以大自然的形象为素材，或以其他艺术形式为素材，例如绘画、雕塑、建筑等。经过提炼、组合使图片本身的形象升华为一种有意义的设计形式。在这之中创意、联想是主要的表现手法，将抽象的感觉具象化。如图6-5所示就是以建筑和雕塑为灵感，体现一种高

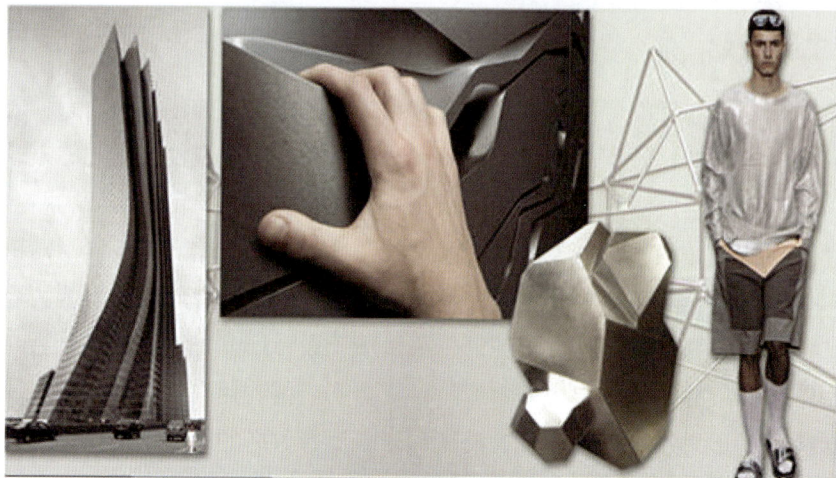

图6-5　建筑和雕塑为素材的主题企划

科技带来的简练和注重功能性的服装风格。

2. **文化、社会、科技带来的对审美和着装的变化**

文学作品、哲学理念、社会事件，这些都对人们的服饰和穿着有影响；如图6-6所示，当"环保理念"开始影响大众的时候，舒适、休闲、注重天然材质、不需要太多装饰和简单的色彩成为一种风尚。

图6-6　人文理念为素材的主题企划

3. **民族服饰的影响**

复古的倾向和传统精粹的继承都可以成为当前的时尚。潮流总是以轮回的方式上演。如图6-7所示就是以传统民族服饰传承演绎为主题理念展开的主题企划。

图6-7　传统民族服饰传承演绎的主题企划

（二）服装主题企划的内容

服装主题企划一般包括四个方面：文字概念、色彩概念、面料概念、款式概念。

1. 文字概念

通常服装品牌的设计主题可以由一个或者多个构成，一般不会超出5个，主题的名称可以运用带有联想性的词语来诠释。在主题企划中，文字说明是对主题的解释，文字概念一般表达了该主题的核心内容，并将它和设计的关联性加以阐述，在保持产品定位的前提下对品牌理念和品牌风格进行进一步诠释。

2. 色彩概念

色彩概念一般不是单一的色彩，它是从该主题提取的，并能和主题和谐统一的一组或几组色彩构成，并且色彩之间要考虑到搭配的和谐性，另外也要考虑到和上一季色彩系列之间的延续性，以保持设计的连贯性。

3. 面料概念

面料概念是指最能表达主题概念的面料组合，它可以利用组合面料小样的形式来表述。面料概念可以具象立体地反映主题的色彩和质感，同时也能展示将设计服装的功能性和服用性能。

4. 款式概念

设计灵感和设计方向可以通过款式概念来表述。款式概念是能够准确地传达主题理念的一组或几组款式，包括廓型、局部细节设计以及搭配方式。

通常服装品牌根据春夏和秋冬两大季来规划设计主题，也有按照月度或者季度来规划产品主题的。

（三）以某女装品牌为例来具体阐述服装主题企划的要点

1. 主题概念

图片的风格、色彩、氛围的选择要符合主题的名称设定，用关键词或者小段的文字说明来阐述主题概念，以便设计人员理解。如图6-8所示是国内某女装品牌的主题概念，它用关键词和建筑物图片、代表这一风格的设计师、摄影作品等来诠释"新经典"这一品牌新一季的主题风格。

图6-8 某女装品牌的主题概念

2. 色彩概念

色彩有时候是从一张符合主题概念的图片提取的，有时是从多张图片提取出来符合主题的主色、辅助色、搭配色，并用简单的文字说明加以描绘。另外，尤其需要注意的是色彩企划要用潘通色号表示，或真实的面料表示，便于设计师做面料搭配或染色打小样。如图6-9所示就是运用风景和花朵的照片来展示新一季的色彩理念。而图6-10是将这样的色彩搭配和具体的服装款式结合起来，让设计师有更具象的感受，便于展开产品设计。最后用图6-11明确了基础色、主推色、搭配色和点缀色，便于设计师在设计开发的过程中组合搭配设计。

图6-9 某品牌女装的色彩概念

图6-10 某女装品牌的色彩概念

3. 面料概念

如何运用面料实现最好的设计效果，是产品开发中最重要的环节之一。通常需要在款式设计之前就确定面料的品种，表面风格和手感。面料的选择不是单一的针对某个款式，而是围绕着主题展开，并且要通过面料的选择来统一产品风格。设计师要从多方面来评估

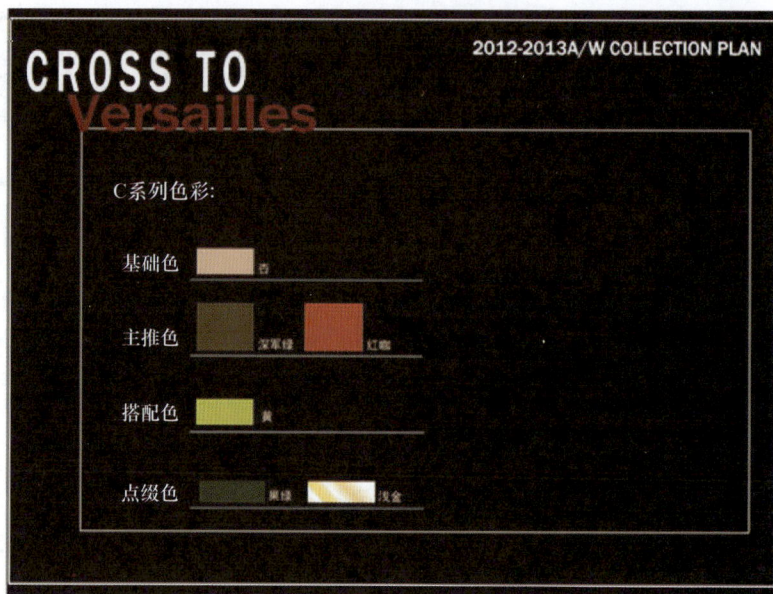

图6-11　某女装品牌的色彩概念

选择合适的面料，要考虑符合品牌定位、季节、风格、消费者的接受度、生产难易度等因素，还要考虑针织和梭织之间的搭配，内衫和外套的搭配，还有服用性能的要求等。图6-12就是在符合以上条件的基础上考虑款式间的互相搭配、厚薄、花型肌理的搭配后做的面料企划。

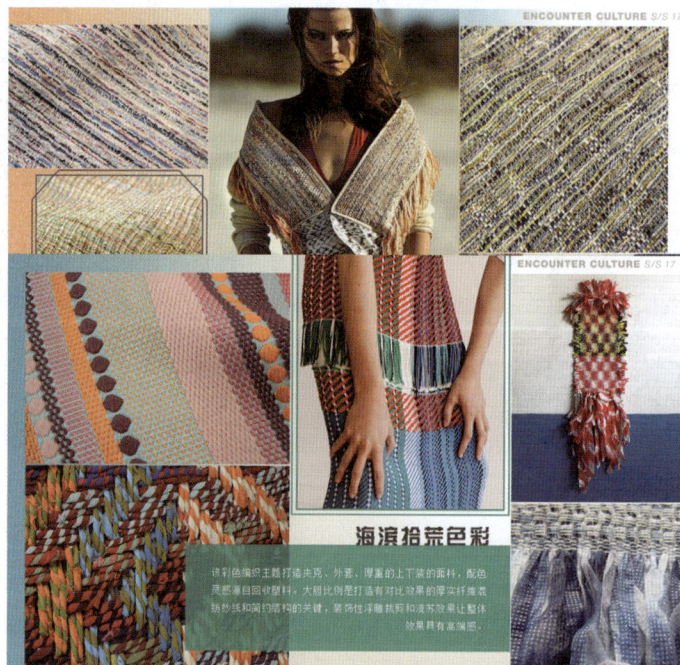

图6-12　某女装品牌的面料概念

4. 款式概念

款式概念是在符合主题、面料风格、廓型等的基础上对款式具象化的表述，便于设计师在产品开发时有具体的方向指引。一般会按照主题和系列展开，如图6-13所示。

图6-13　某女装品牌的款式概念

二、服装款式企划

服装款式是服装整体外型和结构设计的形态，是构成服装的构成要素之一。服装款式企划是考虑新一季推向市场的服装的廓型、细部设计等。廓型是服装造型的根本，服装造型的总体印象是由服装的外轮廓决定的，服装的局部细节设计是成熟品牌所注重的设计内容，可服装品牌一般会按照流行程度来配比款式，一般分为形象款、潮流款和基本款，与之相对应的是主题商品、畅销商品和长销商品三类。其中主题商品表现某一季节的主题理念突出体现时尚流行趋势，往往作为推广设计理念的形象商品，消费群的时尚敏感度高。由于对市场的销售预期比较难把握，所以相对风险也较大。畅销商品具有一定的时尚性、是对上一季主题商品中反映比较好的商品进行一定的延续性设计，有较大的市场需求，能满足品牌所定位的消费群的需求，是销售利润的保证，所以也被称为畅销商品。

（一）服装款式配比

长销商品受流行趋势的影响较小，通常作为搭配品或者单品出现，色彩种类相对丰富。对于此类商品可预期稳定的销售，通常利润率较小。季节、品牌定位、品牌潮流度不同等因素都会影响形象款、潮流款和基本款的构成比例，设计主题明确了整季的设计方向。因此服装款式的构成比例要根据服装品牌每季的设计主题进行设定。时尚度高的品牌在设定时形象款、潮流款比例相对要高、时尚度低的品牌潮流款、基本款比例相对要高。

（二）服装品类企划

服装品类企划可以根据品牌过往的销售情况、天气、搭配、消费者的穿着习惯、品牌的设计主题理念等来设定。品类设计可以按照面料的性能来划分：梭织、针织、毛织；梭织品按照大类可以分为上装、下装、裙装；上装可分为外套、风衣、夹克、衬衫等；下装有长裤、短裤、七分裤等；裙装可分为半身裙、连衣裙等；针织品和毛织品可分为套头衫、开衫、背心等。品类企划可以根据目标消费群的穿着喜好、或根据品牌的主推进行调整。在具体操作的过程中还要考虑时尚潮流的变化、市场的需求变化。不同品类款数的确定要根据过往的销售数据和对未来销售情况的综合分析来得出。

以某品牌女装春夏季品类的设定为例，总体梭织多过针织和毛织，而近年来舒适宜穿的针织品的销售也日趋上升，所以占比也略高过毛织，具体分别为梭织50%、针织35%和毛织15%。另外，这个品牌属于时尚度适中的女装品牌，所以形象款20%、潮流款占50%、基本款占30%。如表6-2所示。

表6-2 某女装品牌春夏季女装品类配比表

品类	品类	颜色	上市款式					款数			11/SS
			3月	4月	5月	6月	7月	潮流 50%	基本 30%	形象 20%	合计
梭织 50%	短袖夹克	2	2					1	1		2
	长裤	2	2	2				3	2	1	6
	牛仔裤	1	3	3				3	2	1	6
	中裤	2	2	5	4	3		7	4	3	14
	短裤	2	1	2	3	2		4	2	2	8
	中袖上衣	3	2					1	1	0	2
	短袖上衣	3	2	6	6	7	4	13	8	5	26
	半身裙	2	6	8	10	8	8	20	12	8	40
	连衣裙	2	3	8	10	8	6	18	11	7	36
	无袖上衣	3	2	2	4	8	4	10	6	4	20
合计：			25	36	37	36	22	78	47	31	156
毛织 15%	短袖针织	3	5	5	4	4		9	5	4	18
	无袖针织	3	2	4	4	2		6	4	2	12
针织 35%	中袖T恤	3	6	4				5	3	2	10
	短袖T恤	4	7	15	15	18	10	33	20	13	66
	无袖及吊带	3	5	6	10	10	8	20	12	8	40

续表

品类	品类	颜色	上市款式					款数			11/SS
			3月	4月	5月	6月	7月	潮流 50%	基本 30%	形象 20%	合计
合计：			25	34	33	34	18	72	43	29	144
合计：			4	6	6	6	6	14	8	6	28
	合计		50	70	70	70	40	150	90	60	300

（三）廓型设计企划

廓型是指服装的整体外形轮廓，它是构成服装的重要因素之一，从远距离观察臆见服装，廓型比其他任何细节都更早地映入眼帘。如图6-14所示，廓型给人的印象对于传达服装总体设计的风格有很大的作用。在每年的流行趋势推出的时候会相应的推出新的廓型，并成为该季流行趋势的焦点，也会出现旧的廓型与其他流行细节结合，以新的形态出现。

服装中的结构线是塑造廓型的基本手段。决定廓型的要素有很多，肩线的宽窄、省道的走向、公主线的分割，都对服装的廓型有很大的影响。廓型一般是由三种基本型——H型、A型、X型变化而来的。在这三种基本廓型的基础上，可以进一步细分化出更多的廓型。如图6-14所示。

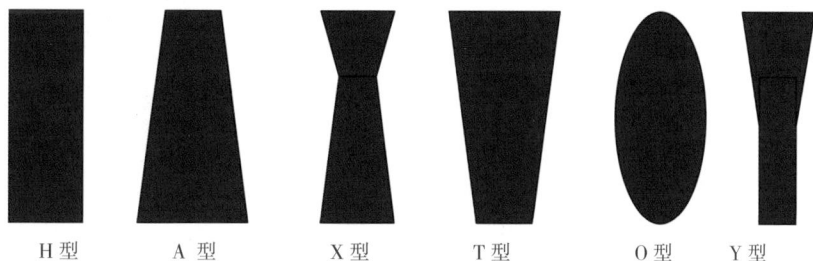

H 型　　A 型　　X 型　　T 型　　O 型　　Y 型

图6-14　服装廓型

需要注意的是，服装的廓型变化还同时受到面料、穿着者的体型等方面的影响。当然廓型也不是一成不变的，它也在根据潮流的变化发生着一些调整。如何把握传统廓型和流行廓型的平衡点，把控廓型的节奏，既体现廓型的流行点，又同时保持品牌的主题和风格特点，是设计总监需要着重考虑的问题。如图6-15所示，在其中一个系列的主题下采取了三个廓型组合来体现这一系列的款式，同时，用文字描述来解释运用在这三个廓型的设计细节和元素。而图6-16是将其中具体的O型更细化到具体的款式设计运用中去。

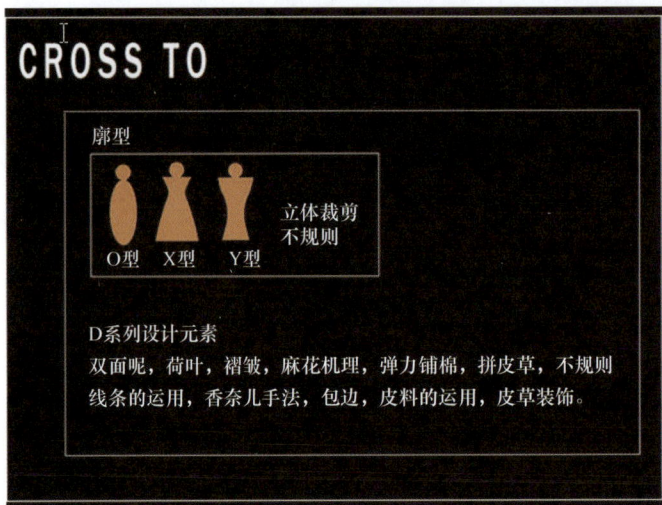

图6-15 某女装品牌的廓型概念

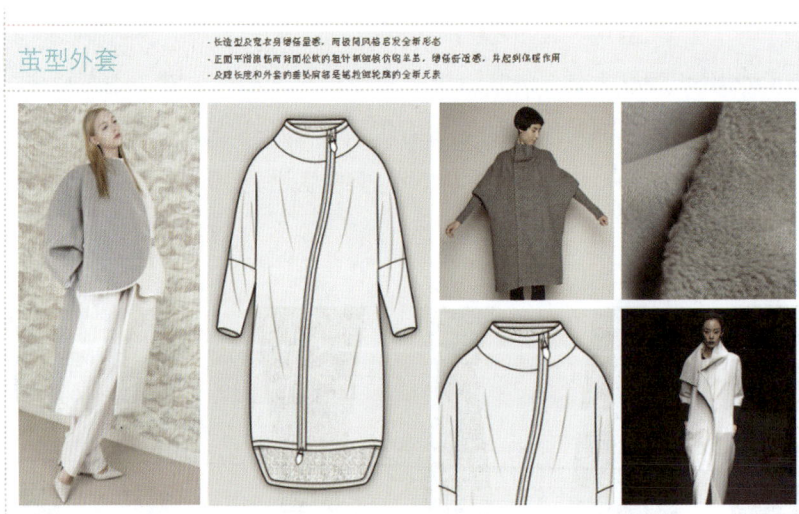

图6-16 某女装品牌的廓型分解

（四）细节设计企划

　　服装的细节设计是指为塑造服装的款式，在局部进行造型设计的一种设计形式，包括服装领部、肩部、胸部、腰部等的设计。另外，褶裥、门襟、分割线、省道等细部的变化也非常丰富。服装细部设计是各品牌区别于同类品牌的重要手段，也是消费者在购买服装时的一个重要标准。优秀的细部设计体现了设计的精华所在。如图6-17所示是夹克和西服外套的领部袖子等部分的面料镶拼和结构变化的具体细节阐述。而图6-18是作为设计参考的具体细节手法图片。细节设计是消费者挑选同类服饰的重要参考标准，能体现品牌的设计精华。

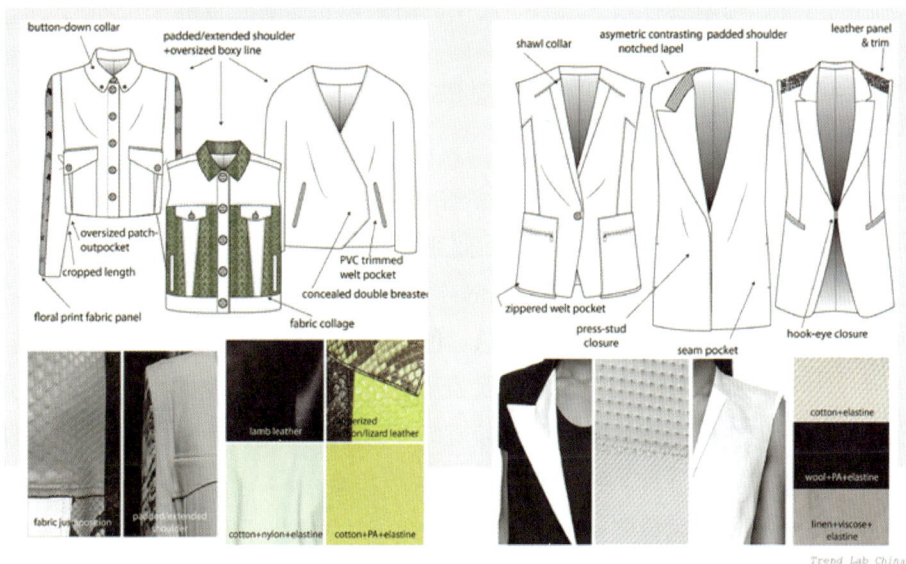

图6-17 某女装品牌的细节企划

图6-18 某女装品牌的细节企划参考

三、服装色彩企划

　　色彩的印象是人们的视觉对服装产生的第一印象，是服装设计师传达设计理念、展示艺术素养的窗口。色彩的运用相对服装造型和服装材质，影响因素更为繁杂。这主要是由于色彩不仅具有较广泛的实用性，又兼具较强的科学性；不仅具有多变的流行性，还拥有浓厚的历史性、文化性以及民俗性。品牌在进行服装色彩设计时往往需要考虑目标消费群的生理、心理特征；与服装款式、面料、图案的协调以及服装行业的流行环境，甚至地区和国际的政治经济文化等数十种因素。

（一）服装色彩的原理

20世纪50年代，美国著名的色彩学者法柏·拜伦（FaberBirren）和路易斯·切斯金（Louis Cheskin）将色彩的心理效果应用到商业活动中，带给人们愉悦感的同时，又提高销售额。1960年，全球著名的巧克力品牌M&M's在传统棕色的基础上，为巧克力豆穿上色彩缤纷的"外衣"，推出红、黄、绿三色的彩色巧克力，受到消费者的欢迎，创造了巧克力市场的色彩神话。到20世纪末，色彩被欧美及世界其他许多国家的企业广泛运用到企业的营销活动中。根据企业自身的特点和目标消费者的特点，制订独特的色彩识别战略，并成为激烈的市场中战胜竞争对手的一种策略。

色彩具有形式要素和感觉要素。形式要素有色相、明度、彩度三要素构成，感觉要素是指色彩所形成的不同心理效应。

- 色彩中色相、明度、彩度共同作用后产生不同的心理效应。除了有彩色系列外，还包括无彩色金、银、黑、灰、白五种。无彩色在色彩中占有重要地位，有了无彩色协调，任何色彩的相配都能达到调和状态，它是其他色彩所不能比拟的，并且也具有较强的心理效应。

- 在色彩体系中，还存在色调现象。服饰的色调在一定程度上体现穿着者的情感。

- 色彩的调和与对比，各种色彩的混合，既要达到丰富多彩的变化，又要获得视觉上的愉悦，这就是色彩的调和在起作用。

- 色彩的调和有两方面的意义，一方面使凌乱的色彩关系通过整体有条理地安排，使原先不相配的色彩关系达到有目的的顺序性；另一方面是色彩本身之间的调和，使人没有生硬之感。同时色彩的面积比例安排也将直接影响配色是否调和。如果相同面积的色彩配合，两色互不相让，视觉易产生疲劳；如果一种色彩面积占有主导地位，另一色彩面积占有次要地位，就能达到视觉上的统一，产生美感。

- 两种色彩并置在一起时，相互之间会有差异，就会产生对比。色彩有了对比，才更会显得语言丰富。

- 色彩在形象上的对比，有面积相比、位置对比、心理对比等。色彩上的心理对比有冷暖对比、干湿对比、厚薄对比等。色彩在构成形式上有连续对比、同时对比等。

- 过分的调和产生平板效果，过分的对比又避免不了凌乱，故此需要在调和下求对比，才会显出服饰的调和与对比之美。

（二）信息搜集和分析

根据所确定的设计理念，收集有关色彩的各种信息资料。色彩信息包括上一季各种色彩服装的销售状况总结和流行色预测机构发布的流行色信息等两个方面。结合上一季的销售情况，决定品牌下一季将采用的基调色或常用色，以保证色彩企划更符合市场要求。针对流行色信息，企业应结合自身状况综合分析国际和国内流行色发布信息确定下一季的主体色和搭配色。

（三）色彩主题企划

色彩企划要求在参考流行色和市场信息的基础上，根据品牌理念、目标市场的特性、材料的倾向、商品的品类来设定色彩理念、色彩主题及进行基本配色和图表化表现。按照确定的色彩理念，选择基调色和主题色，由此形成主题板。图6-19所示为某女装品牌春夏季的色彩主题板，在这个主题下春夏季的色彩以丹宁蓝、橙色为主，米色、砖黄色为搭配色，橄榄绿为点缀色。整体色彩和谐浓郁，展现女性爽朗气质。在实际运用中，经典款通常运用品牌的常用色作为主题色，流行色作为点缀色，因为常用色在很大程度上呈现产品的风格。从图6-20的色彩企划中可以看出橙色起到了点缀的作用，是这一季的时尚色彩，多用于形象款。如图6-21所示，畅销款则采用品牌常用的米色、丹宁蓝为主题色，橄榄绿为搭配色。

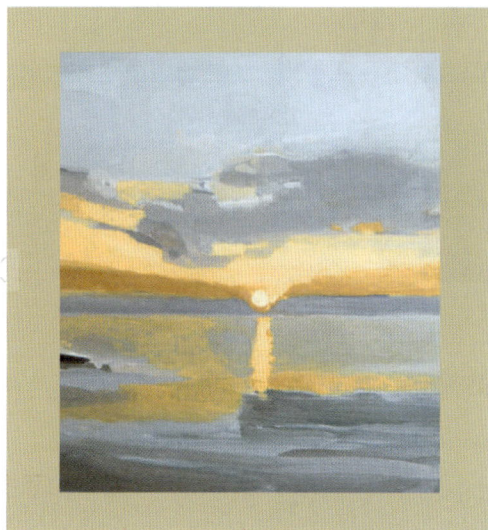

HARMONY和谐
2015春夏
和谐主题向地球表示了敬意，它通过醇厚的色调追求纯粹而未染的美，甜美的桃色再度给色彩带来感性风情。

图6-19　色彩主题企划（1）

图6-20　色彩主题企划（2）

图6-21　色彩主题企划（3）

（四）色彩波段企划

　　色彩企划应该按照服装上市时间进行季节波段策划。在一个季节分波段进行色彩策划，可以在保持色彩组合整体风格不变的基础上，在微观上调整个别色彩的分配比例，并调换个别点缀色，给消费者不断变化的印象，以刺激消费。另外，还要保持色彩的延续性，要考虑到上货时，前一波货和下一波货之间的色彩搭配性，以保证连带销售。

（五）色彩搭配及应用企划

为了更好地指导后期设计，企业通常会做色彩搭配和应用企划，也就是给出前面确定的主推色、辅推色、点缀色如何应用、应用到什么款式，如何变化、如何搭配、面辅料色彩搭配、图案花型色彩搭配、上下装搭配、内外搭配、配饰色彩搭配等。通常以款式图的形式给出搭配应用的方法。如图6-22所示。

图6-22　国内某男装品牌色彩搭配应用企划

四、服装面料企划

服装品牌选择面辅料通常有两种方式：一种是与面辅料供应商一起开发新型材料，另一种是直接从面辅料商处选购面料。两者在时间上差异比较大，但也有的企业为了保持品牌款式的独有性和特色，会更多地采用自主开发面料的形式。尤其是在花型面料的选用中，大部分企业会在新一季开发一组或几组品牌独有的花型加以运用。

（一）面辅料信息的收集

收集面辅料的流行趋势信息，包括国际流行信息和国内流行信息。服装材料或服装服饰品的博览会、交易会、发布会以及预测机构的信息发布。时尚杂志等是流行信息搜集的主要渠道。流行信息是服装品牌选择面辅料的主要依据。另外，对具体设计而言，采取何

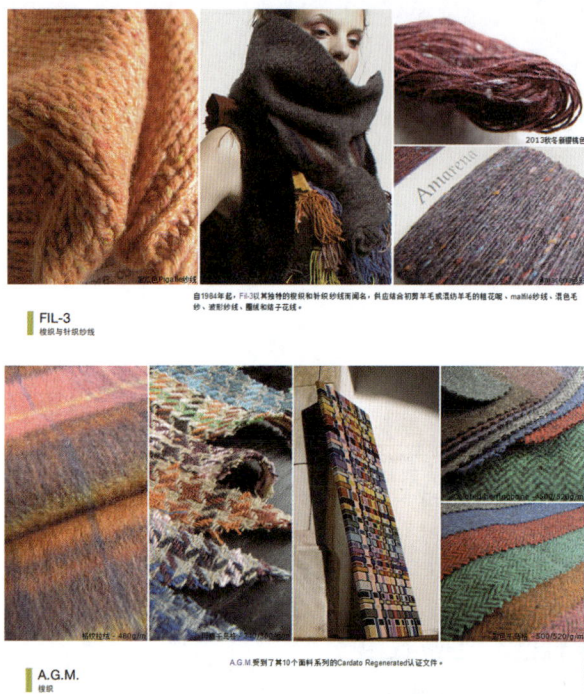

图6-23 PV展会面料趋势

种面料，还取决于与里料、衬料等的配伍性、机械性能、强度性能、色牢度、耐热性、洗涤性能等。如图6-23所示是法国PV展会的面料趋势清单。

（二）面辅料选用主题企划

基于以上信息收集，确定服装品牌选用面辅料的原则，包括风格、成本等，然后形成面料主题企划板。面料主题企划板中，主要体现某主题或产品大类所需面辅料的风格类型、面辅料的纤维、纱线、织物、后整理等构成特征和物理机械性能、服用性能、舒适性等特征，以及颜色、手感、视觉特征。如图6-24所示是某女装品牌其中一个主题的梭织部分的企划板。

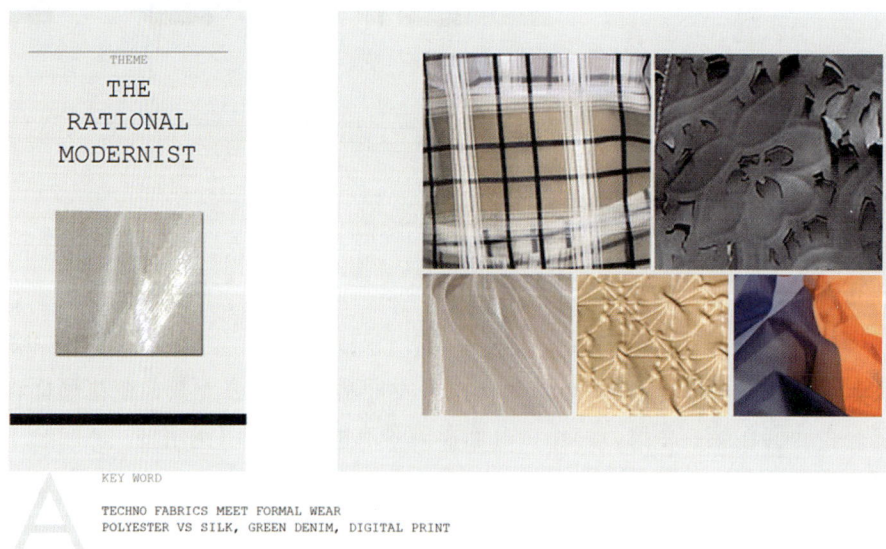

图6-24 某女装品牌梭织面料企划

（三）服装面辅料知识

常用服装面辅料知识如表6-3所示。

表6-3 服装面辅料知识

类 别	特 性
棉布	透气性好、吸湿性强、穿着舒适、易吸汗
麻布	透气性优越，吸湿性强，且挥发性好，穿着舒适，风格休闲，给人淳朴归真之感
羊毛	手感丰满，透气性好，吸湿性强，弹性、抗皱性、保型性能、悬垂感等均较好，能体现高雅品位
丝绸	透气性、吸湿性、悬垂感等方面均较优越，穿着舒适随和，手感柔软
黏胶	透气性、吸湿性强、悬垂感好，光泽度、色彩度明显，穿着舒适
涤纶	透气性好，色牢度、色彩度较好，耐磨、耐拉力、强度好、弹性好、不易起皱
锦纶	色牢度、色彩度较好，耐拉力强度特强，手感柔软
晴纶	透气性好，手感柔软丰满，保型性能好
涤棉/棉涤	面料透气性、吸湿性好，耐磨，手感柔软，穿着舒适
棉麻	透气性好，吸湿性强，易吸汗，易挥发，穿着舒适，风格休闲随和
棉粘	透气性好，吸湿性强，悬垂感好，穿着舒适
棉锦	透气性好，吸湿性好，风格可细腻高雅，可休闲随和
涤麻/麻涤	面料透气性好，吸湿性强，挺括大方，悬垂感好，能尽显休闲风韵
涤毛/毛涤	挺括不易皱，透气性、吸湿性好，风格可细腻雅致，可奔放休闲
毛麻/麻毛	丰满挺括，弹性好，悬垂感好，透气性、吸湿性较强、保型性好，风格粗中有细
毛粘/粘毛	外观挺，手感柔软，富有弹性，悬垂性特强，较能体现体型的柔美
毛晴/晴毛	面料的透气性好，柔软，保型性良好，较多地用来织造毛衫
涤粘/粘涤	透气性、吸湿性好，悬垂感较好，风格品种多，能尽显休闲风韵
涤锦	光亮度强，色彩度、色牢度好，耐磨耐穿、历久如新，较多地应用于针织服装
加氨纶成分的面料	能弥补衣服易变形部位的面料缺陷，设计制作成合身或紧身服装能将优美的体形曲线体现得淋漓尽致，并能保证穿着舒适
仿麻类化纤面料	由强捻或并股纱线织造的面料能显著增强面料的透气性、悬垂感，而且富具弹性，具有天然面料无可比拟的休闲风韵
仿丝绸类化纤面料	比天然丝绸面料更胜一筹的是颜色鲜亮，色牢度好，耐磨耐穿，抗皱性好，穿着方便自如
涂层面料	改善面料的弹性，增加挺括度、保型性，有防雨淋的作用，而且更能体现休闲的别致风格
黏胶、仿皮革类面料	黏胶和仿皮革面料可以做成表面平滑和立体花纹等不同风格的花式品种，更能体现服装的休闲风格，而且与真皮革相比具有不可相提并论的价格优势
双面面料	面料的双面可设计成不同的颜色和风格等，满足不同场合对服装风格的多重需求

类　别	特　性
磨毛、刷毛面料	改善柔软度、吸湿性、透气性等性能，风格上更能体现休闲的一面
人造毛皮类	保型性好，不同颜色和风格的面料在休闲服装上的装点能起到画龙点睛的作用
起绒类面料	手感丰满柔软，透气性强，品种丰富，风格各异
抗皱处理面料	挺括不易变形，不易皱折，对服装的质感品味有较大程度的提升
防污、防泼水处理面料	不易脏，易洗涤去污，表面及手感光滑细腻，有一定的防雨作用
普通水洗面料	改善手感柔软度，稳定缩率，体现休闲风格
柔软水洗面料	手感较柔软滑爽，缩率稳定，能充分体现休闲韵味
酵素洗面料	手感柔软滑爽，富有弹性，悬垂感好，缩率稳定，有种特殊的洗旧感，能尽显休闲风
针织面料	比梭织面料具有更好的透气性、弹性、柔软性及穿着的舒适性和随和性
毛衫类	富有弹性、柔软性和保暖性

第三节　服装产品组合

服装产品组合指一个特定的销售者售与购买者的一组产品，它包括所有产品线与产品项目。通过对服装品类构成、规格尺寸、价格构成、上市时间的组合，组建主次有序、满足消费需求、适合市场销售的服装产品体系。

一、服装产品组合策略

服装产品组合，要根据品牌自身形象、设计风格与设计定位，结合市场环境、流行趋势和消费者需求，通过对产品宽度、深度和量度上的组合，最终实现商品销售利益的最大化。对于不同的商品，需要采取不同的组合形式。服装产品组合要素包括：商品构成组合、品类组合、规格尺寸组合、价格组合及上市时间组合等。

（一）商品构成组合

是指根据设计企划的季节主题考虑商品比例构成。根据与季节主题结合的程度，将商品分为：主题商品、畅销商品和长销商品三大类。其中，主题商品体现当季的设计理念主题，展现流行趋势，通常作为陈列展示的对象；畅销商品通常为上一年畅销的货品或者标杆品牌的畅销货品，融入当季的流行元素和流行特征，进行延续设计，常作为推广的对象；长销商品指的是与流行趋势关系不大，但是一直有稳定销售的商品，通常是基本款或者易于搭配的款。

服装品牌定位和目标消费群定位不同，对三大类商品的构成比例设定也不同，如图

6-25所示。图中左侧所示的构成比例多为大众化服装品牌采用，图中右侧所示的构成比例常见于高感度、个性化女装品牌的商品构成。

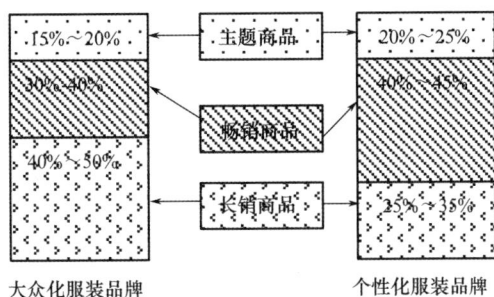

图6-25 服装商品构成

这三大类商品在销售方面的期望度、市场风险及视觉营销方面的特征如表6-4所示。

表6-4 三大类商品的特征比较

类别	从销售角度			
	销售预期	倍率	风险	商品视觉营销的角度
主题商品	期望高、不易预测	大	大	一般陈列在橱窗或者采用模特出样，主题性强，主要表现着装的流行性和时尚性
畅销商品	主力销售品	中	中	主要是挂装出样，展示出系列感和品牌风格
长销商品	能预见的增长	小	小	通过组合搭配或展示柜等摆放出样

（二）服装品类组合

服装品类组合是根据消费者的需求和服装的内在联系，将不同的商品品类分别以某一比例集合构成。品类组合须考虑品类之间紧密的内在联系和相关性。品类组合是服装产品组合的基本内容，具体包括服装品类、品类结构、品类构成比例。

1. 服装品类

品类是进行细分化时所必须的基本单元。每一类产品就是一个品类。以女装产品为例，共有13个系列，可以分为T恤类、马甲类、衬衫类、毛衫类、套装类、风衣类、大衣、皮衣类、皮草类、羽绒类、裙装类、裤装类、配饰类。

2. 品类结构

品类结构，即品类由那些关键子品类构成，子品类又可以进行怎样的再细分。品类结构中，每一品类的子品类不同，子品类也由不同的子细分品类构成。品类细分的过程中，需充分考虑消费者的实际需求，潜在需求及最终用途。表6-5是以某女装品牌为例对各品类进行的二级品类细分。

表6-5　某女装品牌二级品类细分

一级品类	二级品类
T恤	短袖T恤、长袖T恤、圆领T恤、V领T恤
马甲	长马甲、短马甲
衬衫	短袖衬衫、长袖衬衫、小衫
毛衫	套头衫、开衫
套装	裙套、裤套
风衣	短风衣、长风衣
大衣	短大衣、一手长大衣、长大衣
皮衣	真皮衣、仿皮衣、镶拼皮衣
皮草	羊羔毛皮草、貂毛皮草、狐毛皮草
羽绒服	短款、中长款、长款
裙装	连衣裙、半身裙
裤装	长裤、短裤、七分裤、九分裤、牛仔裤
配饰	围巾、帽子、包、饰品

有效的商品分类是实现商品战略的根本保障，因此应确实针对所设定的目标顾客群，充分考虑其所需求的商品，在卖场上通过用途、价格、规格乃至色彩的清晰分类来展示陈列商品，从而取得良好的卖场经营效果。

3. 品类构成比例

在确定好品类结构以后，需对具体各品类进行量化，即各大品类占总服装商品量的百分比，以及细分二级品类各占的百分比。服装各品类构成比例需结合品牌产品定位、品牌的畅销商品、新的流行趋势及上季度的销售分析的基础上确定。以某品牌时尚休闲男装春季货品为例，表6-6是其春季货品品类结构及构成比例。

表6-6　某男装品牌春季货品品类结构及构成比例

2013春季货品结构及波段总表

上柜时间								12.20（圣诞节）		1.20（年前）		
进仓时间								12.5～12.10完成50%		1.5～1.10完成50%		
发货时间								12.15（圣诞节前）		1.15（春节前发货完毕）		
款式结构			零售价格带						第一波段48%		第二波段44%		
品类	总数	占比	细分	数量	低	中	中高			高	都市	度假	都市	度假	设计师
单西	8	10%	韩版西服	4	689	789	889	989	1089	1189	1289	2		1		1
			休闲西服	4	1	1	1	3	2			1	1	1	1

续表

款式结构					零售价格带						第一波段 48%		第二波段 44%		
品类	总数	占比	细分	数量	低	中	中高			高	都市	度假	都市	度假	设计师
夹克	10	12%	收摆（加下摆）	4	589	689	789	889	989	1289	1	1	1		1
			直摆	4								1	1	1	1
			一手长款	2	1	2	2	4	1		1				
马夹	2	2%	休闲	2	489	589							1		1
					1	1									
风衣	2	2%	一手长款	1	889	989	1189	1389	1689			1			
			中长款	1		1	1				1				
卫衣	5	6%	套头	2	489	589						1		1	
			开衫	3	2	3							1		1
衬衫	12	15%	修身长袖	12	329	389	459	489	559	659	3	2	3	3	1
					1	1	3	4	2	1					
T恤	12	15%	修身圆领	5	289	329	389	429	489	559	1	1	1	2	
			修身V领	3							1		1		1
			翻领/拉链/连帽	4	2	2	4	2	1	1		1	1	1	1
毛衫	11	13%	圆领	4							2	1	1		
			V领	3	389	489	529	589	689		1		1		1
			开衫	3							1		1		1
			背心	1	1	2	3	3	2						1
上装合计	62										15	12	13	12	10
牛仔裤	10	12%	低腰窄脚长裤	5							2	2	1		
			中腰直筒长裤	0	389	489	529	589	629						
			紧身长裤	2	1	3	3	2	1					1	1
			低腰窄脚九分裤	2									1	1	
			低裆九分裤	1											1
休闲裤	10	12%	低腰窄脚长裤	5							2	1	1	1	
			中腰直筒长裤	0	389	489	529	589	629						
			紧身长裤	1									1		
			低腰窄脚九分裤	2										1	
			低裆九分裤	2	1	3	3	2	1					1	1
下装合计	20										4	4	4	5	3
总计	82										19	16	17	17	13

（三）服装产品规格尺寸组合

服装规格是表示人体外型和服装量度的一系列规格参数，一方面服装规格是服装企业在合体性方面最大限度满足不同体型消费者需求的保障，是企业进行正常生产、销售和管理的前提。另一方面，服装规格是消费者选购服装商品的一种标准和识别符号。

常见的女装服装规格表示方法如表6-7所示，当然，由于服装品牌的目标消费者定位不同，其规格尺寸的范围也有所不同。以男西服为例，定位于30～45岁的商务休闲男装品牌的西服规格范围要比定位于25～35岁的时尚休闲男装品牌多，因为30～45岁的商务男士体型差异更大。表6-8就罗列了某男装品牌的各货品大类的规格尺码范围。

表6-7　常见的女装服装规格

尺码	36（XS）	38（S）	40（M）	42（L）	44（XL）
上装 身高/胸围	155/80	160/84	165/88	170/92	175/96
下装 身高/腰围	155/80	160/65	165/68	170/71	175/74

表6-8　某男装品牌各货品大类的规格尺码

货品类别名称	尺码
T恤、毛衫、夹克、西服、大衣、皮衣	44、46、48、50、52、54、56、58
休闲裤、西裤	29、30、31、32、33、34、35、36、37、38、39、40、41
正装衬衫	37、38、39、40、41、42、43、44
西服类（单西、套西）	44A、44B、46A、46B、48A、48B、50A、50B、52A、52B、54A、54B、56A、56B

服装品牌的主力销售区域不同，其规格构成的比例也不同，主力销售区域在北方的品牌往往比主力销售区域在南方的品牌尺码范围大。

（四）服装产品价格组合

服装价格是服装市场营销组合和重要变量，服装品牌能在多大程度上占据市场，合适的价格定位和组合是关键因素之一。价格是企业参与市场竞争的有效手段，也是最直接和高风险的一种手段。服装产品价格组合就是企业根据自身品牌定位和目标消费者的需求对服装商品价格进行相应的结合，以此来获得经营利润。消费者对价格通常比较敏感，应首先对目标消费者的价格观念进行调查分析。商品越便宜并不意味着对消费者越有吸引力。

1. 设定价格带

服装企业首先要根据自身服装品牌定位及目标消费群定位进行价格定位，即确定服装销售价格目标。企业通常先设定价格带，即设定最高销售价格和最低销售价格。价格带设定包括品牌销售价格带和各大类商品销售价格带。服装商品价格带的设定与品牌高端、中端或低端的定位紧密相连，价格带的跨越度是否形成不同层次的消费群、能否被主力目标消费者接受，是否促进销售又不影响品牌形象，是价格带设定需要考虑的重要因素。

2. 确定价格比例构成

价格带设定完成后，需要确定各大类服装商品各价格档的生产数量比例构成。通常情况下，各商品大类的价格带的两端占比较小，价格带最低的价格通常为基本款的价格，主要起到用来招揽顾客的作用，价格带最高的价格通常为形象款，主要起到提升形象档次和陈列的作用。销售主力的价格档通常是中间的2~4个价格档。价格档也不宜设置太多，否则会给消费者价格凌乱的感觉，表6-9所示为某品牌秋装价格带。

表6-9 某品牌秋装价格带

大类	类别	50~100	100~200	200~300	300~400	400~500	500~600	600~700	700~800	800~900	900~1000	1000元以上	款式总计	系列占比	大类比例
											2011秋装新品价格区间带				
上装	马夹				1								1	0.62%	62.11%
	上衣				7	9	1	1					18	11.18%	
	风衣							3	6				9	5.59%	
	衬衫				1	3							4	2.48%	
	T恤				2								2	1.24%	
	大衣								1	1	2	3	7	4.35%	
	外套					1	10	4	5			2	22	13.66%	
	棉衣							2	1				3	1.86%	
	皮草										1		1	0.62%	
	羽绒服										2	2	4	2.48%	
	针织衫					8	18						29	18.01%	
通体装	连衣裙					4	10	7	2				23	14.29%	14.29%
下装	腰裙				4	4							8	4.97%	23.60%
	短裤				4	6							10	6.21%	
	裤子	5	1		1	12	1						20	12.42%	
区价计		5	1	0	20	47	40	19	15	1	5	8	161	100.00%	
价格占比		3.11%	0.62%	0.00%	12.42%	29.19%	24.84%	11.80%	9.32%	0.62%	3.11%	4.97%	100.00%		100.00%

续表

大类	类别	50~100	100~200	200~300	300~400	400~500	500~600	600~700	700~800	800~900	900~1000	1000元以上	款式总计	系列占比	大类比例
	50~200	3.73%													
	50~400	16.15%													
	50~500	45.34%													
	50~600	70.19%													
	50~700	81.99%													
	50~800	91.30%													
	50~900	91.93%													
	50~1000	95.03%													

3. 商品价格组合

商品价格组合是指迎合消费者求廉的心理或是通过捆绑销售而将两种或两种以上有关联的商品合并制订一个价格。例如女装就经常将饰物如项链、围巾、皮带等和服装联系起来一起销售。

4. 折扣价格组合

在价格促销对服装品牌的影响方面，价格促销的积极作用——提高品牌的知名度、促进销售额的增长、有效减轻库存等都得到了大家的一致肯定。但是，频繁的促销活动带来的问题也是不容忽视的，比如说品牌定位模糊，还有品牌忠诚度下降等。价格促销应该以品牌建设为导向，尽量避免把价格促销作为一种主要的竞争手段，陷入价格战的怪圈，而应该直接让利于已经有过品牌体验的老客户，构建与他们的情感联系，以培养忠诚消费群。能做到"永不打折"的品牌毕竟非常少，大多数服装品牌仍需要折扣价格策略来促进销售，因此，考虑如何通过折扣价格组合既能促进销售又不损害品牌形象就显得尤为重要。服装品牌可根据自身品牌定位，选择合适的时间，推出主题概念折扣策略活动，既不损害品牌在消费者心目中的形象，又具有人性化。如表6-10所示就是某品牌根据节日策划的一系列主题概念折扣活动。

表6-10　某女装品牌促销活动方案

季节	性质	上货日	上货数量	对应促销活动名称	具体方案	活动日期	相应预算项目	业绩要求
秋季	上新	7.28 大款	30	秋季上新	上新货品购买9.5折与夏季打折货品一起购买秋季货品季受8.5折	7.28~8.04	POP海报宣传册	连单率提升20%

续表

季节	性质	上货日	上货数量	对应促销活动名称		具体方案	活动日期	相应预算项目	业绩要求
秋季	A上新七夕	8.17中款	20	七夕活动	店内	上新由裙装主打。裙类8.8折（可与男宾9.5折同享）	8.13~8.20	海报 宣传册花盒	裙装销售提升30%
					主题	温情下午茶（具体活动见细则）			
				礼品活动		购物满2888元 七夕专属礼盒（限量30个）			
				到店折扣		携男宾到店即享受全场9.5折			
	上新	9.02中款	23	秋季上新		上新货品购买9.5折	9.02~9.08	POP海报 宣传册	
	A上新（限量款推广）5VIP C微话题	9.25中款	23	VIP活动周		Senior VIP独家造型（具体活动见细则）	9.25~9.29	造型费	连单率提升20%，销售额相比去年同期提升10%
					Senior VIP会员礼	全场正价商品7折（除限量款9折）	9.25~9.29	周年礼	
						会员周年礼			
					VIP全场折号（升级活动）会员进店购物即可升级VIP（会员进店九折 与微话题活动不能同享）				
				限量款推广		购买限量款赠送赠品（ACC丝巾）	9.25~9.29	赠品POP海报 宣传册	
				微话题——那些年我记忆中最美的老师		参与微话题——那些年 我记忆中最美的老师，凭短信/微信，享受秋季正价货品单件9.5折 两件8.5折三件7.5折	9.22~9.30		
	国庆活动			国庆活动		长销款7.5折 形象款 8折 畅销款8折 过季货品5-7折销售	9.30~10.7		连单率提升20%，销售额相比去年同期提升10%，过季库存剩余率低于30%
	上新	10.11	12	秋季上新		上新货品购买9.5折	10.11~10.17		
	季度促销			秋季货品促销		长销款7.5折 形象款 8折 畅销款8折，两件折上8折 三件折7折	10.22~11.05		连单率提升30%，销售额同比去年提升12%，秋季库存率低于50%
	季度会员礼					专属卫衣定制	8~10月		

（五）产品上市时间组合

品类上市时间组合即服装各大类商品上市时间计划和组合。结合各大类货品的季节服用性和行业特点，拟定各大类商品的上市时间。一般来说，春季换季时间从2月底开始，夏季换季时间从4月底开始，秋季换季时间从7月底开始，冬季换季时间从9月底开始。

在拟订服装各大类商品的上市时间后，需将每个销售季度根据季节气候和款式数量进行波段划分，设计和投产的款量越多，可划分越多的波段。如春夏季服装通常在3～8月销售，服装品牌一般将春夏季划分为早春、初夏和盛夏三个具有明显气候特征的子季节，三个子季节的基础上再进行销售波段划分。如早春1波、早春2波、早春3波；初夏1波、初夏2波、初夏3波；盛夏1波、盛夏2波、盛夏3波。各品类均推出相应新款进入各销售波段，争取每十天左右就有新款上市，满足消费者求新的需求。某女装品牌上货波段如表6-11所示。

表6-11 某女装品牌上货波段

	款式	上市款数				合计：	比例	价格带
		第一波	第二波	第三波	第四波			
	销售期	9/25～10/28	10/28～11/28	11/28～12/22	12/28～1/14			
生产品	夹克	4	2	0	0	6	3%	359～899
	裤子	4	2	2	2	10	6%	329～499
	半身裙	2	2	0	0	4	2%	299～399
	衬衫	2	2	0	0	4	2%	
	连衣裙	4	4	4	2	14	8%	499～999
	大衣	4	6	6	4	20	11%	599～1299
	T-Shirt	8	6	4	2	20	11%	
	羽绒服	0	4	6	4	14	8%	699～1299
	夹棉服	0	4	4	4	12	7%	399～699
	毛衫	8	6	6	24	13%			329～599
合计：		36	38	32	22	128	71%	
采购品	皮衣	3	4	4	2	13	7%	
	牛仔裤	2	1	2	1	6	3%	329～459
	皮草	0	2	2	1	5	3%	699～1599
	打底裤	4	4	4	2	14	8%	
	配饰	4	2	4	4	14	8%	
合计		49	51	48	32	180	100%	

服装品类的款量与比例设定及各销售波段的品类款量与比例并非固定不变。不同的服装品牌，由于品牌的优势产品、主打产品的不同，在品类的款量与比例上差异较大，而同一服装品牌，在不同的季节、不同的销售波段，品类款量与比例结构应当在延续原有产品特色的基础上做相应、及时的调节，以适应市场需求。

二、服装产品组合流程

服装产品组合在产品开发中起着承上启下的作用，基于顾客需求将设计概念理性化、具象化、层次化成为品牌竞争的重要环节。做服装产品组合时，产品开发部门需在仔细分析以往销售数据的基础上，结合市场调查，包括流行信息、行业竞争品牌和行业标杆品牌的产品结构信息和消费者的消费行为和购后评价等信息，再综合考虑各产品的组合要素，从而进行合理的产品组合企划。服装产品组合在流程上需要进行销售数据分析、搜集流行及市场信息、产品组合过程、定货会、款式与生产数量确定及上市计划。这些都涉及设计部和销售部还有其他相关的企划和生产部门的协作。基本步骤有以下七个。

1. 对应上一季的产品销售数据分析

由销售市场部人员在每一季新产品开发前统计分析上一年的销售数据提交产品开发部。具体包括：品类款数、销售占比、排名分析、各品类组和销售排名、各品类款式销售排名、各品类面料销售排名、各品类颜色销售排名、各品类价格销售排名、各品类号型销售排名。

2. 搜集流行信息和市场信息

搜集流行信息，来源包括国际国内流行趋势发布机构（趋势、色彩、款式、材料、配饰、整体搭配）、国际国内时尚杂志、国际国内各种展会、国际国内市场实地调研、咨询网站、品牌发布会、竞争对手或标杆品牌的市场信息等。

3. 提炼出新一季的色彩和面料系列，确定新一季的面貌

包括主题系列、色彩和面料、廓型和细节、销售波段划分、主题和波段的结合、各销售波段的产品搭配组合。

4. 按照系列设计款式组合和细节

参考上一季的销售数据分析，结合流行咨讯和时尚街拍，进行款式搭配组合和细节设计。

5. 样衣制作、评审、修改

在设计开发部和生产部的配合下完成样衣制作，召开预评审会，对样衣进行评审和修改，确定参加订货会的样品数量和相应的搭配组合。

6. 产品展示，确定投产的款式和数量

公司召开订货会，代理商和区域经理及自营店完成定货并提出评审意见。根据定货数据结合上年销售情况确定生产款量及数量。

7. 确定产品上市计划

根据销售波段，对最终确定的主题系列服装进行划分，进行产品上市时间组合、确定生产排期、面辅料采购排期。后续需严格按照销售波段和色系搭配上货，以保证产品新形象的完整性和足够的销售量。

第七章　服装品牌定价与促销策略

第一节　服装定价方式

价格历来是市场竞争中的重要问题，也是营销组合中最灵活的因素，价格策略是企业营销组合的重要因素之一，它直接地决定着企业市场份额的大小和盈利率高低。随着营销环境的日益复杂，特别是针对消费者对于商品价格的敏感度，制订价格策略的难度越来越大。作为企业，不仅要考虑成本补偿问题，还要考虑消费者接受能力和市场竞争状况。服装商品需求具有多样性、多变性，把握服装市场的供求规律、确定服装价格的适当水平具有重要的意义，主要体现在以下三点：

（1）价格是调节和诱导市场需求的有效手段。价格的高低直接影响着服装产品在市场中的地位、形象以及消费者对该品牌商品的态度，从而影响销售。价格是供求关系天平上的砝码，合理的价格能对消费者心理产生良好的刺激作用，促进消费者的购买行为。

（2）价格是参与市场竞争的有效手段。价格是市场竞争中最直接和有效的手段之一，同时，价格竞争也是一种高风险的竞争手段。

（3）价格是企业盈利的有效手段。为实现盈利的目标，企业不仅要为消费者提供满足其需求的服装产品，还要制订出消费者能够接受的价格。

一、影响服装品牌定价的因素

影响服装定价的因素很多，有企业内部因素，也有企业外部因素。

（一）内在因素

1. 服装材料

服装材料的价格直接影响到服装的成本，其中服装面料的价格对成本影响最大。从相同款式的西服来看，在不考虑品牌因素的情况下，纯毛面料的西服可卖上千元，混纺面料的西服可卖几百元，而中长化纤面料的西服不到百元。另外，对大批量生产的服装产品，服装辅料的价格对成本的影响也是较大的，如拉链、纽扣、衬等。

2. 服装质量

要提高服装的加工质量，就必须改进生产设备，增加品质控制成本，这些都会使服装的成本提高。在市场上，消费者通过对服装质量和价格的比较就可以得到高质高价、低质低价、质优价廉和质劣价高的结论，从而做出自己的购买选择。

3. 服装产量

由于企业生产的总费用包括固定费用和变动费用，在规模效益的作用下，固定费用会随产品产量的增加而分摊到更多的产品上，从而使单位产品的成本下降。因此，大批量生产的服装价格较为便宜。

4. 服装品牌

服装企业要创造名牌服装，不仅要加大生产技术和管理的投入力度，更需要投入大量的促销费用，从而使服装价格中的促销费用比重升高，提高服装产品的资本密集度和服装产品的附加值，这是名牌服装价格较贵的重要原因。品牌是不同服装相互区分的主要标志，品牌价值是服装价值的重要主要组成部分，而且在服装价值中所占的比重越来越大。

（二）外部因素

1. 经济因素

服装作为人民生活的必需品，其受经济因素的影响极大。当宏观经济形势较好时，消费者的收入增加较快，服装消费就会上升，生产企业就会扩大生产，提高产品质量，增加产品款式，争取更多的市场份额，服装价格也会因服装消费市场的繁荣而上升。

2. 流行情况

在服装流行的初期，服装的价格往往较贵，在人们求新求异的心理下，物以稀为贵，其价高一样会被消费者接受。而在服装流行的末期，由于该服装在市场上的广为上市，必须依靠人们的求廉心理，才能将服装销售得出去，故此，时服装的价格相对较低。

3. 销售环境

服装的销售环境也是直接影响服装价格的因素之一。在一个环境幽雅的购物环境中，消费者对这种环境中的商品也会产生一种信任感。因此对高档服装的销售，往往通过周围环境的衬托，可以卖得高价。而有的降价服装，则通常采用比较普通的购物环境，让消费者产生一种廉价的感觉。

4. 竞争环境

服装与其他产品不同，人们对服装的需求具有多样性，这就决定了服装的竞争手段的多样性，包括品种、品牌、价格、质量等。对于无牌服装，其价格竞争就显得更为重要，随行定价便成为了大众化无牌服装定价的主要方法。

二、影响服装销售价格的因素

1. 销售季节

服装是季节因素最强的生活用品，即使是一个畅销产品，其销售业绩在高端连续持平的最佳畅销时期也不会超过一个月，过了一定的时间，再好的产品也难销售。因此，把握季节等于把握销售，一过季，再好的产品也无人问津。以国内大型百货商场为例，春夏产品上柜时间为每年春节前一个星期，夏装从8月初开始全面打折，秋冬产品上柜时间为每年8月下旬，冬季从元旦过后全面打折。

2. 卖场周边环境

服装零售一般是集中进行的，即众多品牌聚集在一个如百货商店等有限空间内进行，一个品牌在价格上的举动往往会影响到周边品牌，产生以价格吸引顾客的连锁反应。因此，销售业绩与卖场周边环境的关系重大，当周边品牌普遍进行打折销售时，其他品牌将不得不跟进。

3. 顾客还价

买便宜货，尤其是品质相同、价格更低的商品，差不多是每个顾客的购买心理。更有一些顾客希望便宜再便宜，于是就形成了顾客讨价还价的现象。尽管国内一些著名的大型百货商场联手杜绝还价，但是，日渐精明的顾客却置若罔闻，甚至在折扣价的基础上再还价，一些营业员为了做成生意只好迁就顾客，迫使销售价格下降。

4. 货品断码

拥有各种尺码是服装商品的一大特点，也是影响销售的主要因素之一。由于品牌服装的成衣是预先制成的，卖到最后一定会出现断码现象。服装一旦断码将严重影响销售，因此，为了尽快将断码服装售出，不得不以低价吸引顾客。

5. 产品结构性调整

产品结构性调整是指企业经营者决定对产品现有状况作比较彻底的改变，在品牌名称不变的前提下改变产品风格。当某品牌进行产品的结构调整时，为了减轻资金和库存压力，会不惜血本地抛售，将套出的现金投入新产品开发。

6. 产品保本销售临界点

这是一个很重要的在财务上叫损益平衡点的销售界限。某些品牌服装公司采取的销售政策是，一旦产品在正常价格销售中到达保本销量，立刻降价销售，以期率先实行"产品销售突围"，避免被套牢。因为此时即使以很低的价格出售也已产生利润。

7. 试销不畅

当季产品是否适销对路，只要把产品投放市场数天内即可获得反馈信息。一旦某产品上市后不久就成为滞销产品，某些公司立刻会采取降价销售，让这一产品尽快脱手。因为该产品若无特殊原因的话，一般不会转冷为热成为炙手货。这种做法是引起市场价格混乱的原因之一，为了阻止这种情况的出现，有些商场执行新产品上市的一段时间内不准降价的规定。

8. 货品质次

在生产过程中，等级品的出现是难以避免的。为了维护品牌形象，等级品不能以正价销售，遇有严重质量问题的等级品应予以放弃。由于生产管理环节不够严密，等级品可能会因检验疏忽而混入卖场，而对于顾客来说，遇到有瑕疵的服装即意味着应该降价。因此，出现质量问题的产品通常是降价处理。

三、成本与价格

服装企业制造服装产品的根本目的是盈利。任何经营者都想以最小的投资换取最大的利润。但是，投资与利润是相对的、辩证的关系。在不影响产品形象的前提下合理降低成本，使产品具有价格优势，在价格大战中立于不败之地，是每个品牌服装公司的工作重点。

（一）设计与成本

设计的成本包括两方面的内容：一是设计本身的成本，二是设计出来的产品所对应的成本。如果一个设计师不懂得这两个成本的控制，尤其对后者的控制，就不能称为一名合格的设计师。

1. 设计成本

设计成本包括材料费用、办公费用、工资费用、资料费用、调研费用等，这些成本将由产品的销售毛利承担。如果设计品质不高、录用比例过低，必将造成大量浪费，企业将不堪重负。

2. 设计难度与制作难度

设计难度是指整个设计过程的细致化、复杂化和设计结果所呈现出来的复杂性。加工难度是指设计所要求达到但加工工艺难以达到的程度。这两方面都会增加产品的成本。

（二）服装商品的成本构成

1. 直接成本

通常情况下，在服装产品的直接成本中，面料成本是最大的成本，辅料成本是最小的成本。由于面料要经过原料采集、纺纱、织造、染色等环节，还有新技术的使用等，使新颖服装面料的价格始终居高不下。虽然服装辅料品种繁多，但是，由于其用量相对较少，占产品的直接成本也相对比较低。服装行业内的加工成本是根据产品的加工难度和复杂程度而定的，加工费价格差异的上下幅度在行业内已形成一定规矩。因此，服装的加工成本是比较透明的。直接成本的计算公式为：

直接成本=材料成本＋加工成本

材料成本=面料成本（max）＋辅料成本（mix）

加工成本=工人工资＋工厂利润

2. 间接成本

间接成本的弹性很大，与企业的经营理念有很大的关系。使用合理就能降低成本，运用不当就会使成本失控。目前企业普遍采用的低成本战略，主要是降低间接成本的战略。间接成本的计算公式为：

间接成本＝销售成本＋管理成本＋设计成本＋税收

销售成本＝商场扣率＋促销费用＋装修费用＋工资费用

管理成本＝办公费用＋开支费用＋工资费用＋开发费用

设计成本＝资料费用＋试制费用＋调研费用

税收成本＝增值税＋销售税＋所得税＋其他税

（三）服装商品的价格构成

我们在商场看到的服装商品的定价是包括了供应商和商场等多方利益的价格。服装商品的价格构成还应该包括因为产品积压而促销所造成的利润减少等损耗因素。因此，服装商品的价格包括了产品的直接成本、间接成本、期望利润和损耗估算等几个板块的内容。其计算公式为：

$$价格＝直接成本＋间接成本＋税收＋利润＋损耗估算$$

1. 相对价格与绝对价格

相对价格与绝对价格是定价与售价的关系。定价是品牌公司根据企业情况和品牌的市场战略决定的价格，是理想的零售价格。然而，由于季节因素，服装商品的价格变动很大，竞争激烈的市场也导致服装商品的价格混乱。目前，只有少量的服装商品按照定价销售，大部分都是按照折扣价或者特价销售的，对某些定价所乘倍率不高的商品来说，在五折以下折扣销售时，扣除销售成本以后几乎是亏本销售了，因此，产品的定价和实际销售是有很大差异的，这就迫使品牌服装的定价必须抬高，是消费者普遍认为品牌服装价格偏高而等待其季节处理时购买的原因。这也大大影响了品牌企划的良性运作。

产品的定价是相对价格，实际售价是绝对价格，在做品牌企划方案时，必须把这一不利因素考虑在内。

2. 价格带与价格线

价格带：用价格的上下限表示价格的波动幅度。

价格线：价格带中价格的种类及分布。

价格带中的价格构成种类太多，易使人困惑，消费者会对价格差进行比较后再购买。经验上，一般每个品类价格在5～6种内为好，如图7-1所示。

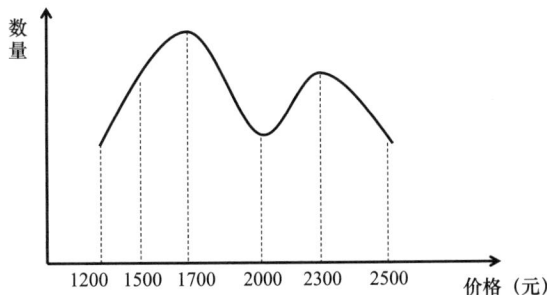

图7-1 价格带与价格线

该图中的价格带为1200~2500元；其中包括6种价格，即1200元、1500元、1700元、2000元、2300元和2500元，数量最多的商品的价格为1700元，又称为中心价格。

四、定价策略

对于大多数产品而言，价格是顾客最敏感的营销变量。价格是产品中可比性很强的重要因素，通常是促成或破坏交易的营销变量。在营销组合中，价格是唯一能产生收入的因素，其他组成部分皆表现为成本。价格竞争是一种十分重要的营销手段，在市场营销活动中，企业为了实现自己的经营战略和目标，经常根据不同的产品，市场需求和竞争情况，采取各种灵活多变的定价策略，使价格与市场营销组合中的其他因素更好地结合，促进和扩大销售，提高企业的整体效益。

（一）价格策略

1. 根据服装生命周期定价

每个服装产品都有其生命周期：引入、上升、成熟和衰退。产品的价格在这个周期内会有改变，尤其是产品在引入期极具挑战性。产品进入不同的生命阶段，企业必须根据市场状况和环境变化制订最佳的竞争价格，这是市场竞争中十分重要的环节。以下根据服装产品生命周期的特殊性建立了不同流行阶段服装企业定价方法及策略的模型（表7-1）。

（1）产品引入期的价格策略。在激烈的市场竞争中，企业开发出了新的产品能否及时打开销路、占领市场和获得满意的利润，这不仅取决于适宜的产品策略，而且还取决于其他营销手段和策略的协调配合，其中，新产品定价策略也是必不可少的。它有三种方式：撇脂定价策略（高价格策略）、渗透定价策略（低价格策略）、满意定价策略（中间价格策略）。

①撇脂定价。撇脂定价的意思是"从顶端撇去奶油"，它是指在产品生命周期的最初阶段，企业把新产品的价格定得远远高于成本，以获取最大利润，有如从鲜奶中撇取奶油。企业为那些具有独特优势的新产品定价时通常使用这种策略。由于新产品交市场上其他产品有明显的优势，顾客愿意以高于市场平均水平的价格购买这种新产品，则撇脂定价是最合适的。

②渗透定价。渗透定价是与撇脂定价相对的定价策略，是企业对新产品制订相对较低的价格，以吸引大量顾客，利用价廉物美迅速进入大众市场，占领大量的市场份额。这种定价方法可以使企业迅速打开新产品的销路，有利于提高市场占有率，降低生产成本，树立良好形象。缺点是产品的投资回收期较长，价格变动余地小，使企业对市场变化难以应付。

③满意定价。满意定价是介于"撇脂"和"渗透"两种定价方法之间方法。它的特点是企业制订的新产品价格水平适中，兼顾了买卖双方及中间商的利益，既避免了撇脂定价策略因价高而具有的市场风险，又避免了渗透定价策略因价低带来的困难，因而使各方面

都能满意接受。它的优点是价格比较稳定，能顺利实现企业制订的预期目标。缺点是相对比较保守，不适于需求多变或竞争激烈的市场环境。这种定价方法一般适用于规模较小的企业。

（2）产品上升期的定价策略。在产品上升阶段，价格应根据引入期采用的定价策略而定。在该阶段，产品的销售开始迅速上升，促销的平均费用较低，此时的外销策略应以市场的渗透为主。以较低的价格阻止竞争者进入，从而快速扩大市场份额，占据主导地位。

（3）产品成熟期的定价策略。在产品成熟期，由于竞争激烈，企业或使成本低于竞争者着手，或发动降价以便扩大市场份额，从而依靠较大的销量降低成本。许多企业放弃了"追随领先者的定价法"而转向了"灵活的定价法"，以促进产品的销售。

（4）产品衰退期的定价策略。进入衰退期，产品的市场就会萎缩，竞争处于决战阶段，企业的产品定价应在对企业的规模、消费者心理等进行分析后再加以选择：以静制动，维持价格；发动降价；追随其他企业价格；以优质服装来维持价格。

表7-1　不同流行阶段服装企业定价方法及策略模型

品牌档次	服装生命周期 方法策略内容	导入期	成长期	成熟期	衰退期	消亡期
高档品牌	定价方法	需求导向定价法、成本倍积法	成本倍积法、整数定价法	竞争导向定价法、整数定价法、尾数定价法	成本竞争定价法	成本竞争定价法、新产品定价方法、（需求导向定价法、成本倍积法）
	定价策略	撇脂定价策略	撇脂定价策略	撇脂定价策略、渗透定价策略、商品供给量策略	降价策略	折扣策略、新产品定价策略（撇脂定价策略）
	价格定位	高	价格趋于稳定	价格保持稳定	价格有少量的下跌	新产品上市价（高）
	打折情况	无	无	无	有小部分商品采取少量的打折（8~9.5折）	去除商标抛出或换其他商标处理
中档品牌	定价方法	需求导向定价法、成本加成定价法、随行就市定价法	随行就市定价法、分档定价法、整数定价法	竞争导向定价法、尾数定价法	成本竞争定价法	成本竞争定价法、新产品定价方法、（需求导向定价法、成本加成定价法）
	定价策略	撇脂定价策略、渗透定价策略	渗透定价策略	渗透定价策略、商品供给量策略	降价策略剩货商品的策略	折扣策略 新产品定价策略（撇脂定价策略、渗透定价策略）

续表

品牌档次	服装生命周期 方法策略 内容	导入期	成长期	成熟期	衰退期	消亡期
中档品牌	价格定位	较高	价格趋于稳定	价格稳中有降	价格明显下跌	新产品上市价（较高）
	打折情况	有小部分商品一上市就有少量打折	无	有一定的促销活动	大部分商品有一定量的打折（6~8折）	有部分新产品一上市就有少量打折
低档品牌	定价方法	成本加成定价法	竞争导向定价法	成本竞争定价法、尾数定价法	成本竞争定价法	成本竞争定价法、新产品定价方法（成本加成定价法）
	定价策略	折扣定价策略	渗透定价策略	渗透定价策略、降价策略、折扣定价策略	折扣定价策略、剩货商品的策略	折扣策略、新产品定价策略（折扣定价策略）
	价格定位	中低	价格与前期一致	价格下降	价格暴跌	新产品上市价
	打折情况	大部分商品一上市就有打折	无	有大量的促销活动，大部分商品有大量的打折	全场有大量的打折，甚至达到1折，基本以对折为主（1~5折）	新产品上市就打折

注：高档品牌：价格定位在1000元以上，以国际女装品牌为主；中档品牌：价格定位在300~1000元，以国内服装较为主；低档品牌：价格定位在200元以下。服装流行周期、过季产品的消亡期和新产品的导入期是共存的。

2. 产品组合定价

当产品是产品组合的一部分时，产品的定价策略就需要改变。在这种情况下，企业寻求一组价格，它能够使整个产品的利润最大化。由于各个产品成本与需求不一致，所以定价的难度较大。一般而言，企业通常不会只开发一件产品，而是开发一个产品系列。例如，某品牌服装的连衣裙可能有许多不同的价格档次，从1000~3000元不等，在产品系列的定价过程中，管理者必须决定组合中不同产品的价格差别。价格的差异应考虑三个方面：系列产品中的成本差异和顾客对不同产品特色的看法以及竞争者的价格。

3. 心理定价

从一定程度上看，消费者心理对产品的购买决策有很大的影响。使用心理定价策略时，起作用的不是经济学原理，而是考虑了同价格相关的消费心理方面的内容。

心理定价策略是参考价格，也就是当购买者观察一个产品时，脑子里所想到的价格。定价时，可借鉴或使用消费者参考价格，运用心理学原理，根据不同类型的顾客在购买中的不同心理来制订价格，以使顾客增加购买，扩大企业的销售量。其应用过程中主要有以下方法：

（1）尾数定价法。据调查，消费者从习惯上乐于接受尾数价格，如以"9""8"结尾的数字。

（2）分级定价法。零售商往往把同类产品分为若干档次定价，使顾客产生货真价实的感觉。

（3）声望定价法。一家商店的店号在顾客心中享有声望，则它出售的商品价格可比一般商店高些。名牌服装也可采用"优质高价"策略，既增加了盈利，又让顾客在心理上感到满足。

（4）招徕定价法。可在节假日举行大减价活动。

（5）需求习惯定价法。有些商品在顾客心目中已经形成了一个习惯价格，这些商品的价格稍有变动，就会引起顾客不满，提价时顾客容易产生抵触心理，降价会被认为降低了质量。因此对于这类商品，企业宁可在商品的内容、包装、容量等方面进行调整，也不采取调价的方法。

4. 差别定价。

差别定价是指企业采取两种或两种以上的价格销售同一种产品。这种情况在实际当中时常发生。由于不同市场具有不同的需求特点，这种策略能够使公司在市场上获得最大利润。差别定价策略主要有以下几种形式：

（1）消费者细分市场定价。即对相同的产品，不同的消费者付不同的钱。如一些企业对老顾客和新顾客采用不同的价格，对老顾客给予一定的价格优惠；同一产品卖给批发商、零售商或消费者采用不同的价格等。

（2）地点定价。不同地点，即使销售成本是一样的，产品的价格也不同。

（3）时间定价。产品的价格随季节、月份、日子而改变，这里采用的是区分需求定价法，即在给产品定价时，可根据不同购买时间具有的不同需求强度、不同购买者而采取不同的价格。

（二）定价方法

服装的定价方法多种多样，商品企划人员应综合各种情况合理选择，以制订适当的价格策略。服装商品采用的基本定价方法主要有两种。

1. 成本加成定价法

成本加成定价法是一种以生产成本为导向的定价方法。在生产成本费中加入一般管理费、销售成本、期望目标利润后而得出。因在定价过程中采用加法运算，又称加法定价法。

成本加成定价法简单易行，过去被很多服装企业采用。但随着市场经济体制在我国逐步形成，这种方法渐渐被淘汰。成本加成定价法是典型的生产导向观念的产物，供给方主观确定目标成本利润率，缺乏合理性。

2. 目标推算定价法

目标推算定价法是一种以市场为导向的定价方法。由于在定价过程中采用减法运算，又称减法定价法。预先设定出目标消费者可能接受的价格，再减去一般管理费与销售成本以及期望目标利润，差额为生产成本价。目标推算定价法，往往从与竞争对手企业产品的价格保持均衡以及行业内的一些惯例来考虑。

采用这种定价方法，一方面有利于协调生产商和销售商的利益关系；另一方面可以通过倒推得出成本价，并可在成本价的范围内调整产品的性质与功能，合理采购物料，组织生产。目标推算定价法按目标价的来源又可分为三种：

（1）理解价值定价法。理解价值定价法定价的依据是消费者认知商品的价值及对该价值的肯定程度。其核心在于消费者的价值观念，而不是产品的实际成本。理解价值定价法认为：某一服装商品在市场上的价格和该服装商品的质地、风格、创意、售后服务等，在消费者的眼中都有特定的价值。服装商品的价格和消费者的认知价值是否一致，是服装商品能否销售出去的关键。因此，服装商品的价格应尽可能接近消费者的认知价值，并通过各种促销手段，使消费者改变原有的价值评判，认可制订的价格。

（2）竞争定价法。竞争定价法定价的目标是竞争对手同类服装商品的价格。其具体措施有三种：一是采取与竞争对手相同或比其更高的价格，二是采取比竞争对手稍低的价格，三是采用行业中的平均价格。

（3）服装系数定价法。服装系数定价法是服装行业中一种特定的定价方法，具有简单、操作性强、适应性广等特点，是一种行业集体经验的反映。计算方法是：

$$服装价格 = 服装生产成本 × 特定系数$$

特定系数综合反映了服装营销组合要素等的综合影响，取值通常介于3~10，如表7-2所示。

表7-2　服装系数定价法中特定系数的取值

品牌感度	特定系数	销售区域	特定系数	销售季节	特定系数	产品大类	特定系数
高	8~10	大都市	3~10	春	3~8	长销款	3~5
较高	5.5~8	中型城市	3~8	夏	3~6	畅销款	4~8
中	4~5.5	小城市	3~6	秋	3~10	主题款	3~10
低	3~4	乡镇	3~5.5	冬	3~10	—	—

第二节　促销方式选择

现代市场营销的实践表明：一个企业开发出好的产品，并不能代表该企业在市场上的成功。虽然产品的质量和价格对于顾客的购买有很大的影响，但如果企业不能和顾客进行有效沟通，把商品的有关信息传递给顾客，激起顾客的购买欲望，企业同样会面临失败的命运。企业如何引导顾客选购自己的产品是大有学问的，它需要借助促销策略来激发顾客的购买欲望，从而促进销售，扩大利润。

促销就是指通过一定的方式将产品或服务的信息传递给消费者，帮助他们认识产品的特点和性能，引起他们的兴趣和注意，激发他们的购买欲望，促使他们了解、信赖并愿意购买本企业的产品。实质上，促销是营销者与购买者和潜在购买者之间的信息沟通。促销的方式有：广告促销、人员推销、营业推广、公共关系等。促销组合策略就是将以上几种促销方式加以选择、运用、搭配，把确定的促销预算在各种促销方式之间进行合理分配。

一、服装促销方式的分类

（一）根据刺激对象的促销分类

促销根据刺激对象的不同可以分为贸易促销、消费者促销、促销队伍促销三种。如表7-3所示。

表7-3　促销的分类

刺激对象	目标	常用方式
消费者	刺激最终消费者购买；鼓励消费者大量购买、多样化购买和重复购买；吸引潜在消费者试用；推广新产品；吸引竞争品牌使用者改用本企业品牌；对抗竞争者的广告与促销活动等	免费样品、现金返还、打折、免费使用、现场展示、奖金、赠品等
中间商	针对企业的经销商所开展的销售促进活动，提高经销商经销本企业产品的积极性，鼓励他们提高购买水平，获得进入新的零售网点的机会，建立经销商的品牌忠诚，扩大市场占有率	零售补贴、价格折扣、免费商品、合作广告、销售点的陈列支持、培训教育等
企业内部	针对本公司的销售队伍所开展的促销活动，目的是培养竞争气氛，提高销售人员的积极性，提升人员素质树立企业形象，提升销售业绩	销售竞赛、培训与教育、销售提成、企业刊物、贸易展览会、推销员大会等

（二）狭义的服装促销方式

1. 价格折扣

简称为打折，是指在一定时期内降低产品或服务的常规售价，以达到提高消费者购买欲望，抗衡竞争，促进销量增长的目的。价格折让对购买的加速和产品的尝试都是特别有效的。内部展示包括了免费尝试和现场制作，商店内部展示通过提供给消费者关于新产品的信息和经验，能够降价消费者对新产品的心理防卫。Folkes和Wheat比较了打折、优惠券、现金返还这三种价格促销形式对消费者价格感知的影响，结果发现打折或优惠券这两种促销形式与现金返还相比，显著地降低了消费者对产品未来价格的预期。

2. 优惠券

优惠券是指企业以派发、邮件、在商品包装中附赠或者在广告中附加等形式向顾客赠送一定面值的优惠券，持券人可以凭此优惠券在购买某种商品时免付一定金额的费用。赠券作为一种特别的价格促销方式被广泛使用，优惠券可以给消费者以真正的实惠，深受一些对价格敏感的消费者的喜爱。优惠券的优点是可以配合多种发送渠道大规模发放，将优惠券迅速传递到大量的潜在顾客和现有顾客手中，并激起他们的购买兴趣。

3. 返还

返还是指顾客在购买达到一定数额的商品以后，会得到所支付费用的部分返还。现在风靡的是"网购返还"，即通过第三方网站提供的链接去网上商城购物，第三方网站会给你一定比例的现金返还。返还促销方式相对优惠券而言，可以减少厂商的制作和发放费用，节约成本，同时可以达到优惠券促销的效果。但是，返还促销需要消费者花时间和精力来累积购物凭证并兑换，增加了消费者的信息处理成本。同时，它常常出现为了达到所需要的返现金额而要超额购买，这也让部分消费者感到不满而放弃。

4. 买就送

买就送指企业为吸引消费者惠顾，所采取的只要顾客购买商家指定的商品即可免费获得赠品，或者是只需付少部分费用即可获得赠品的促销方式。买就送的促销方式的特点是可以准确地吸引目标消费者前来购物，提升消费者对品牌的认知度，促使顾客试用新产品及多次购物，带动其他产品销售增长，同时它也有利于赢得经销商的支持。

二、营销信息沟通

随着信息时代的到来和市场经济体制的发展与完善，企业所面临的市场环境日益复杂。如何对浩如烟海的信息资源进行甄别、取舍，进而形成有效的企业决策，是当今企业管理中日益凸显的问题。而这对于企业能否在竞争如此激烈的全球化、信息化和知识化市场经济中对市场环境做出更加快速的反应和决策，形成竞争优势至关重要。日本企业家松下幸之助对企业管理和信息沟通的关系做出了经典的概括：企业管理过去是沟通，现在是沟通，未来还是沟通。

在当代商品经济社会中，沟通时一种极其普遍的行为，在营销领域表现得更为淋漓尽致。为了能与顾客有效地进行信息沟通，可通过广告来传递有关企业及产品的信息；可通过各种营业推广方式来刺激顾客对自己产品的兴趣，进而促使他们购买产品；可通过各种公共关系手段来改善企业在公众心目中的形象；可派推销人员面对面地说服顾客购买产品。当然，企业也可同时采用多种方式来加强和顾客之间的信息沟通，促进产品的销售。将以上四种方式的组合与搭配称之为促销组合，也可称为营销沟通组合。现代企业面临着复杂多变的信息沟通系统，企业要把有利的信息传递给中间商、消费者和公众；中间商扮演着信息传递的角色；消费者彼此之间也会进行信息交流，并将信息传递给他人；同时，各方面的信息又会反馈到企业，企业则要利用有价值的信息调整企业的活动。这就形成了一个有趣的环形结构，如图7-2所示。企业要充分利用这种资源，如果利用好了，会形成良性循环；否则，企业就会面临生存危机。

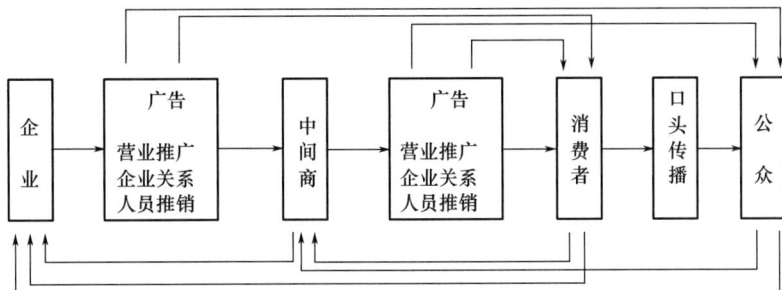

图7-2　营销信息沟通系统

三、促销方式的特点及运用

制订促销组合是一件十分复杂的事情，许多因素会影响促销组合决策。首先，我们应了解各种促销方式的特点，如表7-4所示。

表7-4　促销方式的特点

广告	人员推销	营业推广	公共关系
公众性 渗透性 表现性 非人格性	直接对话 培养感情 迅速反应	吸引顾客 刺激购买 短期效果	可信度高 传达力高 吸引力大

对于服装行业来说，在全部促销费用中，广告所占的比例是最大的，然后依次是营业推广、人员推销、公共关系。除了了解促销方式的特点以外，我们还必须清楚影响促销组合的因素，在不同情况下，促销组合的方式应有所不同。

消费者从知晓一个商品到实际购买一般需要一个过程，通常可分为六个阶段，即知晓、认识、喜欢、偏好、确信和购买。对处于不同阶段的顾客，企业应采取不同的促销组合，如表7-5所示。

表7-5　针对顾客情况的促销组合

知晓	认识	喜欢	偏好	确信	购买
广告和公共关系的作用较大		人员推销作用较大、广告的作用略小		人员推销和营业推广的作用大	

对处于生命周期不同阶段的产品，促销的重点目标不同，所采用的促销方式也有所不同，如表7-6所示。

表7-6　针对产品生命周期的促销方式

介绍期	成长期	成熟期	衰退期
广告和公共关系的效果最佳，宣传广泛，可快速提高知名度；营业推广也有一定的作用，可激发顾客购买	广告和公共关系仍要加强；营业推广可相对减少	应增加营业推广，减广告。只保留提示性的广告即可	某些推销营业推广措施可继续保留，广告仅是提示，至于公关报道可完全停止

四、宣传媒介的特点

（一）宣传媒介

中央电视台：全国性大众媒体，覆盖全国；接受程度最高；适合作企业形象及造势。可选择第1套、第8套。

地方电视台（卫视或有线台）：有利于低空覆盖；能树立经销商信心，拓展渠道；有利于消费者认知。

行业媒介：树立行业形象，传播本品信息，引起同行关注。包括《中国服装》《中国服饰报》《服装导报》《服装时报》等。

地方报纸（早报、日报、晚报的时尚、精品栏目）：有利于品牌美誉度建设，引起当地公众关注。

杂志（行业杂志、航空杂志、营销杂志）：企业形象的配合补充，增强经销商信心，拓宽传播途径。

户外广告：重点地区发布，呼应电视、报纸等，配合当地市场开拓及提升；时间长、信息稳定、传播及时到位。

（二）宣传媒介的特点（表7-7）

表7-7　宣传媒介的特点

媒介	优点	缺点
电视	覆盖面广 接触深刻 图像、声音和动态效果 名声好 播放的单位成本低 获得关注	选择性小 信息出现时间短 绝对成本高 制作成本高 会引起冲突
广播	覆盖当地 频率高 低制作成本 听众细分程度高	只有声音效果 会引起冲突 不能充分引起人们的注意 信息一闪而过

续表

媒介	优点	缺点
杂志	可获得细分 完美地复制 高信息含量 寿命长 读者多	缺乏灵活性 只有视觉效果
报纸	覆盖面广 成本低 广告可置于吸引人的位置 及时（目前的广告） 读者可保留 可用作赠票	寿命短 会引起冲突 不易引起注意 复制质量低 对读者的暴露有限
户外 广告	可精心选址 重复率高 易引起注意	广告必须较短 形象不好 受地区限制
直接 邮购	选择性大 读者可控制保留时间 信息量大 可以重复暴露	高成本/接触频繁 形象不好（垃圾邮件） 会引起冲突
黄页	当地市场覆盖率高；可信度高；到达率高；成本低	竞争多；广告时间截止日期长；缺乏创新
时事 通讯	很高的选择性；易控制；互动机会；成本相对较低	成本有可能无法控制
广告 小册子	灵活；易控制；可以通过戏剧化的手法强化效果	过量制作会导致成本过高
电话	使用者众多；提供人员接触的机会	成本相对较高，除非利用志愿者
网络	高选择性；互动性强；成本相对较低	在某些国家仍属于用户较少的新媒体

（三）推广策略

1. 传播渠道

随着传播渠道变得越来越分散和杂乱，选择信息的传播渠道也越来越困难。传播渠道分为两类：个人传播渠道和大众传播渠道。

（1）个人传播渠道。

个人传播渠道涉及两个或两个以上的人相互之间通过面对面、人员对受众、电话或者电子邮件方式进行的直接沟通。提倡者渠道包括同目标市场的购买者进行联系的公司销售人员。专家渠道包括对目标购买者进行陈述的独立的专家。社会渠道包括对邻居、朋友、家庭成员和同目标购买者交谈的伙伴。在对欧洲7国的7000位消费者进行的研究中，有60%的消费者说他们受到家庭和朋友的影响而使用一个新的品牌。近年来，通过即时通信和独立网站收集消费者的看法这一途径的重要性也在增加。这些方式由于更有可能提供个性化的信息和获得积极的反馈而更有效率。

（2）大众传播渠道

大众传播渠道（或称为非个人传播渠道）是指面向众多人的传播，包括媒体、促销、事件和公共关系。

①媒体。包括印刷媒体（报纸、杂志），广播媒体（电台和电视台），网络媒体（电话、卫星和无线通信），电子媒体（录音带、录像带、激光录像盘、光盘、网页）以及展示媒体（广告牌、显示屏和海报）。大部分非人员传播信息来自收费媒体。

②促销。包括顾客推广活动（如样品、折扣券和奖金），贸易推广（如广告和陈列折让），业务推广和推销人员推广（如销售代理竞赛活动）。

③公共关系。包括针对公司内部员工的传播以及针对外部消费者、其他公司、政府和媒体的传播。

2. 媒介排期（媒介策略）

媒介排期实际上就是一个媒体购买计划。既然是购买，那就和商品交易一样，广告主也希望能够买到质优价廉的商品（这里指广告时段），但是现在是一个媒体过剩的时代，作为外行的广告主面对纷繁的媒体无所适从。正如美国一位企业家所言："我知道我的一半广告费浪费掉了，可惜不知道是哪一半。"媒体组合、广告排期之所以重要，就因为它可以最大限度地避免广告浪费，使广告真正发挥"营销放大器"的作用，而不是成为烧钱的营销陷阱。媒体人员的责任就是为广告主提供专业的媒体建议和购买计划，帮助广告主进行最合理、最有效益的广告投放。如某公司1~9月媒介排期（表7-8）。

表7-8 某公司广告排期

媒介	1月	2月	3月 (25 26 27 28 29 30 31 · 1 2 … 29 30)	4月 (1 2 3 4 5 6 7)	5月	6月	7月 (… 25 26 27 28 29 30 31 · 1 2 3 4 5)	8月 (… 1 — 11)	9月 (… 20 — 30)
中央电视台			▲▲▲▲▲▲▲▲▲▲ … ▲▲▲▲▲▲▲▲▲				隔天播出		
地方电视			▲▲▲▲▲▲ … ▲		▲▲▲▲▲▲▲▲▲▲		▲▲▲▲▲▲	▲▲▲	▲▲▲
行业报纸	3~5次		每周1~2次				每周1次	每周2次	
地方报纸	3~5次	每周1~2次	全国范围内每月2~3次						
杂志			1~2期				每月1期		
户外			▲▲▲▲▲▲▲▲▲▲▲▲▲▲▲▲▲▲▲▲▲▲▲▲▲▲▲▲▲▲▲▲▲▲▲						

五、网络促销方式

时装网络促销是指企业利用指利用因特网等电子手段、结合传统的营销方式，把企业的产品信息通过各种方式传递给目标消费者，以引发消费者需求，激起购买欲望、促成购买行为和扩大销售目的的一系列活动。时装网络促销也可理解为促进销售，其作用主要表现在引发需求、促进购买，传递信息、扩大影响，有力竞争、扩大销售等几个方面。

根据促销目的的不同，网络促销策略可分为：满就送（满就减、送服务）、限时/满额包邮、限时秒杀、限时打折、店铺优惠券、网络折价促销、网络赠品促销、网络抽奖促销、网络积分促销、网络团购促销、微博营销、网络联合促销、电子邮件营销等。

1. 网络折价促销

折价亦称打折、折扣，是目前网上最常用的一种促销方式。网上商品的价格一般都要比传统方式销售时要低，以吸引人们购买。幅度比较大的折扣可以促使消费者进行网上购物的尝试并做出购买决定。如淘宝商城2013年度"双十一"活动，天猫淘宝"双十一"交易额为350亿元。此次的活动是淘宝各大知名商城联手打造的"全场5折优惠活动"，仅2013年11月11日在淘宝网开展的"光棍节"活动中，9家纺织服装品牌交易过亿，其中有三家为互联网零售品牌：茵曼、ARTKA、韩都衣舍。

时装商品的折价促销常见的有会员（VIP）折扣、秒杀、搭配套餐、捆绑销售、限时特优、特惠礼包、超低价限时抢、全场免邮等，利用诱人的价格折扣刺激消费者的购买冲动，增加消费者购买的产品数量和客单价。满就送积分，满就送礼物，满就减现金，满就免邮；网络折价促销可以提升店铺销售业绩，提高店铺购买转化率，提升销售笔数，增加商品曝光力度，节约人力成本。

2. 网络赠品促销

一般情况下，在新产品更新上市、开拓新市场情况下利用赠品促销可以达到比较好的促销效果。赠品促销的优点：可以提升品牌和网站的知名度，鼓励人们经常访问网站以获得更多的优惠信息，能根据消费者索取增品的热情程度总结分析营销效果和产品本身的反应情况等。

3. 网络抽奖促销

抽奖促销是网上应用较广泛的促销形式之一，以一个人或数人获得超出参加活动成本的奖品为手段进行商品或服务的促销，网上抽奖活动主要附加于调查、产品销售、扩大用户群、庆典、推广新品牌等。消费者或访问者通过填写问卷、注册、购买产品或参加网上活动等方式获得抽奖机会。

4. 网络积分、赠品促销

积分促销在网络上的应用比起传统营销方式要简单和易操作。网上积分活动很容易通过编程和数据库等来实现，并且结果可信度很高，操作起来相对较为简便。积分促销一般设置价值较高的奖品，消费者通过多次购买或多次参加某项活动来增加积分以获得奖品。积分促销可以增加上网者访问网站和参加某项活动的次数，增加上网者对网站的忠诚度，提高活动的知名度等。

积分促销可以增加上网者访问网站和参加某项活动的次数，网站通过举办活动来使会员赢取虚拟货币，如淘宝网的"淘金币"，消费者可以用"虚拟货币"来购买本站的商品，实际上是给会员购买者相应的优惠。

5. 网络团购促销

网络团购是指一定数量的用户通过互联网渠道组团，以较低折扣购买同一种商品的商业活动。网络团购既适合有商品的一方，通过低价团购的方式将商品批量售出，也适合有共同需求的人群，集体购买同款商品，享受折扣。从商家的角度分析，网络团购既适合新产品的推介，也适合尾货的清仓，同时也是商家品牌营销的方式之一。团购交易属于阶段性的商业促销活动，不是商家持续性策略，因此一般团购活动都会有时间周期；团购活动本身属于促销行为，目的在于吸引消费者的重复消费，因为商品生产的边际成本低，或毛利水平高，才能支持低折扣销售。随着技术因素和社会环境等的日渐成熟，团购市场发展日渐规范，有利于时装网络营销企业开展促销活动。

6. 微博营销

微博的火热催生了时装网络营销新的方式——微博营销，微博已经成为互联网重要的交流平台和营销阵地。作为企业的一个重要营销舞台，每个粉丝和听众的后面都是一个可能的潜在客户，这也对时装企业的微博营销提出了新的挑战。微博具有极强的传播特性，各种营销公司、机构、个人从微博也开始研究如何让微博产生利益最大的手段。而企业进行品牌营销为目的的推广活动时，不是科技也不是财力决定着营销的效果，能否尊重用户习惯，不以过多的企业信息或者产品信息干扰听众的内容属性才是最宝贵的。微博营销依然是效果为重的营销方式，追求效果营销的实质没变。微博内容应彰显"新鲜、有趣、有用"的分享特征，潜移默化地和目标消费群达到心灵共鸣，以期更好地促进销售，宣传品牌。

微博营销，相比传统媒体一味地信息灌输，新媒体更强调对网友的尊重，通过互动和用户的参与来影响他们。微博营销也是如此，要达到出色的营销效果，更需要准确把握用户乃至整个时代、社会的心态，以最契合用户心理的话题引发他们关注，并且消费者能够与商家互动，这样，传播才真正具有效果。

7. 网上联合促销

由不同商家联合进行的促销活动称为联合促销，联合促销的产品或服务有一定的优势互补、互相提升自身价值等效应。如果应用得当，联合促销可达到相当好的促俏效果，如网络公司可以和传统商家联合，以提供在网络上无法实现的服务。

8. 电子邮件营销

电子邮件营销打破了传统媒体在发布地域和发布时间上的限制，传播范围极其广泛，广告覆盖面极大，成本极其低廉，到达率也相当可观，且方便快捷、反馈率高，营销效果好。公司计划在电子邮件营销中增加支出其原因主要以下两点：首先是电子邮件在全球的渗透率不断提高，为电子邮件营销提供了可能；其次是电子邮件营销低廉的成本和精准的效果，使电子邮件营销的优势凸显。图7-3所示为知名内衣品牌维多利亚的秘密的邮件促销方式。尽管社交媒体新营销成为热门，但传统电子邮件营销仍是用户接收信息的重要渠道。

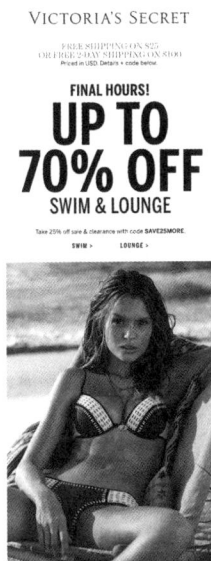

图7-3 维多利亚秘密的电子邮件促销

9. 时装网络营销的典型案例分析

案例：UNIQLO网络促销

UNIQLO在我国品牌时装零售业率先推出网购业务，其网络旗舰店于2009年4月16日成立，淘宝商城店铺和外部网店同时发布，开店后平均每天销售2000件。上线短短十天，优衣库就成为淘宝商城男装、女装单店销售第一位。

优衣库不仅在淘宝商城开设网络零售旗舰店，如图7-4所示。其独立域名的外部零售网站（www.uniqlo.cn）的后台数据、搜索、交易、付款等功能都采用了淘宝提供的电子商务的底层架构和技术支持，消费者在登录独立网站的时候只需要输入淘宝网的用户名和

图7-4 淘宝商城优衣库官方旗舰店形象

密码，并可实现数据共享。优衣库则专注于品牌推广和商品控制，包括商品定价、设计、全年货品计划、促销等业务。优衣库有效地利用了淘宝平台的资源优势，又最大程度地保证了品牌在网络上销售的独立性。从某种意义上说这不仅整合了淘宝资源进行互联网营销，也更好地保持了优衣库在全球统一的品牌形象建设。

优衣库网络商店的商品价格大致与实体店持平，但款式会更多样化。推B2C网购业务更大的目标是进一步推广优衣库品牌。实体门店的扩张速度，再加上网络销售渠道发展逐渐完善，这种线上线下相结合的模式，相辅相成，迅速地扩大了品牌在中国消费市场的份额。

如图7-5所示，UNIQLO的互动营销促销方式，邀请了100名来自不同国度的女性专门制作了网络视频，让每位消费者使用本国语言介绍穿着优衣库某明星产品的感想。和消费者及时有效的互动在一定程度上带来了更多的营业收入和品牌知名度的持续提升。

图7-5 UNIQLO互动营销促销方式

六、服装隐形促销方式

目前服装企业中使用最多的促销方式是人员推销，广告以及销售促进即各种促销活动，如打折、竞赛与抽奖、满就送、积分、VIP会员折上折等。但消费者对于这些促销方式早已耳熟能详，有的甚至会挖掘商家促销的意图，追究一些促销商品在促销前后商品价格调整的幅度，从而造成消费者对于企业一些促销方式的逆反心理。正因如此，研究新型的促销方式，让消费者在丝毫没有感受到促销的氛围中，较迅速或较多地购买某一商品及其附加产品就显得尤为重要了。很多学者针对促销的定义，促销的不同类型和频率对消费者感知和购买行为的影响，价格与质量判断关系进行过大量的研究，但是对隐形促销的相关研究还很少，特别是隐形促销对消费者购买行为的影响。

结合当今服装行业的促销现况，在服装企业一般促销模式的基础上，分析出三类隐形促销方式：一类由导购完成，引用了美国丹·艾瑞里教授著名的《怪诞行为学》一书中的价格"诱饵"和商品"诱饵"的概念，并大胆提出研究假设，这两种概念可以用于服装行业的终端销售；第二类由活动策划完成，体现在羊群效应和口碑效应等等吸引消费者进店购买的促销方式；第三类由新媒体完成，体现在电视剧赞助、微电影、微博等社交网站的互动宣传、对名人和演员等人士出席大型场合的服饰宣传等方式。服装隐形促销与普通促销方式相比，优势就是真实地、动态地向受众传递产品信息，含蓄地与受众沟通而不产生逆反心理，可以重复而促销成本低，这些特征使隐形促销成为独立的促销方式。隐形促销也有局限性，产品、传播载体和内容上要统一起来。隐形促销相对于打折、积分、满就送、VIP折上折等促销方式，其特点为真实地、更动态地向消费者传递产品，含蓄地与消费者沟通而不使其产生逆反心理。分为：诱饵式隐形促销、活动式隐形促销和媒体宣传式隐形促销。

通过实地调研，收集数据，使用SPSS17.0软件将这三类隐性促销方式对消费者购买行为的影响通过问卷发放的形式进行分析。通过研究分析发现："价格诱饵""商品诱饵""羊群效应""幼鹅效应"可以应用于服装隐形促销中，假设成立；"口碑效应"对于消费者购买行为的影响的假设不成立；电视剧赞助、微博等社交网站的互动宣传、微电影以及对名人、演员等出席大型场合的服饰宣传对消费者购买行为的影响的假设是成立的。

1. 诱饵式隐形促销

丹·艾瑞里提出的"价格诱饵"和"商品诱饵"的概念，如图7-6假设这两种概念可以用于服装行业的终端销售。"价格诱饵"是以价格作为诱饵来吸引更多的消费者，属于引导型的购物介绍，即几种商品价格相同，但是总购买元素的量有差别，目的是在同样价格的几种商品中，引导消费者自觉购买商家设定的商品。"商品诱饵"则是以次级商品作为诱饵来引导消费者购买正价或是商家预期的热卖款，适用于消费者在犹豫不知买哪件款式的状况。

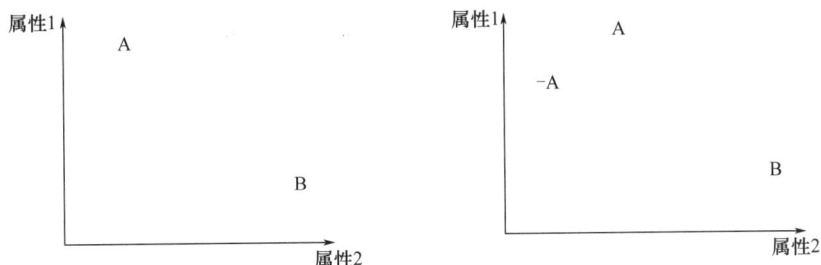

图7-6　商品诱饵图解

左图中看到有两种选择，每一种都在不同属性上优于另一种。选择A在属性1（假定质量）方向较优。选择B在属性2（假定价格）方向较优。很显然，这两种选择让人感到很为难，不容易做出取舍。而右图，增加了-A这种选择，这一选择很明显比A差，但是它同时又与A相似，两者容易比较，以为A不仅比-A好，同时也比B好。其实，把-A（诱饵）

放进来，建构出与A的一种简单、直观的比较关系，由此使A看来较优，不仅相对于–A、相对于B也是如此。在这类以–A为诱饵实施购买导向的隐形促销环节中，导购的角色是这个环节的重中之重。在消费者显示出举棋不定的神情时，需变换–A，使得消费者更趋向于一个或多个款式，目的是至少有一个款式是让消费者倾向下单购买。

2. 活动式隐形促销

这类隐形促销方式体现在诸如"羊群效应""幼鹅效应""口碑效应"等吸引消费者进店购买的促销方式上。而对于这些方式的应用，主要是由服装企业中的活动策划来完成，需要根据上货波段和时间、节假日等因素来及时完成一些促销活动和事件性促销。

"羊群效应"是指人们经常受到多数人影响而跟从大众的思想或行为，也被称为"从众效应"。Seharf &steinstein在1990年提出了著名的"声誉羊群"模型，在其文中指出"羊群行为"是跟随者为了自己的声誉而忽视自有的信息，盲目模仿别人的行为，且该行为违反了贝叶斯后验分布的规则。Banerjee在1992年认为"羊群效应"是一种即使跟随者自己的私人信息表明其不应该采取这种行为，但是最终还是跟随其他个体的行为。

"幼鹅效应"是指凡是自己第一次认定的，人们大都不想轻易改变它，这就是我们常说的"锚定印记"。丹·艾瑞里认为对幼鹅效应起作用的因素对人类也同样适用，包括"锚定"。

"口碑效应"是由于消费者在消费过程中获得的满足感、荣誉感而形成对外逐步递增的口头宣传效应。黄孝俊与徐伟青认为口碑传播是指一个具有感知信息的非商业传播者和接收者关于一个产品、品牌、组织和服务的非正式的人际传播。

3. 媒体宣传式隐形促销

这类隐形促销方式体现在服装品牌对电视剧的赞助、微电影、微博等社交网站的互动宣传、对名人和演员等人士出席大型场合的服饰的宣传中等，借助时下流行的新媒体平台，对服装进行品牌推广、活动策划、产品宣传等一系列的营销策划活动。

通过这三大类隐形促销方式的分析，总结出隐形促销就是让消费者在丝毫没有感受到促销的氛围中，较迅速或较多地购买某一商品及附加产品。隐形促销模型如图7-7所示。

4. 隐形促销研究模型

根据对三大类隐形促销方式的研究和对消费者购买行为中决策关联的分析，得出了本文的研究模型，如图7-8所示。

研究模型的提出，主要探究以下几点假设：价格"诱饵"影响消费者对导购介绍的感知和对价格的感知；商品"诱饵"影响产品的感知质量和对导购介绍的感知；"羊群效应"影响到感知的商店形象；"幼鹅效应"影响到感知商店活动；"口碑效应"影响到感知商店形象和商店活动；电视剧赞助、微博等社交网站的互动宣传、微电影以及对名人、演员等出席大型场合的服饰宣传都对消费者感知网络宣传有很大影响。通过这些隐性促销方式对消费者决策关联的影响，影响消费者的购买行为。

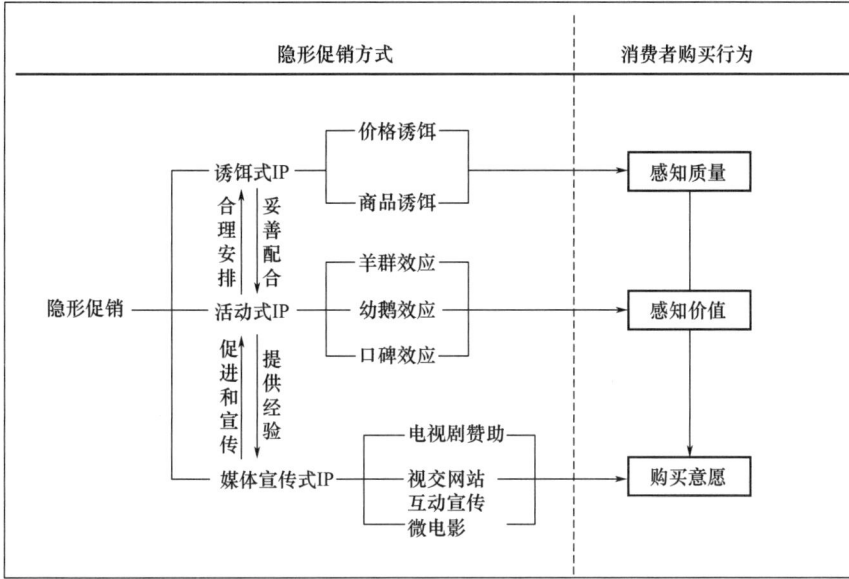

图7-7 服装隐形促销模型

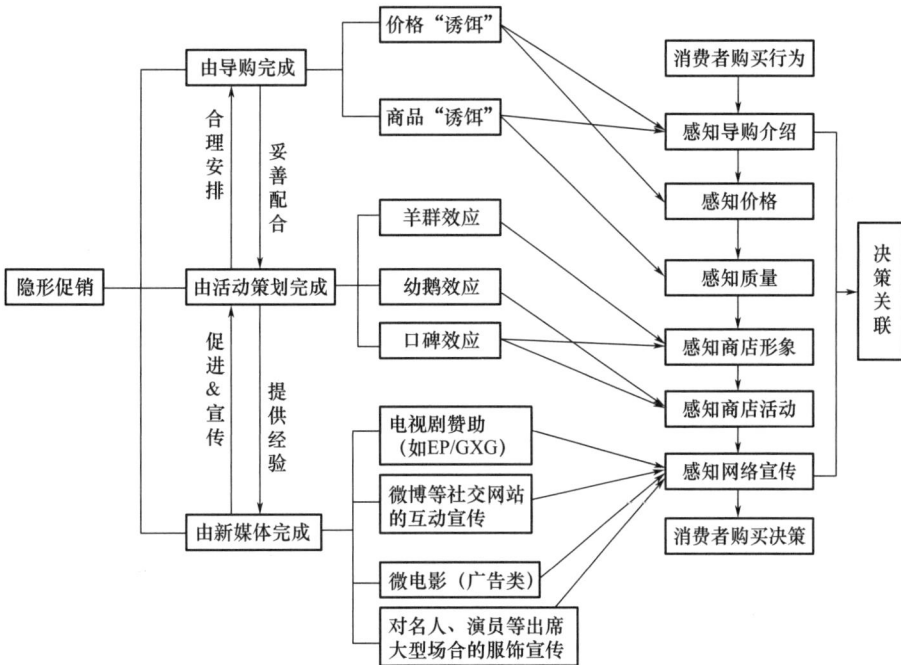

图7-8 隐形促销研究模型

5. 量表的改造与开发

主要的量表涉及了感知质量量表、感知商店形象量表、感知价值和购买意向量表，量表采用了德拉威·格瓦雷尔（Dhruv Grewal），克里西纳（R. Krishnan），朱莉·贝克（Julie Baker），诺姆·博林Norm Borin（1998）；朱丽红（2009）在其研究中所使用过的感知价值量表。分三类来对消费者遇到的具体的隐形促销来描述人员推销、销售促进、媒体和电子商务的推广。在人员推销中分为对导购的感知并设置与导购之间的情景模拟；在销售促进中分为对商家制订的活动的主观意愿和被他人影响的程度，对"最后一件""限量版"等促销方式的主观看法；在媒体和电子商务推广中分为对电视剧、电影中服装品牌的关注、在社交网络中对服装品牌促销活动的参与度以及对服装品牌以微电影的广告形式传播的喜爱度的主观看法。

第三节　时尚与电影跨界

时尚跨界也是一种特殊的促销策略，跨界代表一种全新的生活态度与审美的融合，对品牌宣传、品牌自身来说都有很大的益处，使得品牌之间相互融合。跨界也越来越成为时尚话题下的热门方式，从传统到现代，从东方到西方，跨界的风潮愈演愈烈，一个优秀的品牌，都能比较准确地体现目标消费者的某种特征。时尚品牌与电影的跨界也是利用明星效应来达到对品牌产品的宣传效果，因此，现如今有很多企业会以赞助的方式与某电影合作，从而达到双方互赢互利的目的。

可可·香奈儿是第一个与电影跨界合作的时尚设计师，也是时尚与电影合作的鼻祖，1931年，米高梅电影公司（MGM）首次聘请可可·香奈儿为电影《永驻今宵》担任服装设计师。正是香奈儿与电影的姻缘，香奈儿品牌首席设计师卡尔·拉格菲尔德曾多次执导一些纪录片和微电影，并在其中饰演主要角色，由此来传递品牌理念和品牌文化。随着时尚与电影的不断耦合，电影界更是给出了积极反馈。1948年，奥斯卡正式增设最佳服装指导大奖，促进时尚与电影的更多合作。同时，电影也因为加入了时尚元素，给观众带来了更多的视觉体验，甚至成为服装品牌新一季发布前的宣传大片。电影演员的流行元素甚至影响下一季服装潮流，明星着装变成为当时大众穿衣打扮的模仿对象。因此，电影与时尚的跨界在无形之中将品牌的文化、品牌理念传递到消费者的心中，也是隐形促销的一种表现方式。电影与时尚的跨界有很多不同的方式。如服装设计师与电影的跨界能起到宣传设计师、营销设计师的效果；品牌与电影合作，无形中将品牌文化深入人心，消费者通过电影对品牌产生联想，甚至使得消费者产生品牌忠诚；服装在电影中凸显年代感，也能给顾客带来历史记忆或者往事回想，引起消费者的购买欲望。

一、服装设计师与电影

乔治·阿玛尼是与电影合作最多的服装设计师，他不仅在服装领域里做得风生水起，还指导过近60部电影。在《小可爱》中，阿玛尼设计近90套复古戏服，款式大方、做工精致，其中近50套是他亲自为女主角艾什莉·贾德量身定做。另外，阿玛尼把服装与电影的合作也扩散到了香港华语电影《伤城》中，片中两位主角的服装风格正是突出人物性格不可或缺的元素，梁朝伟饰演了一名干练的警探，他在片中英俊帅气的形象与服装裁剪的精良考究密不可分，而金城武饰演的私家侦探穿着随性的牛仔裤，突出了人物造型的街头感。

于贝尔·德·纪梵希与奥黛丽·赫本合作的电影每部都堪称经典，纪梵希为赫本塑造了简洁大方而又不失高贵典雅的风格。影片中所涉及的服装和穿衣风格，不仅在当时引领潮流，备受推崇和模仿，甚至直至今日也是众人争相模仿的典范。赫本在银幕上的风光，也让大众对纪梵希和他的品牌有了更多的关注。他们合作过的每一部电影，都有一些服装能给观众留下深刻印象。如《龙凤配》中，赫本饰演的女主角留学归来后所穿的三件服装，均来自纪梵希当季的作品。在参加家庭派对的那个片段中，赫本所穿的是一件白色丝绸绣黑花的无肩带晚装，也称"撒布丽娜露肩洋装"，正是这件礼服把赫本送上了好莱坞时尚女王的宝座。赫本挑选的第三件纪梵希女装是一件黑色的鸡尾酒裙，两肩上饰有小巧的蝴蝶结，娇俏不失优雅。直到现在，各大品牌也还在不断复制、模仿这一经典款式。在《蒂凡尼的早餐》中更是塑造了纪梵希品牌的经典搭配，一件无袖黑色洋装，配一副超大镜框黑色的太阳眼镜，或是橘红色大衣外套配一顶貂皮帽子的经典装扮，一时间成为了当时街头巷尾争相模仿的装扮。纪梵希为时尚界打造出了一个经典的"奥黛丽·赫本风格"，电影中一件件精致的纪梵希女装让赫本成为了观众心目中的"时尚女神"，赫本自然也成了纪梵希高雅女装最好的形象代言人，品牌也因此受到了极大的推崇，很多消费者都争相购买纪梵希产品。

服装设计师与电影的合作，不仅收获了电影对品牌的影响力和知名度，更收获了友情与知己。例如，艾什莉·贾德一直是阿玛尼的私人专属模特，阿玛尼曾包揽了贾德结婚时的婚纱。而赫本与纪梵希甚是交好，具有同样意义的组合还有圣洛朗和《白日美人》女主角凯瑟琳·德纳芙，她那件著名黑色露背礼服便是出自圣洛朗之手。这些方式都使得品牌之间相互影响，产生意象不到的效果，受到消费者的热烈追捧。更多时尚设计师与电影合作详见表7-9。

表7-9　时尚设计师与电影合作

设计师	电影	上映时间	片中时尚	电影与服装的交互影响
乔治·阿玛尼（Giorgio·Armani）	美国舞男 *American Gigolo*	1980 美国	"权利套装"	阿玛尼的成名代表作，影片中的"权利套装"引起当时的时尚风潮
	小可爱 *De-Lovely*	2004 美国	复古淑女系列连身裙等	阿玛尼亲手打造近90套20世纪20年代做工精良的戏服
	伤城 *Confession of Pain*	2006 中国香港	街头感、干练的休闲西服套装	男女主角的服装都来自Giorgio Armani和Emporio Armani，通过电影阿玛尼在香港引起了新的时尚风波

续表

设计师	电影	上映时间	片中时尚	电影与服装的交互影响
于贝尔·德·纪梵希（Hubert·De·Givenchy）	龙凤配 Sabrina	1954 美国	"莎布琳娜"裙（一字平肩系带）、船领连衣裙	赫本以船领连衣裙和T恤出场，她从纪梵希上季服装里挑选了三件衣服作为戏服，最为出名的是参加家族派对时穿的黑白大花裙
	蒂凡尼的早餐 Breakfast at Tiffanys'	1961 美国	小黑裙、"鸡尾酒"裙、连肩袖立领大衣、黑色丝质长手套、黑色太阳镜、黑色长裙，珍珠项链	纪梵希无袖黑色小黑裙（弧形后领线），超大镜框太阳眼镜，橘红色大衣外套（连肩袖和立领）和一顶貂皮帽子，直到今天也是长盛不衰的经典，而影片也因为经典造型成为不朽之作
	甜姐儿 Funny Face	1957 美国	低胸无肩带绣花大圆裙、A字裙、一字领、全真丝米白色套裙、白色公主裙、腰间蝴蝶结	影片中纪梵希包办设计了电影中每个摄影场景需要的服装，数套经典的纪梵希高级定制，均堪称经典。这部电影上映后，让赫本成了时尚的风向标。片中七分袖的设计和A字开襟的剪裁方式影响了时尚
	谜中谜 Charade	1963 美国	黑色无袖丝缎套裙、男女职业正装	黑色无袖丝缎套裙，是纪梵希1961～1962年的秋冬季作品，上衣的边缘饰有黑色亮片和毛边，裙子在腰部稍打褶，边缘饰有黑色的亮片。黑色为主色调的服装，体现了电影中"谜"的主题
圣罗兰（Yves·Saint·Laurent）	白日美人 Belle de jour	1967 法国	著名的黑色露背礼服、裸色连身套裙、黑色亮皮大衣、棕色皮质双排扣大衣	由伊夫·圣罗兰设计的服装对于揭示剧中人物放纵和假正经并存的双重性格起到了重要作用

二、服装品牌与电影

服装品牌与电影合作的登峰造极之作要属《穿普拉达的女王》了，其中普拉达和香奈儿是影片的两大赞助商。片中经过磨砺后的安迪自信大方，香奈儿大衣及手套，时时刻刻彰显魅力。而时尚主编米兰达，霸气刁钻，最经典的装扮便是普拉达套装搭配爱马仕丝巾。将"恶魔穿普拉达，天使穿香奈儿"演绎的入木三分。片中除了这两大品牌外，Calvin Klein、Gucci、Dior、Valentino、Versace等品牌也不时亮相在影片中。米兰达出席晚宴时穿的一件Valentino的黑色低胸晚礼服，更是彰显出了时装大片有容乃大的品质。2010年出品的国产电影《爱出色》，在题材选择上和《穿普拉达的女王》略有相似之处，女主角姚晨扮演了一位在时尚杂志社里成长、蜕变的北漂。在爱马仕的晚宴中，姚晨身穿范思哲高级定制，佩戴卡地亚等高级项链及珠宝。

王家卫导演的首部英语电影《蓝莓之夜》，从台前到幕后都受到了Louis Vuitton的全程精心包装。设计师MracJacob为配合电影情节，特别设计定制了20世纪60年代美国乡村少女的着装，除了影片中服装的体现，就连在红毯上的礼服，也都是LV全力提供。2012年，《我愿意》与国内中高档女装品牌雅莹的合作吸引了不少观众的眼球。这并不是雅莹第一次与电影合作，影片中并没有出现明显刻意的标志或暗示，但却从数套时尚的职业套装中显现出了雅莹的大气与优雅。片中服装虽造价不高，称不上是奢华，但却很恰如其分地与女主角的身份、性格完美匹配，塑造出了一个优雅、干练、时尚、坚持内心、追求幸福的成功职场女性形象。2012年影片中部分雅莹新款推向市场，受到市场强烈的追捧。更多时尚品牌与电影合作详见表7-10。

表7-10　时尚品牌与电影合作

品牌	电影	上映时间	产生的效应
Dior NEW LOOK	抓贼记 *To Catch a Thief*	1955 美国	1951年，威尼斯举办了一场豪华的化装舞会，为了这场极尽奢侈的舞会，Dior给画家达利的夫人以及歌星戴西设计了晚装，获得极大好评。这个舞会被阿尔弗雷德·希区柯克拍成电影《捉贼记》，并成了"New Look"系列的免费广告片，引起各国女性的狂热追逐
Vera Wang Chanel Dior 高缇耶	新娘大作战 *BRIDE WARS*	2009 美国	影片中Vera Wang一向的简洁经典、Chanel浪漫的纱质山茶花、Dior奔放的欧式激情、Christian Lacroix如中世纪贵族的宫廷奢华和Jean Paul Gaultier的性感蕾丝，无不为我们呈现出最炫目奢华的梦幻婚纱
LV	蓝莓之夜 *My Blueberry Nights*	2007 中国香港、法国	从主演的戏服到走红毯的礼服，都由Louis Vuitton全程包揽。影片中的服装体现了20世纪60年代美国乡村少女的穿着。戏服中的诸多元素如碎花连衣裙等成为了当时的风潮
Prada LV Chanel	时尚女魔头 *The Devil Wears Prada*	2006 美国	除了Prada与Chanel两大品牌，Valentino、Calvin Klein、Gucci、Versace等也频繁出镜，是一部名副其实的时装大片
Chanel Dior	欲望都市2 *Sex and the City2*	2008 美国	Alexander McQueen，Vera Wang，Lanvin等大牌云集，出现了20世纪80年代时尚复古感觉的方形裙等
E·P雅莹	我愿意 *I DO*	中国	E·P雅莹携手一位年轻的奇才设计师Jose为影片打造红毯装，Jose与E·P雅莹合作的系列产品也于2012秋冬全线面市

三、在电影中用服装凸显时代特征

从神秘简洁的古代服饰到厚重别致的中世纪服饰，各个时期的服饰文化都在电影当中有所体现，电影对于普通大众了解时代特征的服饰是功不可没的。《绝代艳后》获得第79界奥斯卡最佳服装设计奖，剧中撑起来的钟型裙、卷云状的花纹边饰、蘑菇帽、高发髻的发型，轻巧的刺绣与繁复的裙褶，完美再现了当时奢华的贵族生活。而服装的曲线造型轻盈灵动，色彩轻柔绚烂，把当时纵情奢靡、浮华造作的生活作风体现得淋漓精致。相对于洛可可风格的花俏，新古典主义时期的服装就简约了不少，没有了裙撑和厚重的装饰，面料也更轻薄柔软。女装以色彩素雅的低领胸衣为代表，还有几近透明的长裙自然垂下形成了丰富的群褶都是十分具有代表性的。男装也以干净整洁精致的"纨绔子弟时尚风格"出现，高靴、马甲、马裤、大礼帽，这在当时就是一套完美绅士的着装了。在电影《理智与情感》中，人物的服装设计就是新古典主义时期的典型，高腰设计，扁平紧身胸衣、短袖、及地长裙就是这一时期服装的特点。在20世纪80年代的国产片《庐山恋》中，43套色彩斑斓服装以及泳装，在当时保守的中国堪称是一部时尚大片。这部电影记录了改革开放时期，人们开始了解并接触时尚的历史时刻。同时，这部电影还获得了"世界上在同一影院连续放映时间最长电影"的吉尼斯世界纪录。更多不同时代时尚的电影详见表7-11。

表7-11　凸显不同时期时尚的电影

影片时期	电影	上映时间	片中的时尚
哥特式时期 （12—15世纪）	勇敢的心 *Brave heart*	1995 美国	苏格兰格子呢短褶裙，束腰披风
文艺复兴时期 （16世纪）	莎翁情史 *Shakespeare in Love*	1998 美国	男士：高立领外套或长款及膝的长袍、蕾丝轮状皱领；女士：高腰低领长裙、紧身胸衣
巴洛克时期 （1620—1715）	路易十四的情人 *Marquise*	1997 法国	高腰阔领，领口很大、很低，宽松的长袖至肘部以下，装饰繁复的衬裙可以使裙子保持良好的状态
洛可可时期 （1715—1789）	绝代艳后 *Marie Antoinette*	2006 美国	夸张的钟型裙、宽裙、精巧的刺绣、繁复的褶皱、羽毛装饰的帽子以及高发髻发型
新古典主义时期 （1800—1820）	理智与情感 *Senseand Sensibility*	1995 英国	减少了裙撑的使用，甚至不适用裙撑，塑胸型的紧身衣，简约的短袖白裙流行起来
浪漫主义时期 （1825—1850）	尼古拉斯·尼克贝 *Nicholas Nickleby*	2002英国	男士：马裤、大礼帽、掐腰、垫肩设计；女士：小而紧的束身胸衣，半羊腿形袖，袖子在肩部以下，领口很大，常搭配有装饰性的披肩
"文化大革命"后 （1978—1980）	庐山恋 *Romance on Lushan Mountain*	1980 中国	裙长至膝盖，泳装，由于当时社会保守，而片中43套戏服颜色艳丽，款式多样，让女主角成为20世纪80年代观众心中的"梦中情人"
	花样年华 *In the Mood for Love*	2000 中国	老上海的浮华之梦被咿咿呀呀地唱响，伴随着甜腻风情的周璇的唱腔和唱针机，张曼玉不露声色地将几十件旗袍穿得矜持又暧昧。柔软的身体被裹在精雕细琢的布料里，腰肢婀娜，衣香鬓影，讲究得世俗，讲究得做作。几十件旗袍既矜持又暧昧，触碰到了老上海时尚的那根弦，华丽典雅的旗袍象征着那个时代最后的繁盛与典雅

四、时尚纪录片

　　最能通过电影纯粹的表达并展现服装的，应该是设计师或者品牌的纪录片了，与当下各品牌推出的微电影类似。纪录片通常都是以细腻独特的视角来揭秘设计师的幕后工作及其生活状态。纪录片不仅体现了设计师的个人气质，也揭秘了设计师的情结与思想。在纪录片《这是我的梦想》中，日本著名服装设计师山本耀司展示了对设计的无限热情和艺术的不懈追求，以及哲学家般严谨的思维和认真的工作态度，让每一个观影者都对他肃然起敬。特别是其中关于山本耀司准备2010年纽约时装周春夏系列的桥段，展现了设计师全身心投入工作的忘我状态。影片准确地捕捉了每一个值得记录的画面，以一个个令人惊喜的起承转接，抛砖引玉似地为观众揭开那些美得令人窒息的服装背后发生的故事。国产纪录片《无用》的主人公是例外和无用品牌的设计师马可，在大工业的时代背景下，还执着于用手工制衣的她，俨然已经不仅仅是一个设计师了，更像是一个艺术家和哲学家，以服装为载体，折射出眼前这个时代，传达出设计师对这个世界的态度。在大多数人眼中，很多事物看似"无用"，甚至毫无意义，但这些"无用"事实上却是最富有情感的。

每个服装设计师的纪录片都能直击设计师内心深处的那块柔软世界，透视出他们在对艺术和设计的那份坚定与执着。也许他们不是在做设计，而是通过服装表达自己，并向整个世界传达他们自己的声音。更多时尚纪录片详见表7-12。

表7-12 时尚纪录片

设计师	影片名称	上映时间	服装在影片中的体现
卡尔·拉格斐（Karl·Lagerfeld）	时尚大帝 *Lagerfeld Confidential*	2007	卡尔戴上了他的招牌大墨镜，头梳光鲜马尾，十指满戴戒指，将观众一窥自己的成长、工作、爱情以及他的隐密生活与内心世界
加布里埃·香奈儿（Gabrielle·Chanel）	时尚先锋香奈儿 *Coco avant Chanel*	2009	影片讲述了香奈儿在时装界初露锋芒，成长为一代时尚女性代言人之前的感情故事。其中，重点描绘香奈儿少女时期直至在时装界初露锋芒这段时期的遭遇。一个简朴的女孩Coco，靠着天赋和勤奋自学成才，成长为一代女性时尚的代言人。在这个成长过程中，香奈儿与各种男人的邂逅，帮助她了解奢华神秘的时尚圈
瓦伦蒂诺（Valentino）	华伦天奴：最后的君王 *Valentino The Last Emperor*	2008	影片以Valentino与他的老友Giancarlo Giammetti之间的故事为蓝本创作。这部纪录片是对传奇的时装大师华伦天奴一生的回顾，穿插其中的是Valentino与他的老友之间的温馨、幽默与坚持
山本耀司（Yohji·Yamamoto）	这是我的梦想 *This is my Dream*	2011	纪录片是以山本耀司准备Y-3系列的经过为主线，详细记录了他在纽约发布的2010春夏系列的整个筹划过程，同时此片也是其与Adidas的合作品牌Y-3的十周年纪念作品
马可（Ke·Ma）	无用	2007	三个部分没有明显段落式的分隔，连接它们的是"衣服"这个概念。制作衣服、设计衣服、穿衣服，都离不开衣服

时尚与电影的跨界为品牌、个人或产品，带来了巨大的影响，消费者会因为一部电影的深入人心而喜欢甚至依赖一个品牌，也会因为电影传达出的视觉感而喜欢某件服装，从而产生购买行为。一部好的电影离不开服装的展现，一件好的服装更加需要一个很适合的场景与人，电影与服装的合作将服装的整体效果与穿着方式展现给消费者，使得这些服装无形中深入人心，这也是服装隐形促销的一种表现方式。

第八章 服装品牌市场渠道

第一节 服装市场渠道的种类与特征

品牌服装的销售主要是通过零售方式实现的，因此，零售业是品牌服装的主要通路，每家品牌服装企业都希望产品通路是宽广和畅通的。优质的市场渠道可以顺利打通品牌服装和消费者之间的桥梁，能够使得消费者更好地认识品牌服装。为此，服装企业必须建立完善的市场营销队伍，确保服装市场渠道的各个环节的畅通。

一、服装市场渠道类别

（一）服装销售的主要渠道

1. 百货商场

百货商场是指经营包括时装、日用品等众多种类商品的大型零售商店。它是在一个大建筑物内，根据不同商品部门设立销售区，满足顾客对时尚商品多样化选择需求的零售业态。大多数大型百货商场都是以服装作为主要的利润来源，通常，服装商品集中在2～4楼，占整个商场营业面积的1/2以上，是品牌服装的集中地。对于品牌服装企业来说，百货商场是主要的销售窗口，尤其是规模大、声誉好、人流量大的商场。

如今，美国、欧洲、日本成为时装零售最发达的三个地区，显现出时装零售活跃度高、时装零售业态丰富、高端零售百货商场多等特点。美国的伯道夫·古德曼（Bergdorf Goodman）、巴尼斯（Barneys）、尼蒙·马克斯（Neiman Marcus）、萨克斯·第五大道（Saks Fifth Avenue）、布鲁明·戴尔斯（Bloomingdales）；英国的哈罗兹（Harrods）、自由百货（Liberty）、哈维·尼库斯（Harvey Nichols）、法国的老佛爷（Galeries Lafayette）、巴黎春天；意大利的拉瑞那斯堪特（LaRinascente）百货公司、日本的西武百货、伊势丹等都是全球知名的高端百货公司。此外，中高档、中端和中低端直至低端百货，在全球各地也充满着生机，充分说明了百货业态旺盛的生命力及合理定位的重要性。

2. 专卖店

根据经营种类和品牌，我们可以将时装专卖店分为两类，一类是时装品牌专卖店，通常只经营一个品牌或同时兼售附属品牌的产品，如H&M、Zara、MANGO专卖店；另一类是多个品牌同属一个种类的时装专卖店，如牛仔裤、针织衫专卖店等。第一种类型的专卖店以品牌为主导，产品结构丰富；第二种类型的专卖店以产品种类为主导，种类少，但每个种类的产品色系、款式等齐全，能有效地满足细分市场不同顾客的要求，我们称其为品类专卖店。

3. 店中店

店中店是指在一个大型商业空间里租赁一个独立的卖场自主经营，比如集餐饮、娱乐、购物为一体的shopping mall等，相当于设立在大商场里的专卖店。两者的区别在于：在店铺装修、收款、促销等方面，前者比后者更为灵活。

4. 买手店

买手店是一种由欧洲人开发的商业模式，也被称为买手式经营，是指以目标顾客独特的时尚观念和趣味为基准，挑选不同品牌的时装、饰品、珠宝、皮包、鞋子以及化妆品等商品，融合在一起的店面。在港台地区，这种店铺通常位于商场内，是一间独立的店中店。在欧美，这种店铺以街铺形式为主，已经有近百年的历史。

5. 大型超市

一般情况下，在大型超市里销售的服装时尚度较低，价格低廉，一些定位较高的品牌服装一般不会选择大型超市的渠道进行销售。但一些品牌服装从中尝到了薄利多销的甜头，逐渐形成了专门转战各大超市的"超市品牌群"。

6. 奥特莱斯

时装折扣商场或商店是指以较低的折扣价格对过季、断码、下架等时装货品进行销售的商场或商店。在国外，折扣店通常被称作"Outlets（奥特莱斯）"。该业态最早出现在美国。当时一些美国的时装厂把自家的库存、下架时装放在门口的零售店销售，久而久之各品牌的折扣产品集中在一起销售，使爱品牌又图便宜的消费者趋之若鹜。

7. 批发市场

服装批发市场是指集中经营以批发销售服装商品为主的场所。目前，国内各地均有规模较大的服装批发市场，主要特点为服装的产品毛利率较低，服装档次偏低，经营环境相对嘈杂。此类市场一般不是品牌服装销售的理想之选。国内主要的批发市场有：广州白马时装批发市场、广州十三行服装批发市场、杭州四季青时装市场、沈阳五爱服装批发市场、上海新七浦时装市场、深圳世纪广场、武汉汉正街服装批发市场、常熟国际时装城、柯桥中国轻纺城、海宁中国皮革城。

8. 网上商店

品牌服装网上商店主要是以"B2C"或"C2C"等方式进行的新型无店铺销售方式，通过互联网完成选样、订货、付款，由物流公司将商品送至客户手中。一种是拥有实体店铺的品牌商和零售商将店铺投放到销售平台，如淘宝、京东等，形成了类似网络店中店局面。这种做法较自己独立运作的风险要小得多，也能有效拓展销售渠道。当然亦有部分品牌用平台网店的试水经验帮助自己建立独立域名的网店，如优衣库、GAP等，通过店铺间的链接，有效形成品牌的最大化传播和销售。目前网上商店发展迅猛，对传统零售模式冲击很大。

（二）服装销售的其他渠道

1. 订货会

服装订货会是面对专业客户的销售渠道，客户多、时间短，是让客户了解品牌的良好媒体。此类场所一般很少有零售服装，参展商可以在会议期间争取专业客户订单。

2. 特卖场

特卖场是指专门销售过季商品、积压商品的场所。一般是由特卖组织者联合一些品牌公司，在商场、宾馆等场所对积压产品进行低价销售。

3. 邮购

邮购指通过邮局以邮寄商品目录、发行广告宣传品，向消费者进行商品推介展示的渠道，引起或激起消费者的购买热情，实现商品的销售活动，并通过邮寄的方式将商品送达给消费者的零售业态。顾客根据商店的订货单或广告，将所需购买商品的数量和款项用信函汇寄给商店，商店接到订单和汇款后，即将货物连同发票邮寄给顾客。这种方式可以节省顾客往返时间和费用，便于远距离顾客的购买。

4. 电视购物

电视购物从美国开始兴起，早期在美国约有12个购物频道，一直到20世纪80年代末期，才成功地商业化。1982年HSN（Home Shopping Network）全世界第一家电视购物公司在美国佛罗里达州诞生，随即席卷全美。电视购物是一种电视业、企业、消费者三赢的营销传播模式，目前在我国电视购物转型期存在着电视购物频道和电视直销广告相互竞争发展的局面，两种形态共生共存，相互竞争市场份额。

（三）直营店和加盟店的区别

通过直营店和加盟商的加盟店进行产品销售，两种方式在销售模式、产品定价、货款结算和信用政策等方面的情况如表8-1所示。

表8-1　直营店和加盟店销售的区别

涉及方面	通过直营店的销售	通过加盟店的销售
销售模式	通过公司直营店以零售方式向顾客销售产品（非商场专柜）；借助商场专柜以零售方式向顾客销售产品（商场专柜）	以批发方式对加盟商进行销售；加盟商通过其拥有的加盟店铺以零售的方式向顾客销售产品

续表

涉及方面	通过直营店的销售	通过加盟店的销售
产品定价	主要根据总体和分品类产品的外包生产成本和目标销售毛利率等因素确定零售价格；新品上市后，本公司将根据内部制订的具体产品生命周期规划以及时令和市场等情况，对销售产品进行适时的折价	主要根据总体和分品类产品的外包生产成本和目标批发销售毛利率等因素确定批发价格；批发价格以零售价格乘以货品预定合同中约定的基准折率作为结算价格；对于促销产品，其批发价格由公司根据促销活动的目的、方式、内容和活动范围等的不同，在产品成本价的基础上 加上一定的利润来确定
货款结算	以现金或POS机进行结算（非商场专柜）；在与商场合同约定的期限内，公司按照商场提供的结算单给商场开具销售发票，结算单金额为专柜销售给顾客的本公司货品零售额扣除商场折扣额后的结余金额，商场收到发票后将货款汇入公司账户	一般在货品配送至加盟商的加盟店之前即通过公司和加盟商的银行账户进行结算；自2007年开始，公司允许向部分优质加盟商赊销
信用政策	不涉及	根据加盟商以往的信誉情况，对优质加盟商给予一定的赊款提货额度；信用赊款提货额度最高不超过每季该加盟商提货额的三分之一

二、服装市场渠道特征

（一）渠道的长度与宽度

1. 渠道的长度

渠道的长度是指按照其包含的渠道中间商（购销环节），即渠道层级数量的多少来定义的一种渠道结构。通常情况下，根据包含渠道层级的多少，可以将一条渠道分为零级、一级、二级和三级渠道等。

零级渠道又称直复营销渠道，是指生产商通过上门推销、互联网销售、邮寄、电话销售。电视直销和其他方式直接将产品销售给消费者。

一级渠道包括一种销售中介、如零售商；

二级渠道包括两种中介机构；

三级渠道包括三种中介机构。

长渠道服装商品供应、配货反应迟缓，营销成本高，但渠道长可以扩大市场覆盖面。以内衣、衬衫、男西服、牛仔服装等品类为主的大众化品牌，通常采用长渠道营销方式。

2. 渠道的宽度

渠道的宽度是根据每一层级渠道中间商的数量的多少来定义的一种渠道结构。渠道的宽度受产品的性质、市场特征、用户分布以及企业分销战略等因素的影响。渠道的宽度分成如下三种类型：

密集型分销渠道，也称为广泛型分销渠道，就是指制造商在同一渠道层级上选用尽可能多的渠道中间商来经销自己的产品的一种渠道类型。

选择性分销渠道，是指在某一渠道层级上选择少量的渠道中间商来进行商品分销的一种渠道类型。

独家分销渠道，是指在某一渠道层级上选用唯一的一家渠道中间商的一种渠道类型。

（二）中间经销商

零售商是介于生产企业和最终消费者之间的一类重要中间商，是将产品直接销售给最终消费者的销售组织。零售商是分布最广、数量最多、与消费者生活最密切的组织。公司在建立渠道的时候需要识别可利用的中间商类型。商人中间商（如批发商和零售商）是取得商品所有权进行转售的中间商。代理中间商可以分为经纪人、生产商销售代表和销售代理商，他们帮助生产商寻找客户，并且有可能代表生产商与客户协商，但是并不取得商品的所有权。

服装行业里的代理商常常代表卖方。原则上，服装制造商通过契约授予销售代理商销售其产品的权利，在价格、地区、退货处理程序、送货服务品质担保及佣金标准等方面有书目协议。代理商熟悉制造商的产品线，并用自身广泛的分销网络来推销制造商的产品，对产品价格、交易条件等有较大的影响力。

案例　某品牌招商条件

省级代理商

- 折扣：33%。
- 退货率：净进货金额的15%。
- 进货指标：指标根据各个地区市场的不同，由区域经理拟订方案并报副总审批确定。省代最低年度净进货指标为150万，完成净进货额指标的150%，给予净进货部份0.5%的当季返点，未达最低净进货阶段考核指标，则该季客户退货率由原先的15%下降为10%。低折扣进货部分2折以下不计入考核范围，2折以上部分计入考核范围但不享受返点，指标按照季度考核，当季完成。

单城市代理商

- 折扣：年度净进货指标在35万以上客户40%供货，25万～35万的客户43%供货。
- 退货率：进货金额的15%。
- 进货指标：指标根据各个地区市场的不同，由区域经理拟订定案并报副总审批确定。单城市代理最低年度净货指标为25万。
- 净进货指标在25万～35万的客户，如年进货突破35万，可享受净进货部份7%的返点。
- 净进货指标在35万以上的客户，完成指标120%给予净进货部分2.5%的返点；完成指标150%给予净进货部分0.5%的返点（低折扣进货部分2折以下不计入考核范围，2折以上部分计入考核范围但不享受返点）。

- 净进货指标在25万～35万的客户，当年未完成指标，第二年更换客户；净进货指标在35万以上的客户，指标按照季度考核，未达到阶段考核指标，则该客户退货率由原先的15%下降为10%。

退货率

- 当季未使用完退货率，不允许累计到下季，公司给予客户未用完退货金额40%的返点。（本季内不得换款，换色，换码）

（三）服装市场渠道的变化趋势特征

激烈的竞争使众多企业认识到一个新的规律，当今市场的规则不仅是大鱼吃小鱼，更是快鱼吃慢鱼。企业要用创新的思维应对变革，在竞争中获得先机。创新在商业中是一条绝对的规则，谁能利用机会和市场中短暂的动乱，加速产品、技术、管理、品牌、人力资源的创新，谁就能在竞争中稳操胜算。渠道和通路是中国服装企业的生命线。如何突破传统渠道的"红海"，进入充满生机和希望的"蓝海"，商业创新将为中国服装企业和品牌找到一个新的出路。

现在百货商店不是"渠道商"，更趋向于"地产商"，产品、人员、装修都是品牌商的，因此百货商店更像"地产商"。

（四）服装品牌终端市场评价（图8-1）

形象店和旗舰店：形象店是指以比较完整的品牌形象进行产品销售的卖场，也称片区中心店。旗舰店是指在地段最繁华、规模最庞大、装修最讲究、品类最齐全、形象最完整的品牌专卖店也称城市中心店。两者一般设在专卖店和店中店内，一起担负着吸引品牌代理商的任务。但服装企业常常会面临这样一个问题：通常形象店或旗舰店的运营成本较高，存在亏损现象，可是能够为品牌提升整体形象，存在是否坚持继续开的问题。

生意店：一般的专卖店。创造现金流，生意业务的支撑。一个品牌不能全是形象店或者旗舰店，也不能全是生意店，这个平衡需要把握，大概一般在10%～20%的形象店，80%～

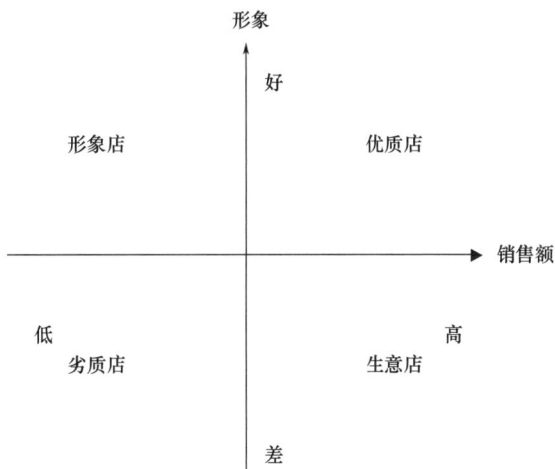

图8-1　店铺评价示意

90%的生意店。第一，盈利状况下，多开此类店铺；第二，亏损时，如果该店确实销售额高，加快商品周转，可变为"活动店或特价店"，以提高清货能力，此时可以保留此类店。

优质店：店址地段好，销售额高。多多益善。

劣质店：店址地段差，运营成本高，销售额较低，属于亏损店。任何时候，毫不犹豫关闭。

第二节　服装品牌厂商价值一体化

一、厂商冲突的类型特征

现在，厂家和商家之间产生的冲突是产业发展和渠道变革的必然结果。现阶段要避免冲突而走向健康发展的道路，一定要进行厂商价值一体化调整和改造。厂商冲突有很多类型，这里大致分为以下几种。

（一）对渠道和区域市场主导权、话语权的争夺

这是最根本的冲突，是战略上和生存模式的冲突。表现为厂家缩小经销商的区域，削弱其职能。这类冲突又可分为两大类：终端型市场的冲突和二、三级市场的冲突。

在终端型市场（直营）（如北京、上海、广州等），由于终端的扁平化、连锁化、集约化越来越强，导致厂家和终端要直接对接、对话，而对传统经销商来说，这就剥夺了KA卖场与经销商对话的权利。因为资源都集中在厂家手上，经销商没有资源，也就导致传统经销商被搁置：退化为物流配送商，对厂家的产品怎么卖、卖什么品类、如何定价等，经销商没有说话的权力。很多经销商在终端型市场上开始退了，但是也有些经销商不理解，不忍心退出这一块市场，所以就跟厂家进行博弈、纠缠。

另外，随着各种行业市场的成熟发展，竞争日趋激烈，现在很多行业的销售增量并非来自于一、二级市场，而是来自于二、三级市场甚至三、四级市场。很多企业认识到，在二、三级市场要精耕细作，而不是以前的跑马圈地。当厂家把目光转移到二、三级市场时，对经销商的要求就更高了：经销商要配合厂家，如果经销商不能再扎下去精耕细作的话，就缩小其区域或者更换经销商，从而引发冲突。

（二）短期的经营利益冲突

这是策略层面和合作模式的冲突。经销商为了追求短期利益，采取一些非正当手段销售：降价、窜货、乱价等，这种短期利益和厂家的长期利益之间存在很大的矛盾。厂家其实很为难，你经销商价格定得过高，量上不去，折扣或折价格过低，损伤品牌，那么到底应该怎样呢？所以厂方指导价或者零售价。

还有就是厂家的多渠道策略引发的冲突。一个区域本来是经销商一个人负责销售的，结果K卖场打价格战使得经销商利益受损，而厂家又不来管理，或者管了又不公正。经销商追求利润，而厂家更注重销量，因为厂家在生产过程中已经有了利润。

（三）日常管理上的冲突

这是操作层面的冲突，多由厂家的管理措施不到位引起。比如，厂家法律政策模糊不清，给经销商压货，要先款后货，到了结算的时候东拼西凑，厂家的业务员素质不高，编故事坑蒙骗经销商等；而经销商要么暴仓要么断货，经销商对厂家的做法不理解、逆反。

二、厂商冲突的深层原因

（一）战略层面的厂商冲突

这实际上是产业链下游之间重新回到产业链定位和产业利润区转移的问题。在产业链的利润区方面，以前是从厂家挪到渠道环节，现在挪到终端环节了。随着产业链上的话语权和利润分布的调整，导致整个产业链的上下游关系、话语权、领导权和利润都要重新配置、调整。

这种话语权的调整主要体现在两个方面：零售终端的崛起和厂家品牌资源的集中。这就导致传统经销商在产业链中的话语权被削弱，产业链的上下游结构发生变化。上游品牌越来越集中，于是厂家对经销商的要求更高——对二、三级市场的覆盖、对区域市场的搅动、对终端的维护和服务、及时的配送等。而经销商的职能、发育没跟上，导致"厂大欺商"，先款后货、配货、渠道铺货率等，如果做不到就要"剁"掉；下游的零售商也已经连锁化、集中化了，有了谈判力——店大欺商。单单中间的渠道是离散的、软的，缺乏谈判力，传统经销商在流通过程中没有不可替代的地位，两头受压。在此大的产业背景下，使得核心市场的话语权掌握在终端手上，二、三级市场的话语权掌握在品牌商手上，经销商都不知道该干什么了。任何人都不会自愿退出历史舞台，它要挣扎，一挣扎就产生冲突了。

这种冲突以前没有出现，现在出现了，而三五年以后这种情况就不会出现了，因为到那时渠道理顺了，国外的渠道冲突就很少。从深层次的战略角度来看，这是一种业态变化和转型过程中必然产生的阵痛。它不以人的意志为转移，理智的经销商应该看到，环境变了、时间变了、地点变了，要加快转型，你再不转型就要被时代和潮流抛弃了。这与中国经济经历的转型和升级是一致的。

（二）策略层面和合作模式上的厂商冲突

合作模式上的利益返点、厂商责权利、区域保护、多渠道冲突等问题，本质上是战略层面的因素导致的，表象原因就是厂家要提高对经销商的要求，要对渠道战略和渠道模式做一些调整，但是厂家和经销商之间在这个渠道调整过程中没有达成战略上的共识：不是厂家要经销商这么做，而是市场要求这么做。现在有些经销商认为是厂家在强迫经销商、淘汰经销商、玩弄经销商，实际上是市场竞争要淘汰经销商，因为有的经销商跟不上竞争的步伐。很少有经销商这样去理解、认识，这是厂商之间沟通方面的问题。厂商没有形成战略共识，主要的问题有三方面：

第一，厂家没有把这种战略的变化、行业的变化有效地灌输给经销商，厂家没有去教育、培训好经销商；经销商也要审时度势，需要转型，不能墨守成规。由于沟通不畅，厂商没有形成一条产业链条，使得厂商之间产生博弈关系。实际上应该是厂家和商家联合起来去跟终端和竞争对手博弈，现在却是厂商内部产生了博弈。

第二，由于厂商之间理念上沟通不畅，导致双方无法理解各自的做法，无法配合：厂家要精耕细作，要走量，要多渠道覆盖，覆盖不了就要让别人插进来覆盖；商家则希望跑马圈地，求利不求量、独家经营卖高价。厂家要压缩经销商或采用多渠道策略，没有和经销商达成共识：经销商应该量力而行，跑马圈地还不如"做透一块"，跑马圈地可能没有赢利模式，"做透一块"反而有钱挣。有的时候缩小经销商的区域范围可能对经销商来说是很好的战略选择，但是有些经销商没有认识到转变为精耕细作是他必然的选择，反而认为是厂家要他们这样做。因此在策略协同、配置协同等方面产生了冲突。

第三，多渠道冲突方面厂家有很大的责任，厂家在处理多渠道冲突的时候方法过于简单，处理的技巧和预见性比较差，精细化管理和技巧不够。一种产品一种价格体系，面对不同类型的终端——有些终端是冲量、薄利多销的，有些渠道是高服务高定价的，该如何满足不同渠道的需要呢？如何考虑区域的差异性而不是简单化处理？在渠道冲突中有些弱势人群受到冲击，厂家在安慰这些弱势人群的时候没有给他们足够的时间和机会去学习、提高、转型，导致他们一下子接受不了。厂家在处理这个问题上没有掌握很好的技巧，包括产品策略、价格策略、促销策略等，没有根据不同经销商的特点、不同区域的特点而进行差异化管理，而采用"一刀切"策略，导致厂商冲突。

（三）执行层面上的厂商冲突

很多厂家的要求过高，没有考虑到可行性和现实中经销商的支撑性。普遍的厂家都要求经销商有"进销存系统"，要帮助厂家搜集一些信息，而经销商既没有受到培训也没有工具，或者工具太复杂，有些经销商小学文化，对这些东西做不来，不是经销商不愿意做，厂家对这些指标的考核就会产生冲突。例如ERP系统，有些经销商可能没有感受到它的价值，所以抵触，那么可以采取培训、学习、参观的方法让其接受。

厂家在对业务员的管理过程中，没有要求业务员像客户顾问那样去帮助、指导经销商，更多的是利用和嫁接经销商的资源。业务员编很多故事给经销商压货，压完后就不管经销商了，按理业务员要帮助经销商动销，要让经销商挣到钱，而不是采取一种竭泽而渔的短期行为。其实，业务员也认识到这样不行，但是厂家的激励政策和管理措施不行，这是厂家的问题。在厂家没有很好的激励导向、业务员的素质和心态比较差、经销商经不住短期利益的引诱的情况下，冲突产生了。

归结结底是厂家通过短期激励措施来刺激经销商，经销商不够理性，还有业务员的推波助澜，搞短期行为。厂家只是一味地利用经销商资源，搜刮市场的潜力，而没有去培育渠道资源培育市场的潜力。所以，厂家的规定和政策的颁布要结合经销商的现实，做相应的宣导和培训，然后再来与经销商对接。厂家对经销商的激励方面要有短期激励也要有长期激励，对经销商的管理方面既要有激励也要有服务，既要给他压力又要帮助他销货，找到出路。

目前，厂家跟进不够，也就是说，公司对于经销商应该是服务型的公司，去满足和帮助经销商。从公司到经销商再到终端直至消费者，需要总公司的营销人员跟进，陈列人员、督导人员、店铺培训人员、AD科的人员都需要及时跟进，帮助经销商和终端。

三、解决渠道冲突的思路

（一）解决战略层面上的冲突

首先，厂家和商家的理念调整。这是产业链上整体的变化而导致的冲突，那就要求厂家对渠道的认识要转型，要求经销商战略转型，厂家和商家之间不应该是博弈关系，而应该是价值一体化的关系。

现代企业的竞争，不是一个经销商与经销商的竞争，也不是一个厂家与厂家的竞争，而是一条营销价值链跟另外一条营销价值链的竞争。（拔河，是整个绳子的用力；而且还要用合力，如果力分散化，那么就形不成合力，也就意味着每个点都要用力；）这种"链"的竞争就要考虑"链"上的每个环节都要很强壮，"节"与"节"之间要能协同，这样，"链"才能粗壮、有力、高效，才能打败那些松散的"链"（不结盟者）。大家都要认识到：厂家要打造这条"链"，经销商也要设法成为链中人；厂家要转变观念，经销商不是交易对象，是合作对象，是"链"中的一分子，谁也离不了谁，一荣俱荣，一损俱损。要以这种思想去管理经销商，要把经销商作为组织的外延，除了要输出良好的产品和优惠的政策外，还要向经销商输出文化、理念、人才、管理、信息，共同构筑战略伙伴，帮助经销商提升。因为企业在经营模式和营销模式的转型的过程中，如果没有经销商的配合是不可能的。

其次，厂家一定要有产业链的定位概念。以前是做"深度分销"起家的，终端很离散，渠道也很弱，没有话语权，但是厂家很强，有话语权，于是厂家就可越过渠道直插终端。现在发现厂家直接掌控终端不行了，为什么？效益越来越低。如果你不嫁接渠道经销商的资源而完全利用厂家的资源去做，你做不了。以前是因为太弱，大规模的生产没有大规模的分销作为配套，厂家被迫深入流通领域去构建自己的分销网络，以保证产业链上游制造效能的释放。

现在情况不一样了，已经有一批经销商发育起来了，经过十几年的发展，经销商已经完成了原始资本积累，开始企业化运作，各个行业出现了众多年销售额几十亿的经销商，他们做终端比厂家做得更好更有效。这时厂家再越过经销商去做终端，就不符合产业定位了。另外，市场发生了变化。以前中国市场的增长潜力来自一、二级市场，这些市场人口比较集中，消费密度比较大，厂家直接操作还有盈利，而现在不是，我们销量的增长来自小城镇（三、四级市场），这些地方地广客稀，尽管总量很大，但是需求密度很小。这时厂家扔掉经销商再直接操作的话就没有意义也不可能了。所以，源于"经销商成长起来了"和"厂家直控终端不可能"，使得厂家要重新思考渠道的价值和渠道的资源利用，要让经销商唱主角。

定位企业做哪方面？是否做直销？是否采用以经销商为主的营销渠道？还是以多渠道的营销模式为主？做哪些市场？定位在哪个层次的市场？企业应有所为有所不为。

（二）解决策略和操作层面上的冲突

厂商之间理念上要达成一致，协同上要做好。厂家除了向经销商提供产品和优惠政策外，还要提供管理、人才、信息；经销商应该及时转变观念、发育能力，借助厂家的培训平台、管理平台、服务平台、组织平台来发育自己的相关的组织能力，比如，区域市场覆盖能力、网络维护能力、市场推广能力、物流配送能力、人力资源管理能力等，实行企业化转型，来壮大自己发展自己。

厂家和商家在冲突转为协同的过程中，要因势利导，循序渐进，不要搞"一刀切"，欲速则不达，要给经销商一个足够的生长空间和转型的时间。厂家可以先做一个模板，找那些理念上先进一点的愿意与厂家配合的经销商合作，做出样板来，让经销商能看到"其实转型是能见利见效的"，看到成果，消除经销商的转型顾虑，这样经销商才能接受。并且，厂家在厂商关系的定位过程中要有一个逐渐递进的过程，把所有市场操盘的压力和责任一口气堆给经销商，他接不住，要做一个规划，逐步剥离：先把日常性的事务性工作交给经销商去做，逐步把一些推广性的工作和重要的工作交给经销商去做，循序渐进，慢慢把厂家的营销费用、资源转移到经销商那里去，并且把经销商的能力培养出来，让他接得住。厂家要合理定位，逐渐退出，成为经销商的顾问、培训师、市场管理者，而经销商成为市场的操盘者和经营者。厂家对经销商要有这样一个辅导、协助的过程。

当然，厂家要防止自己培育的经销商会反咬自己，就需要一面转移资源和培养经销商能力，一面与经销商加强理念沟通、文化建设、长期激励（如互相交换股权，进一步渗透）。现在我们奖励经销商是一年一年地奖励，我们对经销商的管理都是短期激励。实际上国外的做法不是这样——如果连续三年完成任务的话，另外再奖励你一点股份或更大的奖励，采用累积奖励，逐步提高经销商的转移成本。对经销商的管理要转变过来，以前是命令式的、连蒙带骗的、短期激励的，现在是理性沟通的、相互协同的、长期激励的，这种合作模式的变化会带来厂家对经销商管理模式的变化，包括资格审查、合作方式、激励方式、掌控手段等都得发生相应变化。要加强厂商间的文化建设、沟通，要加强流程和管理规范的对接，实现组织的融合（用宝洁的话讲是无边界营销）、厂商价值的一体化。融合起来了，你转投就比较难了。这一块做得比较好的国内有步步高，他们对省级代理做得非常好，步步高的营销部门只有六十多人，但却销售几十亿，多是通过省级代理亲自操盘市场，公司的营销部门只相当于"别动队"，巡查、指导市场，把营销职能交给代理商的同时，还会加强对代理商的渗透，给代理商股份。

解决厂商冲突有这样一个过程：从短期激励变成中长期激励，由简单的交易服务变成综合服务，包括文化、人力资源、组织、流程对接和规范对接上的服务，逐步实现厂商价值的一体化。通过这样一些解决方法，才能从根本上解决厂商冲突。在一些具体的操作细节上要提高业务员的素质，培养业务员的能力，让他们有足够的能力去指导、帮助经销商，要以市场的中长期发展为基础来考核业务员。另外，还要加强渠道的管理、市场的维护，保障经销商的权利和利益。不是厂家把风险转移到经销商那里，也不是经销商把风险转给厂家，而是要共同协作，把风险降下来。应该以这个思路去调整我们的管理思路、方法、激励手段，这是保证我们能从理念、策略、操作层面上解决厂商冲突的关键。

四、实现厂商一体化的路径

（一）厂商价值一体化的核心思想

厂商价值一体化就是厂家策略性的利用资源，调度经销商共同开发市场，进行销售网络的精耕细作，拓展销售渠道的深度和广度，达到厂家销售网络向市场纵深延伸。在具体操作层面，厂商价值一体化主要体现在厂家营销计划和经销商的对接，通过厂家业务人员对经销商的指导、业务拓展、市场监控与考核、经销商激励等工作，提升经销商的市场运作能力。

（二）厂商价值一体化实施路径

1. 降低销售重心（销售组织扁平化）

分公司完善区域内的销售网络布局，对中心城市及周边的二级城市进行销售网络优化，对三、四级市场进行销售网络规划。终端型的区域（如北京等）在对市内的终端进行精耕细作的同时，对郊区（县）的市场完成销售网络规划，确定重点开发地区。

与经销商充分沟通，建立明确的市场开发计划，有侧重点地集中资源（人、财、物）开发重点市场，切入初级市场，通过县级市场辐射乡镇，树立标杆，强化经销商信心，努力做到开发一处，成功一处；成功一处，辐射一片的效果。因此"精耕细作""做透一块""吃着碗里，看着锅里"都是营销人员必须做到的。

2. 强化终端推广

分公司业务人员与代理商和经销商的业务管理人员共同制订终端推广方案（按照区域开发的不同程度进行区分，如已经掌控的终端，重点是提升销量，打击竞品；新开发的地区，重点考虑提升人气，渲染氛围，巩固终端等）；确定各自的资源投入，针对不同终端类型（A/B/C类终端）、门店的位置、经销商特征、区域消费习惯等因素，综合制订推广的具体手段和要求达到的目标。

制订灵活的促销组合，包括消费者促销和终端促销。消费者促销就是完成对消费者的教育过程，通过横幅、广告、软文等介绍产品功能。终端促销就是在终端完成产品功能的解读和提升，如店外秀、现场演示、买赠等方式。同时在促销活动结束后，及时对促销活动进行总结，找出其中的不足，在下一次的活动中避免重复出现。

通过一、二级市场终端的促销活动，提升终端的销量，加强对竞争对手的压制，进行销售渠道精耕细作；而在三、四级市场的推广活动，能够启动市场，开发终端，提升经销商的信心，完成以点代面，盘活全局。

在终端推广的同时，要结合不同门店的种类（A/B/C类）进行产品组合，针对终端竞品的价格、终端的业态种类、终端区域的经济状况和消费者消费习惯，确定有针对性的出样，通过有效出样和标准的陈列，达到吸引消费者，提升销量的目的。

在产品方面，重点考虑以下几方面：促销款（吸引消费者）、基本款（保证购买量）、畅销款（保证利润）、经典款（保证形象），考虑产品价格、利润、品牌形象、主力产品。

分公司业务人员在终端推广上积极带动经销商业务人员一同参加，在计划制订、费用预算、活动实施等方面指导经销商业务人员，逐步发展经销商业务人员的终端推广能力，经过一段时间的培训和帮带，使其具备独立操作能力，在其他终端举办促销活动时，经销商能够自己操作。

3. 发育核心终端

在完成销售重心下移，重点通过促销等推广活动来发育核心经销商。在县、镇级地区，采取扶持一家主力经销商的策略，通过与一批商的紧密合作，开发下级经销商。

由于目前开发并未到三、四级市场，或者仅仅是简单地铺货到三、四级市场（其实没有去经营产品和品牌），经销商忠诚度不高，缺乏维护。一批商由于缺乏牵引，不重视这类市场。在这种情况下，分公司要积极引导一批商进行渠道深化，同时通过促销等推广活动拉动这类市场，分公司业务员深入一线，运用产品组合（如促销款）、资源投入等手段启动市场，让一批商看到市场潜力，同时也可以找到主力经销商。

进行周期性的终端维护工作，包括定期寻访，了解竞争对手产品状况，及时采取有针对性的解决方案（产品出样组合、产品价格调整）；了解经销商的实际困难，提供培训；指导经销商进行促销活动（现场演示、品牌氛围营造、推广活动举办）；协调代理商与经销商的关系，保证营销计划的有效执行。

4. 灵活配用资源

分公司制订年度（季度、月度）营销计划后，分解到各业务员所负责的区域，由业务员与经销商进行充分的沟通，最终达成一致。经销商明确自己的目标和奖励后，再进行内部任务分解，制订相应的营销计划，与分公司进行计划对接。下次也可以根据经销商的市场目标和计划来分配资源，包括资源的分配、人员的分配。

在向经销商进行任务目标分解时，不要一味地进行简单的压制、命令甚至威胁，而要通过策略性的资源配置，牵引经销商按照分公司的意图去做事。通过赠品、促销品、专柜、导购员、特价、产品区隔、返利等相关手段对经销商进行引导，让其认识到只有销量做上去，收益才能增加。

对于能够完成任务的经销商，适当配置资源；对于能够超额完成任务的经销商，要加大资源投入，增加业务辅助人员、加大赠品投入、投入专柜等促销品、联合举办促销推广活动、在产品上进行特价的支持、增加相关盈利等来拉动销量，协助经销商完成任务。同时将业务员的业绩考核与经销商任务进行捆绑，建立利益一体化。对于认为任务制订高的经销商，可以适当调减资源投放，使资源投入与任务产出相一致。

通过上述资源策略的投入，调动经销商的销售积极性，辅以分公司业务员积极开拓市场，帮助经销商完成任务，起到作为经销商管理者和经销商业务员的双重作用，而不是资源简单的1:1配比使用。简单的资源1:1实际上是分公司资源的使用投入转移到经销商层面，对公司只是简单的资源转移，没有起到调动经销商的作用。

确立经销商营销相关目标后，业务员在完成对经销商的业务辅导时，也要对经销商的工作计划进行检查和考核，按照考核结果进行相关的资源兑现，对未完成的目标进行反思、总结，找到未完成的根源所在，及时改进方式、方法，纳入下阶段计划目标。

5. 提升渠道能力

除了个别经销商实力雄厚、管理规范外，绝大部分经销商目前尚处于个体户向公司化过渡阶段，这阶段的经销商由于业务发展快，业务人员相对缺乏。分公司在建立厂商价值一体化的过程中，着重要帮助经销商阶段性的营销计划（包括销售计划、费用预算、推广计划、资金计划等）制订，保证与分公司的计划进行对接。执行，帮助经销商实施终端推广活动，建立导购员、店长管理规范，通过传、帮、带，提升经销商业务人员的管理水平。经销商管理水平提升后，就能够更好地对下级经销商进行有效管理和指导，延伸分公司的营销触角。

帮助经销商执行计划，根据终端类型、终端分类、竞争对手产品及消费者分析等仔细分析产品，明确各出样产品的定位、价格，保证产品的市场竞争力。逐步使经销商具备产品分析能力，吃透产品，有效地出样。在进行销售网络下移后，经销商能够指导下面经销商有效进行产品组合，提高产品竞争力。

分公司通过政策吸引、业务指导经销商，使经销商成为区域计划的制订者，执行者。同时提高经销商的市场管理和运作能力，策略地开发三、四级市场，维护终端，使经销商真正成为分公司的销售延伸组织，实现真正的厂商价值一体化。

6. 转换业务角色

在实施厂商价值一体化的过程中，分公司要将自己定位于区域市场的规划者、前期市场的开发者、计划的落实者和经销商业务的管理者。分公司业务员要改变以前单纯向经销商压货的角色，成为经销商困难的解决人员，帮助经销商开发三、四级市场，进行市场维护，协助、引导经销商制订营销计划和预算，提升经销商管理能力。

分公司的业务员在帮助经销商成长的过程中，还要成为经销商的监督员（市场督导）。检查市场开发情况和计划落实情况，完成对经销商工作的考评，对考评结果与经销商进行充分的沟通，达成一致，再制订下阶段的计划，逐步完成目标。

第三节　市场拓展与营销策略设计

一、销售计划的分解与落实

各个店铺销售目标根据销售历史、节假日销售和销售预期等指标，分解每月、每日的销售目标，甚至将销售目标分解至各个店员，并通过对各个终端销售和目标完成百分比进行排名，激励各个终端销售。

二、营销费用控制

（一）按职能分解

基于店铺销售，各职能点占销售的费用比例分别为：广告宣传（2%）、零售店展示（2%）、卖场（3%）、促销活动（含赠品物料，2%）、营销队伍和促销员薪资奖励（2%）、差旅通讯办公费（1.5%）、储运费（1.5%）。其中：总部直接支配占6%，办事处直接支配6%。

（二）按地区分解

每个地区首先按市场增长潜力划分为新市场、成长市场、成熟市场或衰退市场，不同类型市场对其销量增加和费用投入设置不同的系数。具体计算方法是：某地区明年市场营销费用=今年销售净额×（1+明年销售净额成长率）]×[全国各办事处平均营销费用率×本地区市场营销费用率系数。

营销费用率系数：新市场（1.5）、成长市场（1.3）、成熟市场（1）、衰退市场（0.7）。营销目标分解之下达时，最好将销售量和销售额目标加上5%~10%，而营销费用最好留10%弹性资源，以应变可能的市场变化。

三、店铺运营技巧

（一）加强高单销售意识，提升销售额

每位客户经理都具备"多拿一件"的意识，给顾客推荐的时候，以"套"为单位去推给顾客，一次就是一套或者两套甚至更多，以这种搭配的方式去达成高单。在销售奖励方面，对一件单没有奖励，而提高第二件、第三件产品的销售奖励，鼓励店员熟悉货品，提升销售技能，多推销多搭配，实现成套销售高单，提高客单价。

（二）店员推销以套代件

服装品牌主要以成套搭配展示，这种展示法既节省了空间增加了展示量，又辅助了销售，品牌的销售模式是使买一件的顾客买一套，买一套的顾客买两套。

充分利用移动货杆出高单，在移动货杆的利用上做到真正"物尽其用"。有店铺把移动货杆当作了陈列的货架，其实是不清楚移动货杆的作用。有顾客在试穿第一套服装时，后面的几套搭配早已挂在了移动货杆上，这样一来，搭配的数量越来越多，当然更容易出高单。

（三）增强新品动销率的意识

在店长的带领下，新品到店第一周进行货品领养并在本系列中进行搭配（试穿），一周时间总结销售并交流分享，如果一周之内未能动销，进行跨系列搭配的尝试。另外结合相应的奖罚制度，激发销售激情。

第一步，新品到店前三天，区域货品专员、陈列、督导给予店铺规划，新品到店两天内店铺自己先进行货品学习。对于新的货品有初步的认识，在学习时必须加入饰品的培训。

第二步，第一周对于本店铺的核心顾客进行预约。销售时先在同系列中多套搭配。先推销比较有难度的货品给核心VIP顾客，提升动销率。

第三步，第二周对于店铺没有销售的SKC客户经理进行认领，见客必推，试穿必拿。用这种方式提升动销率，向100%动销率进军。

备注：产销率和库销率的区别：

服装产销率是指在一定时间内销售的总数与实际订货总数的比率。产销率并不能反映销售的绝对值，但是可作为检验订货效率的最大指标。产销率低说明其销售状况差，产销率高则表示订货数量少，其利润没有达到最大化。

库销比指的是某段时期内商品期初库存与当月销售额的比例，库销比处于3.5～5属于健康的范围。库销比过高，意味着库存总量和库存结构存在不合理，资金周转效率低；而库销比过低，则意味着库存过低，销售没有最大化，应该及时补货。

第九章 中国中高档女装品牌研究

第一节 中国女装品牌现状及市场分析

随着市场经济的快速增长，我国女装业也获得了长足发展。女装作为服装行业的主要部分，在中国女性消费观念进一步开放的促进下，市场规模稳定增长。每当走进一家家大型百货商场、购物中心、服装商城，眼中闪现最多的是女装的"身影"，它们占据了大多数商场的整整一层，甚至是三四层。近十年中国女装的发展是令人惊讶的，产量、内销、出口都保持着较高的增长率，成绩斐然。

一、中国女装的特点

（一）区域化

中国女装经过多年发展，集约化程度逐渐提升，形成了杭派、粤派、海派、闽派、汉派等几大派别，各派都凭借自己的特色取得了不小的成就，因此产品设计的区域特征十分明显。比如杭州女装，具有浓重的江南水乡文化气息；粤派由于临近港澳地区，时尚感较强；汉派则以颜色鲜艳为特色等。各地女装凭借自己显著的区域特点，推广区域品牌，形成一定规模后开始进军目标城市。

（二）个性化

追求自我风格已成为当今消费者着装的主流。摆脱了传统观念束缚的中国女性正以新的姿态扮演着社会角色，服装作为表达自我个性及自我追求的外在显示，女性着装意识发生了翻天覆地的变化。色彩、款式最能表达人的个性，中国女性对独特的色彩搭配和款式的要求越来越高，具有个性特征的女装是当今女性消费者的首选，而个性化也成为了女装生产企业成功与否的关键因素。

（三）国际化

凭借劳动力低廉的比较优势，我国女装业具有相当的国际竞争力，外贸加工和"贴牌"生产规模的扩大也将国外先进的女装设计理念带到了中国，与国际接轨已成为中国女装出口的显著特征。在欧美，无论是沃尔玛、卡玛特、TARGET 这样的大型超市，还是遍布街头的专业店和折扣店，都经常能看到形形色色的中国女装。

二、中国女装市场存在的问题

庞大的女装市场为经济的增长提供了广阔的空间，但是中国女装也正面临着十分严峻的考验：市场占有总量的扩大，源自利润空间的压缩；女装市场的日益繁荣，伴随着一些企业的亏损或濒临亏损，更有甚者亏损已经达到20%以上。同时，在中国的时尚界，女装也远远没有达到男装那么强烈的品牌效应，伴随着女装品牌的似乎就是女性那种与生俱来的"娇美却也柔弱"，无论是定位、渠道及售后等，基本功多数远没有男装来得扎实。

（一）品牌定位重复与空档

许多中小女装企业对于品牌的重视程度不够，以低质、无创造性、模仿为主，使得中低档市场供过于求。且女装品牌的竞争多在价格上做文章，使得市场竞争进入"恶性循环"。这种重复定位可以获得短期利益，但是无法形成与其他品牌区分的品牌风格、品牌个性甚至品牌文化。在重复定位的同时，市场也存在着空档。过度专注于抢占风险更小的市场使得品牌定位集中化现象严重，对于细分市场和不同女性需求调研的缺乏，加上设计、创新能力的不足，暴露出了品牌定位不足的问题。

（二）品牌延伸盲目

当今的市场中，涌现了一批有相当美誉度和抗风险性的品牌，但从总体上看真正能经受市场考验的强势品牌却并不多见。品牌延伸，是对消费者的信任透支和品牌资产的稀释，由于产品线延伸没有超越企业已有的经营领域，因此看起来更容易操作，但在究竟选择什么样的相关产品，是否符合提升品牌的核心价值上缺乏定位。不少企业把这种选择称之为"打造时尚产品"和"营造生活方式"，但企业的品牌实力到底有多强却没有在考虑之中。

（三）"区域品牌"突破难

中国的大多数女装品牌大多有着强烈的地域韵味，真正能够做到全国性规模且具有全国性影响力的品牌却并不多见。例如，毗邻香港、澳门的深圳和广州由于地理位置及交流的方便吸取了大量的港澳文化，因此以港澳时尚元素及设计理念的深圳和广州的服装更能打动广州的女性；带有浓重的江南文化气息且设计秀美、款式娇小的杭州女装更适合于小巧、娇美的杭州女性；武汉的女性则更喜欢武汉那些注重浓重的色块、鲜艳的颜色搭配的当地品牌。但是就目前的市场而言，深圳女装的"品牌区域"问题相对要好一些，很多深圳女装在江浙一带也有非常好的销量，如Marisfrolg、歌力思等。这是因为随着经济的发展和文化的提升，人们的审美和接受能力有了很大的改变，同时，深圳和江浙一带的女性在身材、体型上差异不大。"区域品牌"相互之间突破难的还是北方市场与南方市场。如白领，在北方市场销量非常好，但是在南方市场却很少有店铺；JNBY是典型的杭派女装，在江浙地区已有了不小的名气，但是却很难进入北方市场。这正是由于地域所造成的风俗与文化的不同。就拿南北方女性来说，她们在身材、体型、气质、穿着习惯上存在着诸多差异，其对于国际流行时尚的接纳速度和程度也存在差异。因此，经过多年发展的中国女装依旧带有明显的区域特征。而国内的全国性女装高端市场几乎全被国外品牌所占领，能走出国门的女装品牌更是寥寥无几。

（四）渠道掌控力较差

由于中国地域广阔，尤其是广大内地县市级二级市场的分销渠道较长，快速地占有渠道，树立品牌形象，成为品牌女装经营的主要课题。但是在快速扩张的同时，也会出现一些问题，例如：真正在进行产品开发的设计师得到的市场反馈消息比较滞后，从而导致设计师设计出来的产品无法让消费者满意。

三、中国女装品牌市场占有率情况

（一）全国女装市场份额

由图9-1可知，2015年2月，全国大型零售企业共售出各类服装4344万件，其中女装零售量为1203.32万件，同比增长64.47%。十大主销商场共销售女装566.16万件，占全国零售量的47.05%（图9-2）。女装的销售量占了服装销售总量的四分之一，可见中国女性消费能力大，市场空间非常广阔。

根据图9-3分析得知，2015年2月，女装市场前十位品牌市场综合占有率合计为26.69%，市场中各品牌的市场综合占有率均在10%以下，市场竞争激烈。其中ONLY和VEROMODA占据排名的前两位，市场综合占有率均超过5%；第三至第十位品牌市场综合

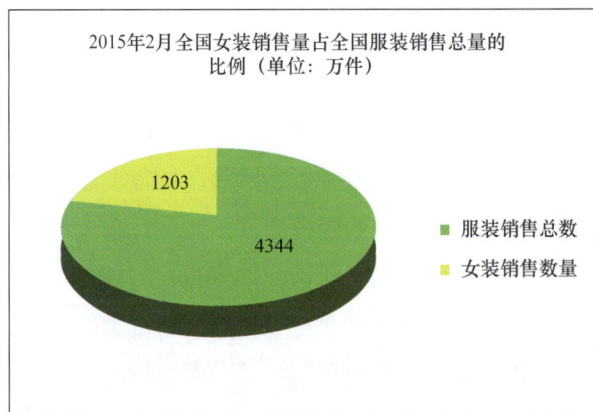

图9-1　2015年2月全国女装销售量占全国服装销售总量的比例

女装十大主销商场（单位：万件）

排序	市场名称	零售量
1	大连大商集团有限公司	102.22
2	重庆商社（集团）有限公司	81.43
3	天虹商场有限公司	71.04
4	山东银座商城股份有限公司	54.71
5	辽宁兴隆大家庭商业集团有限公司	53.08
6	重庆商社新世纪百货有限公司	44.07
7	长春欧亚集团股份有限公司	42.05
8	武汉中商集团股份有限公司	40.33
9	北京王府井百货（集团）股份有限公司	39.87
10	重庆百货大楼股份有限公司	37.36

图9-2 2015年2月女装十大主销商场

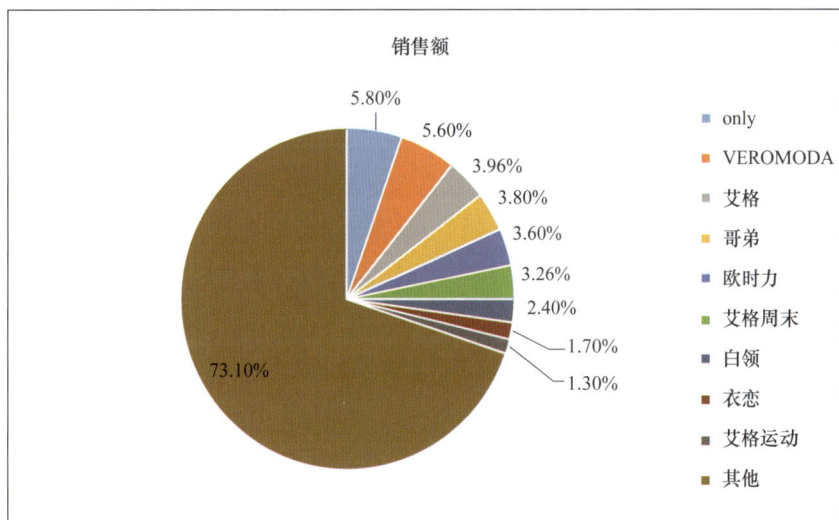

图9-3 2015年2月全国重点大型零售企业女装前十位品牌市场综合占有率

占有率均不到4%，依次是艾格、哥弟、欧时力、艾格周末、TeenieWeenie、白领、艾格运动和衣恋。在前十位品牌中，前三名均为国外品牌，依次是ONLY、VERO MODA和艾格，这表明我国自主女装品牌面临的形势非常严峻。但同时也发现，这些领先的主要品牌大部分集中在百货商场，占了很大的市场份额。

（二）全国百货商场排名

根据表9-1，2015年国内部分大型商场销售业绩排名可以看出，南京、深圳、上海的销售业绩比北京、广州要好，南京德基广场2015年总业绩达到70.2亿元，相较于2014年同比增长5.7%，涨幅相对较小，说明南京消费趋势趋于平缓；深圳万象城2015年总业绩为62

亿元，与2014年相比没有增长，销售业绩相同，说明万象城近两年销售稳定；上海IFC、北京西单销售业绩相较于2014年明显增加，同比增长都超过10%；其他排名五到十位的商场同年销售业绩都不到40%，销售增长缓慢。

表9-1　全国百货商城排名

国内部分购物中心2015总业绩排行					
排名	商场名称	城市	2015年总业绩（亿元）	2014年总业绩（亿元）	同比增长（%）
1	德基广场	南京	70.2	66.4	5.7
2	万象城	深圳	62	62	0
3	IFC国际金融中心	上海	50	43.5	15
4	西单大悦城	北京	40.4	36	12.2
5	港汇广场	上海	36	39	−7.7
6	太古汇	广州	36	31	16.1
7	新世界城	上海	35	35	0
8	恒隆广场	上海	35	30	16.7
9	武汉国际广场	武汉	34	40	−15
10	武汉广场	武汉	32	33	−3

第二节　中高档女装品牌市场分析

一、中高档女装品牌市场占有率情况

以下以2015年4月市场数据为例进行分析。

（一）2015年4月女装前十位品牌市场综合占有率

如图9-4所示，2015年4月全国重点大型零售企业女装前十位品牌中高档女装品牌有六个，它们分别是排名第三位的哥弟、第四位的玖姿、第五位的声雨竹、第七位的阿玛施、第九位的宝姿和第十位的奥菲欧。其中前五位排名中，中高档女装品牌就有三个。这说明中高档女装品牌在整个女装行业中占据了非常重要的一部分，它的销售量也占了整个女装市场很大的比例。

（二）2015年4月女装前十位品牌中中高档女装品牌占比

从图9-5可以看出，2015年4月份全国重点大型零售业中高档女装品牌占比中，vero moda、only在中高档女装市场的占有率最高，均超过10%，哥弟的市场占有率也接近9%，

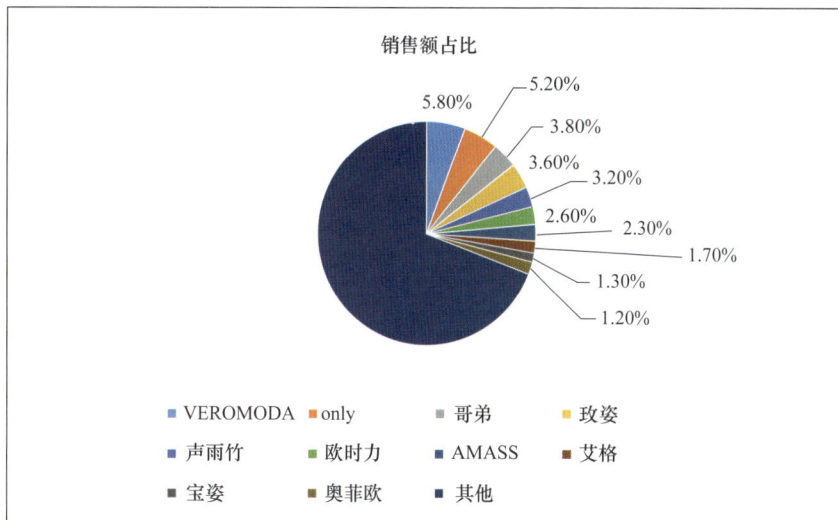

图9-4 2015年4月全国重点大型零售企业女装前十位品牌市场综合占比

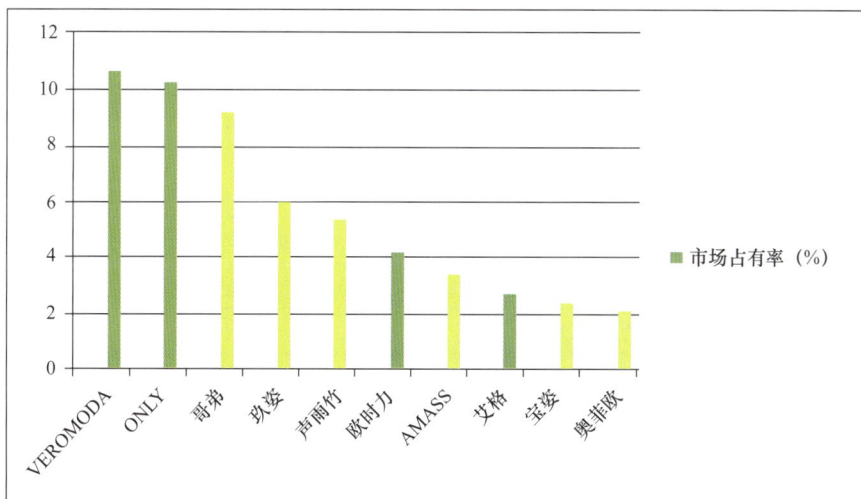

图9-5 2015年4月全国重点大型零售企业女装前十位品牌中高档女装品牌占比

玖姿、声雨竹、欧时力、AMASS、艾格、宝姿、奥菲欧等品牌的市场占有率较少，尤其是宝姿与奥菲欧，仅占2%左右。

（三）2015年4月中高档女装品牌区域市场占有率

在全国六个区域的女装市场前十位品牌中，中高档女装品牌占了很大的一部分比重。如哥弟几乎在六个市场都有分布，并且在东北市场、华东市场和中南市场的排名均在第一位，在西南市场排名第二位，在华北市场排名第六位，说明哥弟在全国范围内的销售量和影响都非常大。另外还有玖姿、敦奴、阿玛施等品牌，也有非常好的业绩。

不容忽视的还有bestseller公司旗下的ONLY、VERO MODA在整个市场环境中也有非常好的成绩，ONLY、VERO MODA这类快时尚品牌在中国大陆地区运作得非常成功。虽然价格不高，但是它们所产生的销售额是惊人的，如表9-2所示。

表9-2 2015年4月各区域市场女装品牌前十位占有率

中南市场			东北市场		
序号	品牌	市场综合占有率（%）	序号	品牌	市场综合占有率（%）
1	哥弟	6.81	1	哥弟	7.65
2	欧时力	6.24	2	ONLY	6.39
3	朗姿	3.35	3	玖姿	5.70
4	声雨竹	3.20	4	Teenie Weenie	4.30
5	卡迪黛尔	2.93	5	VERO MODA	4.05
6	阿玛施	2.46	6	EXR	2.51
7	艾格运动	2.13	7	蕾朵	2.51
8	娜尔思	1.97	8	娜尔思	2.19
9	影儿	1.72	9	burberry	2.15
10	MODE	1.58	10	简凡	2.05
华北市场			华东市场		
序号	品牌	市场综合占有率（%）	序号	品牌	市场综合占有率（%）
1	ONLY	8.14	1	VERO MODA	6.80
2	VERO MODA	6.66	2	ONLY	4.87
3	玖而美	5.26	3	哥弟	4.45
4	柯里亚诺	3.82	4	玖姿	2.84
5	白领	3.79	5	奥菲欧	2.69
6	哥弟	3.41	6	劲草	2.18
7	赛斯特	2.34	7	宝姿	1.86
8	朗姿	2.30	8	艾格	1.81
9	阿玛施	2.18	9	柯罗芭	1.53
10	ST.JOHN	2.07	10	玛丝菲尔	1.51
西北市场			西南市场		
序号	品牌	市场综合占有率（%）	序号	品牌	市场综合占有率（%）
1	敦奴	5.86	1	声雨竹	10.03
2	艾格	4.67	2	哥弟	9.56
3	红人	4.66	3	ONLY	9.19
4	雅莹	4.62	4	VERO MODA	9.03
5	玖而美	4.69	5	文君	4.20

续表

	西北市场			西南市场	
序号	品牌	市场综合占有率（%）	序号	品牌	市场综合占有率（%）
6	蕾朵	3.49	6	Teenie Weenie	3.82
7	VERO MODA	3.42	7	阿玛施	3.74
8	歌力思	3.25	8	衣恋	3.49
9	歌莉娅	2.73	9	玛丝菲尔	3.45
10	EIN	2.70	10	宝姿	2.02

从图9-6中可以看出，国内中高档女装品牌大多集中在华东市场、西北市场、西南市场。其中华东市场中前十位女装品牌中的中高档女装品牌就有七位，表明这一地区中高档女装品牌消费份额比较大，中国高档女装市场消费能力强。中南市场和东北市场中女装品牌较少，且中南市场中的中高档女装品牌所占的市场份额也较少，排名靠后。西北市场与西南市场中高档女装品牌都有五个，但西南市场的中高档女装综合占比要高于西北市场中高档女装品牌的市场占比。

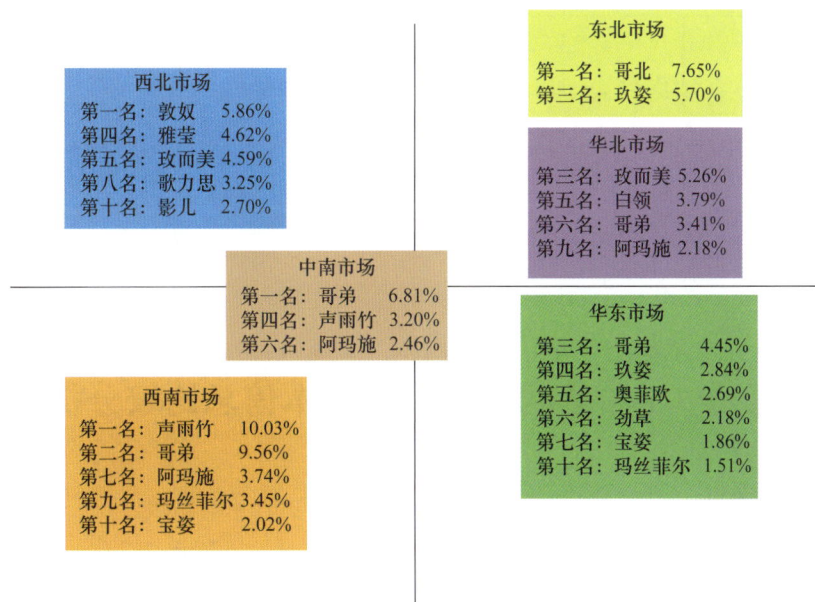

东北市场
第一名：哥北　7.65%
第三名：玖姿　5.70%

西北市场
第一名：敦奴　5.86%
第四名：雅莹　4.62%
第五名：玫而美 4.59%
第八名：歌力思 3.25%
第十名：影儿　2.70%

华北市场
第三名：玫而美 5.26%
第五名：白领　3.79%
第六名：哥弟　3.41%
第九名：阿玛施 2.18%

中南市场
第一名：哥弟　6.81%
第四名：声雨竹 3.20%
第六名：阿玛施 2.46%

华东市场
第三名：哥弟　4.45%
第四名：玖姿　2.84%
第五名：奥菲欧 2.69%
第六名：劲草　2.18%
第七名：宝姿　1.86%
第十名：玛丝菲尔 1.51%

西南市场
第一名：声雨竹 10.03%
第二名：哥弟　9.56%
第七名：阿玛施 3.74%
第九名：玛丝菲尔3.45%
第十名：宝姿　2.02%

图9-6　2015年4月中高档女装品牌区域市场占有率

二、中高档女装品牌目标消费群体分析

中高档女装的目标消费群体的年龄跨度比较大，年龄层次一般可以分为三个阶段，依次是中青年18～30岁，中年30～45岁和中年以上45～60岁。并且每个层次的消费群体又有着自己特有的生活方式和消费习惯，因此中高档女装品牌也根据不同年龄层的消费群体表

现出不同的设计风格，但是都有一个共同点就是都能体现出一种大气简约、成熟知性的特质。再者从这三个年龄段所拥有的人口数量来看，整个中高档女装的目标消费群体共有三亿人左右，可见这个比重是很大的，由此也可以得知，中高档女装的需求量是非常大的，销售空间非常广阔。具体如表9-3所示。

表9-3　消费群体分析

年　龄	人口数量	消费群体特点	购买特点
18～30岁	人口在8640万左右，其中女性人口略多于男性。	该群体有一定的经济基础，敢于尝试新事物，购买欲望强烈，容易接受各种新品牌。属于追求流行时尚，个性前卫的市场引导群体，该群体市场容量较大，但是竞争也非常激烈	该年龄段的消费群体购买频率最高，在总体购买群体中是购买金额最大的群体
30～45岁	人口在1.5亿左右。	该群体是消费群体中经济基础最为雄厚的群体，有较强的购买欲望。但该群体大多数人的人生观和价值观已相对成熟，因此对产品风格、流行时尚有自己的喜好和见解，其中相当一部分人已有自己喜好的品牌，对新品牌的接受程度比较低，购物时理性居多。该群体市场容量最大，目前已有相当数量的品牌位于该细分市场，因此新品牌的市场进入难度大	该年龄段的消费群体是服装消费的最大群体，并且是消费群体中购买单件服装价值最高的群体
45～65岁	人口在1.2亿左右	该年龄段的消费群体对服装有一定的高阶需求（即品牌需求）。目前市场上适合该年龄段的服装品牌较少，往往是有购买欲望时却找不到适合的服装品牌	该年龄段的群体其前期积累较多，因此该群体的服装购买能力不容忽视。但是该细分市场并不能成为众多时尚休闲品牌争夺的目标市场，因为市场容量毕竟不是主力

第三节　中高档女装品牌基本信息比较分析

一、品牌主要信息

如表9-4所示为各品牌主要信息比较，将各个中高档女装品牌，从品牌标识、品牌创立时间、品牌注册地、品牌产地、品牌风格、相似品牌等信息进行对比分析，可以看出不同风格、不同产地的品牌差异。

二、品牌风格定位分析

如图9-7所示，将中高档女装品牌按照从古典到现代的风格、从优雅到现代的风格以二维的方式进行定位，我们可以更加清楚地分析出，不同风格下品牌的定位不同。

表9-4　各品牌主要信息比较

品牌	英文	LOGO	创立时间	注册地	产地	品牌风格	姐妹品牌
哥弟	GIRDEAR		1977	中国台湾	中国广州	追求精致、简约、大气	AMASS
玖姿	JUZUI		1995	意大利	中国海宁	精致优雅、浪漫热情、知性大气	尹默
敦奴	DUNNU		1987	巴黎	中国海宁	简约、高雅、时尚、经典	LOVE WIN
雅莹	EP		1997	意大利	中国嘉兴	简洁、高雅、时尚、经典，缔造东方时尚女性	TBF elena.miro ELEGANT. PROSPER

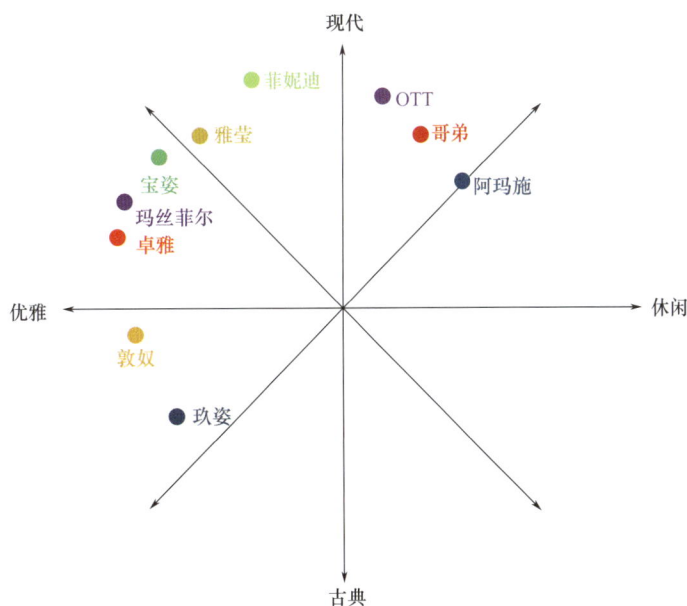

图9-7　中高档女装品牌风格定位

　　图9-8所示为品牌市场格局图，通过直观的表达方式，将品牌按照价格以及线下店铺数量划分，可以看出品牌的定位与市场占有率，充分直观地展现了中高档女装的市场格局。

三、产品价格及流行度定位分析

　　如图9-9所示，将中高档女装按照服装的价格与服装的流行程度进行划分，服装的流

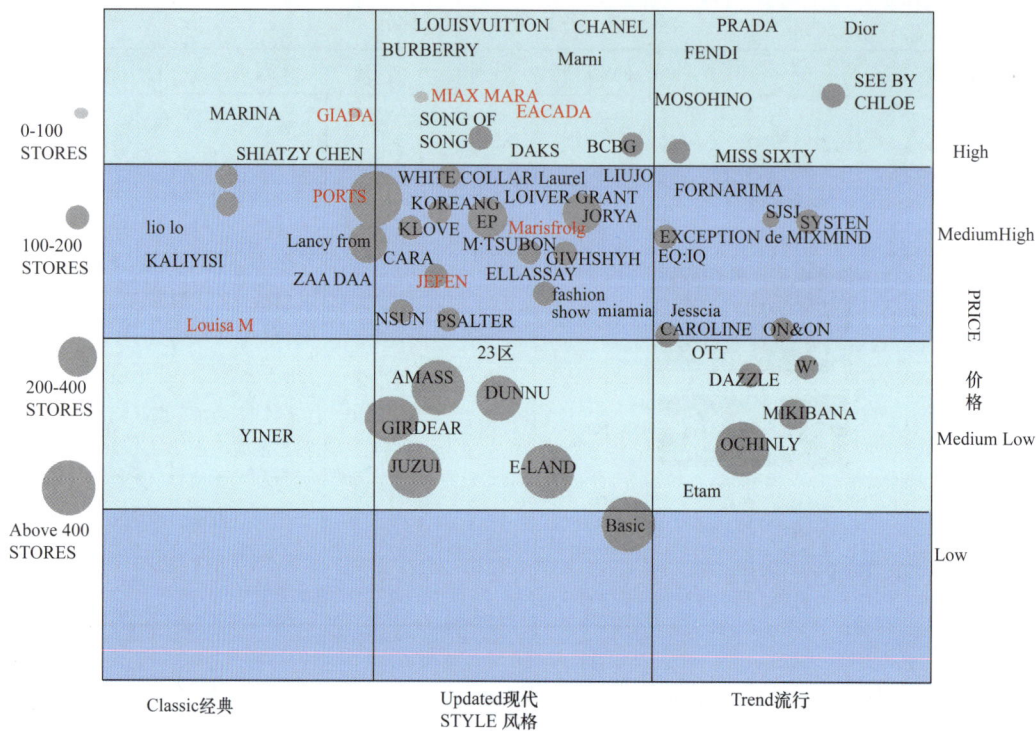

图9-8　中高档女装品牌定位

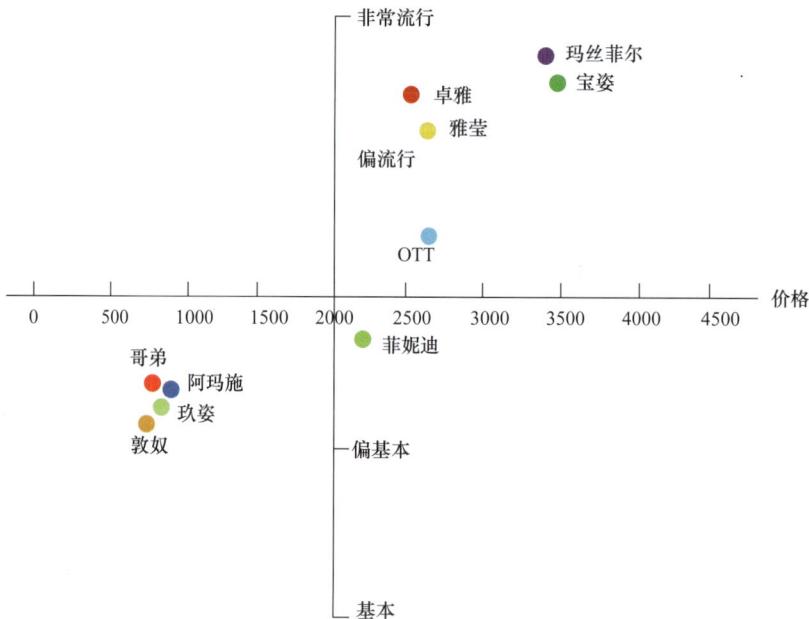

图9-9　中高档女装品牌定位图

行度不同，服装的价格相应地也会发生变化。从图中可以看出，中高档女装的服装流行程度越高价格越高，而流行度越低，服装的价格也相对较低。

第四节　中高档女装店铺终端形象比较分析

一、中高档女装店铺整体形象

（一）哥弟店铺形象

哥弟的店铺整体感觉非常明亮和通透，除了店铺面积本来就比较大之外，还与店铺陈列风格设计、橱窗设计和灯光照明设计有很大关系。哥弟店铺陈列的货架设计和橱窗设计有着一个共同的特点，就是都使用了黑色边框这个设计元素。黑色边框式的货架使整体空间显得更加通透。橱窗的玻璃也加了黑色边框，简洁的同时呼应了店铺内的整体设计风格，如图9-10所示。

（二）阿玛施店铺形象

阿玛施是哥弟旗下的一个品牌，因此它的店铺风格和哥弟相类似，无论橱窗还是内部陈列道具，都是以黑色为主。但是店铺面积较哥弟小，四周以黑色框型展架作为陈列道具，打破了沉闷感，增加了通透的感觉。如图9-11所示。

图9-10　哥弟店铺

图9-11　阿玛施店铺

（三）宝姿店铺形象

宝姿的店铺面积比较大，有两个大橱窗，可以将服装很充分地展示出来。店铺整体以中性色调为主，陈列方式科学简洁，四周的展示道具以壁橱式的货架为主，增加了店铺的体积感。店内灯光除了天花板的嵌入式射灯以外，还有一个主要的光源，即壁橱式展架的背景灯，这不仅起到了突出商品的作用，同时也提升了品牌的档次。如图9-12所示。

（四）卓雅店铺形象

卓雅的店铺面积大，这给店铺展示这个品牌提供了一个很好的空间。店铺的动线安排非常明确，沿着墙面一圈围绕展示，中间安排中岛、休息区，使顾客对货品的摆放一目了然。店铺整体以柔和的暖色调为主，光源主要来自于四周展架的背景灯照明，灯光以黄色调为主，柔和大方，和产品的风格相一致。如图9-13所示。

图9-12　宝姿店铺

图9-13　卓雅店铺

（五）雅莹店铺形象

雅莹的店铺空间基本是一个方形，所以店铺陈列也相对比较简单。但是货品陈列很清晰，靠门边一侧的是主打款和畅销款，最里面的是上一季的老款。店铺内整体色调以米色调为主，明亮而且又显得柔和。如图9-14所示。

（六）玖姿店铺形象

玖姿的店铺位于中岛，所以面积比较小。店铺灯光主要来自于商场的灯光照明，和店铺内部陈列展示柜的背景灯照明。店铺

图9-14　雅莹店铺

整体风格给人一种较为成熟典雅的感觉，这和店铺的陈列方式及陈列色彩有一定的关系。店铺一侧的陈列全部采用了橱柜式的陈列形式，这种橱柜式的陈列方式会给人一种厚实的体积感，同时深褐色的颜色也给店铺增加了成熟稳重的氛围。但是由于店铺面积比较小，因此，这种陈列方式给人一种拥挤沉闷的感觉。如图9-15所示。

（七）敦奴店铺形象

敦奴也是位于中岛的位置，相对于玖姿，敦奴的店铺面积相对较大，店铺空间基本是一个长方形，拉长了空间的尺度。店铺灯光比较明亮，陈列方式简单讨巧，避免了中岛店容易产生拥挤的缺陷，反而给人一种宽敞明亮的感觉。如图9-16所示。

图9-15　玖姿店铺

图9-16　敦奴店铺

这七家中高档女装的店铺都有自己的风格，每一家店铺都根据品牌的风格展开一系列的陈列展示，包括灯光效果、陈列色彩、橱窗类型，所能展示出来的东西都紧密地把品牌的风格联系在一起。如哥弟的服装风格是以简洁大气的职业装为主，所以店铺的陈列风格自然也以简洁利落的的黑色为特色。而卓雅的服装偏女性化，多为连衣裙、小礼服等，因此它的店铺形象就给人一种柔和的美感。但是这几家店铺都有一个共同的特点，就是店铺形象的整体色调都是以黑色、咖色、米色为主，这些中性色调和中高档女装的定位能够很好地融合在一起，从而体现出中高档女装成熟优雅、精致大方的气质。

二、店铺形象比较分析

（一）四个品牌店铺面积及平面图比较

从下面四家店铺的平面图可以分析得知，哥弟和雅莹的店铺面积比较大，都在50平米左右，而玖姿和敦奴是中岛店，因此店面面积较小，在30平米左右。

哥弟的店铺空间接近正方形，敦奴的店铺径深较浅，两边宽度比较大。玖姿的店铺也呈方形，但是由于店铺面积较小，因此开了两个门。雅莹的店铺径深很大，宽度较为一般，大门开在中间位置。

这四家店，店铺内部都有三个或三个以上的陈列区及橱窗展示，并且设置有试衣间和储藏室，一般都位于店铺的最里面。哥弟和雅莹设有休息区这个功能区域，而玖姿和敦奴则没有，这和它们的店铺面积有关系。另外，哥弟的收银台、敦奴中岛的储藏柜、玖姿的中岛，除了收银、展示的作用以外，还有储物的功能，将有限的空间全面地利用起来。如图9-17~图9-20所示。

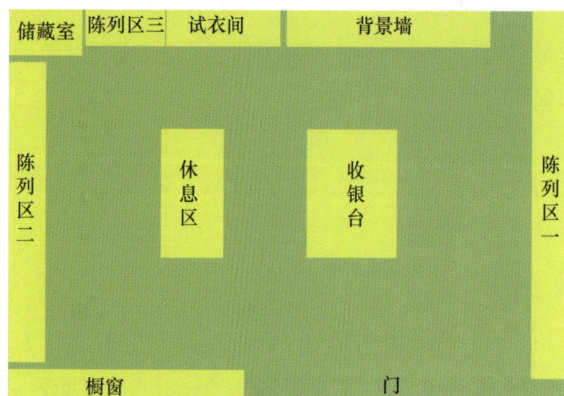

图9-17　哥弟店铺平面图（55平方米）

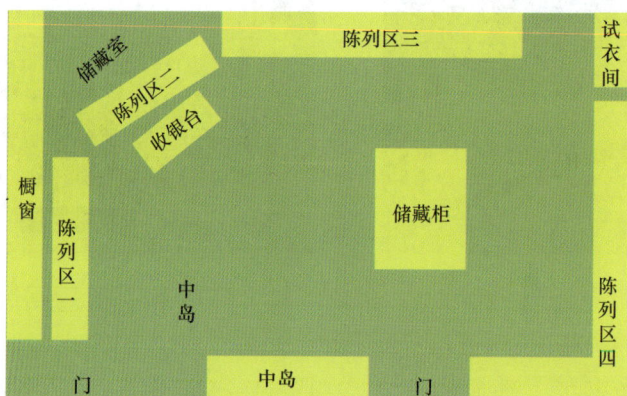

图9-18　敦奴店铺平面图（35平方米）

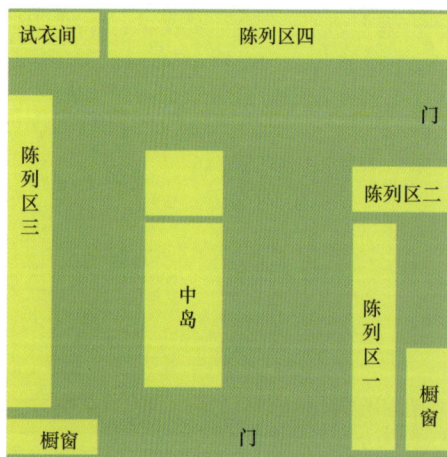

图9-19　玖姿店铺平面图（30平方米）

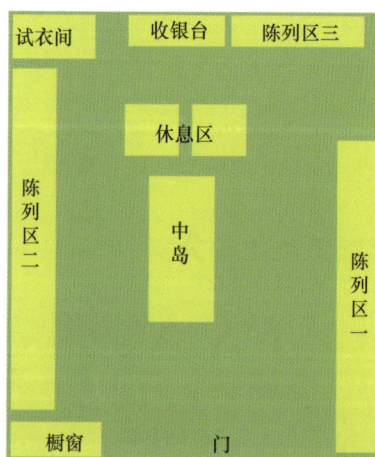

图9-20　雅莹店铺平面图（50平方米）

（二）店铺整体色彩形象

哥弟和玖姿这两家店的店铺整体色彩都是以黑色为主，以米色为辅色。而敦奴和雅莹则是以米色为主要颜色，以黑色为辅助色彩。四家店铺的点缀色都有惊人的一致，基本都有红色、柠檬黄、蓝色、松石绿色、枚红色和深紫色，以这些亮色为点缀色，说明这些颜色是当季的流行色，这四个品牌的店铺对流行色的把握都具有一定的相似性和准确性。中高档女装的店铺整体的色彩形象和品牌的定位相一致，都以黑色、米色这类比较稳重的中性色调为主，能突出中高档女装品牌优雅、成熟的特点。但它们也都同时在店铺中融入了一些活泼的亮色系，打破了全都是中性色系带来的单一感，同时也是春装色彩的体现。如图9-21所示。

哥　弟	玖　姿
主色： 辅色： 点缀色：	主色： 辅色： 点缀色：
敦　奴	雅　莹
主色： 辅色： 点缀色：	主色： 辅色： 点缀色：

图9-21　店铺整体色彩形象

（三）店铺陈列方式

哥弟、玖姿、敦奴和雅莹这四家店铺的陈列方式都较为一致，从色彩陈列上看，这四家店铺都按不同的色系来陈列，一般分为按黑色系陈列、按白色系陈列、按蓝色系陈列和按彩色系陈列。从悬挂方式上看，这四家店铺一般只有正挂陈列和侧挂陈列这两种陈列方式。如图9-22所示。

	哥弟	玖姿	敦奴
按色彩陈列	 按白色系陈列 按黑色系陈列 按橘黄色、柠檬黄、蓝色等彩色系陈列	 以黑色系、松石绿色陈列 以白色系、米色系陈列 以黑色系陈列	以黑色系陈列 以蓝色系陈列 以米咖色、褐色系陈列  以红色系陈列
按悬挂方式陈列	  有正挂和侧挂陈列	 以侧挂陈列为主	  有正挂和侧挂陈列

图9-22 店铺陈列方式比较

（四）店铺橱窗展示

哥弟、玖姿、敦奴、雅莹四个品牌的橱窗展示如图9-23所示。

哥　弟

玖　姿

敦　奴

雅　莹

图9-23　店铺橱窗展示

第五节　哥弟品牌案例

一、哥弟市场环境

哥弟品牌市场环境分析如表9-5所示。

表9-5　哥弟品牌市场环境分析

行业分析	随着品牌个数的不断增多，企业生产规模的不断扩大以及国外众多服装生产企业正纷纷打入中国市场，我国女装市场面临着严峻的考验。中国女装品牌发展至今，整体上有了突飞猛进的发展，但与国际先进水平相比，我国女装品牌无论在品牌理念上、设计上、文化上都与国际一线品牌还有很大的差距。一些区域性的女装品牌，如杭派女装、深圳女装、上海女装等，以其独特的品牌理念、精准的人群定位和优良的设计风格，在国内女装品牌市场享有较高的声誉，也成为女装品牌的亮点
企业分析	哥弟是台湾的一个品牌，创立于1977年，品牌分为哥弟、阿玛施、易俪和梅四个系列
竞争对手	玖姿、敦奴、雅莹
消费者分析	哥弟服装的目标消费群体的年龄主要集中在30～45岁，他们是具有一定文化内涵和社会地位，有较高生活品质，比较时尚干练的成熟女性。这些群体经济上独立从而具有较大的消费能力，追求时尚、流行和个性的差异化

二、哥弟品牌分析

（一）产品品类

对哥弟店铺内的货品门类进行了三次调研，调研时间为3月26日、4月9日和4月27日，时间跨度为一个月左右。调查结果如表9-6所示。

表9-6　哥弟店内产品品类

调研时间：3月26日、4月9日、4月27日		
品类	数量	数量
短外套	27	15
针织衫	28	20
衬衣	9	10
风衣	5	0
T恤	20	32
连衣裙	18	15
半身裙	13	14
牛仔	18	20
裤子	32	35
合计	170	141

　　从上表可以很清楚地分析出，3月26日到4月9日这段时间里，哥弟店铺内的货品门类有短外套、毛衫、衬衣、风衣、T恤、连衣裙、半身裙、牛仔、裤子，并且短外套和毛衫有将近30件，T恤和连衣裙也有20件，裤子有32条，这说明这个时间段店内的货品已经在春装的基础上慢慢向夏天的货品组合过渡（出现了很多T恤）。到了4月27日，店内的货品组合中已经没有风衣这个品类，同时短外套的数量由27件减少到了15件，针织衫的数量也由28件减少到了20件，T恤的数量由20件增加到了32件，这说明店铺内的货品已经是夏季货品的组合形式了。

　　在这两个不同的时间段的调研中，衬衣、连衣裙、半身裙和裤子始终保持稳定，并且占据着较大的比例，这说明哥弟店铺的服装以衬衣、裤子等职业类型的服装为主，如图9-24所示。

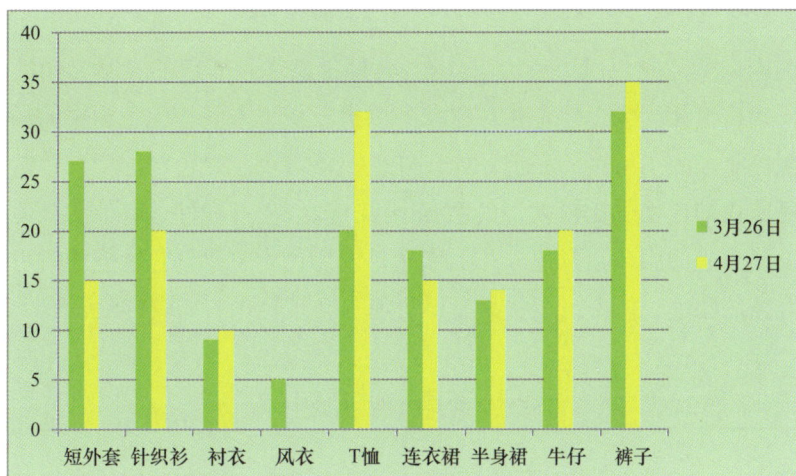

图9-24　哥弟店内不同时间段产品品类比较图

（二）产品价格带、色彩、面料

　　哥弟品牌产品主要以黑色、米色、为主，服装价格普遍较高，面料的选择多以棉、羊毛等天然面料以及化纤面料为主，具体如表9-7所示。

表9-7　产品主力价格带、色彩及面料分析

产品品类	主力价格带（元）	色　彩	面料成分
短外套	800～1500	主色：黑色 辅色：米色、白色、灰色、米灰色 点缀色：蓝色、玫红色、黄色、紫色	黏纤、棉、腈纶
毛　衫	500～1200	主色：黑色 辅色：灰色、卡其色	黏纤、氨纶、羊毛

产品品类	主力价格带（元）	色　　彩	面料成分
衬　衣	400~600	主色：白色 辅色：黑色、米色	
风　衣	1600~1800	黑色、驼色、米色	
T　恤	400~600	白色、黄色、绿色、蓝色、紫色、玫红色	棉、氨纶、腈纶
连衣裙	700~1600	黑色、黑白印花、黑色蕾丝	
半身裙	400~900	黑色	聚酯纤维
牛　仔	500~1000	黑色、深蓝色	
裤　子	500~1400	黑色	聚酯纤维

（三）色彩分析

哥弟店铺内的货品颜色以黑色为主，在141件货品中，黑色的衣服为68件，占将近二分之一的占比，比例相当大。但是相对比秋冬以黑、灰、卡其、驼色为主的颜色分布，春季的服装在颜色上加入了很多的亮色，如玫红色、橘黄色、绿色、柠檬黄、蓝色等。其中玫红色和白色所占的比例也比较大，白色有16件，玫红色有12件，其他的颜色分布都在10件以下。这说明哥弟的服装在颜色分布上依然是以黑色为主要颜色，但同时也融入了很多年轻化的、鲜亮的颜色，使得整组货品显得更加生动年轻化。如表9-8所示。

表9-8　不同色彩的产品件数

色彩	件数
黑色	68
白色	16
玫红色	12
米色	7
绿色	3
柠檬黄	6
紫色	4
灰色	2
橘黄色	2
蓝色	2

（四）板型与设计工艺细节分析

1. 短外套

哥弟的短外套以小A板、H板为主，腰线比较宽松，剪裁合体，一般适合35岁及以上的女性，宽松的腰部设计能很好地将这一年龄段女性的身材缺陷掩盖起来。

短外套没有多余的装饰设计，显得简洁干练，时尚大方，服装图案以纯色如黑色、米色等中性色为主，结合印花图案等流行元素，突出女性优雅知性的气质。

2. 针织开衫

哥弟的针织衫有宽松的H型和上大下小的倒梯形两种。长款外套以H型为主，短款外套以倒梯形为主，下摆有紧致的罗纹设计，可以很好把整个腰部包围起来。整体造型不加多余的设计，简洁大方。

3. T恤

哥弟的T恤以宽松的H型为主。T恤设计以印花图案为主，并且融入了很多动物元素，如斑马纹和狮子图案。

4. 连衣裙

哥弟的连衣裙主要以H型偏一点X型为主，还有少部分板型为楔型。H型的板型一般会在腰线位置有一点收腰设计，并且腰线偏高，凸显女性优雅气质的同时也能很好地展现出女性优美的曲线，掩盖这个年龄段女性身材上的缺陷。

5. 裤子

哥弟的裤子以直筒裤和阔腿裤为主，能凸显女性干练大方的气质。

上面分析了哥弟的短外套、针织开衫、T恤、连衣裙和裤子的主要板型，可以得知，哥弟的服装板型都是以宽松的H型为主，这种板型在腰部、臀部比较宽松，刚好能掩盖住这个年龄段女性身材的缺陷。

哥弟的服装特色主要在于板型的处理上，裁剪简单得体，它的设计以简单大方为主，没有过多花哨的装饰设计，服装风格属于偏干练中性的职业装。

（五）店内客流量分析

在杭州武林银泰的三楼，哥弟的店铺往往是人气相对比较旺盛的一家，无论是工作日还是周末，都会有很多人在挑选和购买。

分四个时间段对哥弟品牌的客流量以及消费者购买状况进行观察，这四个时间段分别是3月12日、3月26日、4月9日和4月25日，时间跨度接近一个半月，有工作日也有周末，观察的时间段基本集中在下午12：00～17:00。时间上分配比较均衡，有利于数据的准确。调研数据如表9-9～表9-12所示，分析可知：

①不管在哪个时间段，店内都有一定的客流量，并且平均在8～10人。这说明哥弟的客流稳定，这也是保证哥弟销售业绩稳定的一个重要前提。

②其中有两个调研日期是周六，另外两个调研日期是周三和周四，周六的客流量基本集中在15～20人，而工作日的两天客流量也平均保持有10人左右，说明周末和工作日对哥弟的客流量影响比较小，即使在工作日购买哥弟服装的人也比较多。

③在已经购买的顾客群体中，有很多人是老顾客，在还在选购的人群中，也有相当一部分人是老顾客，她们和导购一般都比较熟悉。因此在这批顾客群体中，很多人事先就看好衣服的款式和颜色，进店就直接购买。这也说明顾客对哥弟品牌的忠诚较高，哥弟对VIP的维护比较完善。

④在购买哥弟服装的顾客中，购买外套、针织衫、连衣裙的比较多，颜色以黑色为主。但是到了四月中下旬的时候，随着天气的变暖，顾客普遍开始购买带有印花的连衣裙、印花短外套，颜色的选择也由单一的黑色逐渐向彩色转变。

表9-9　2015年3月12日客流量

调研时间：2015年3月12日　　周四		
时间	店内选购人数	消费者购买状况和购买习惯
13：10	12人	3人购买，1人购买了毛衫
14：25	22人	5人购买
14：40	36人	7人购买，1人购买了黑色外套，1人购买了黑色蕾丝外套，1人购买了A字短裙，其中有2人是老顾客
15：35	14人	3人购买，有2人是老顾客
17：10	8人	1人购买

表9-10　2015年3月26日客流量

调研时间：2015年3月26日　　周六		
时间	店内选购人数	消费者购买状况和购买习惯
14：30	18人	7人购买，1人购买了黑色连衣裙和针织衫，1人购买了印花连衣裙，有3人是老顾客
15：10	10人	5人够买
15：50	21人	8人购买，1人购买了外套，短裙，印花长袖，打底衫，1人购买了黑色连衣裙和针织衫，有3人是老顾客

表9-11　2015年4月9日客流量

调研时间：2015年4月9日　　周六		
时间	店内选购人数	消费者购买状况和购买习惯
12：40	13人	4人购买，1人购买了白色T恤和黑色短外套，1人购买了黑色裤子和印花长袖，有2人是老顾客
13：20	18人	6人购买，2人购买了黑色裤子，3人是老顾客
13：55	9人	3人购买
14：35	22人	9人购买，1人购买了短外套，有4人是老顾客
16：10	14人	4人购买

表9-12　2015年4月25日客流量

调研时间：2015年4月25日　　　周三		
时间	店内选购人数	消费者购买状况和购买习惯
12：20	7人	4人购买，2人购买黑白印花无袖连衣裙，1人购买了蓝白相间的印花短外套，都是老顾客
12：50	11人	2人购买，这2个顾客都是事先看好款式，直接去店里拿货付款的
13：45	15人	7人购买，2人购买了黑白印花连衣裙，1人购买了黑色收腰吊带连衣裙
15：35	8人	1人购买，这位顾客是事先看好款式直接去店里购买的
16：10	12人	3人购买，1人购买了蓝白相间印花的短款外套

（六）顾客与服务

1. 哥弟的目标顾客

哥弟的目标顾客群体年龄定位在30～45岁，她们一般为较高级的白领，或者比较有钱的太太。她们的生活质量比较高，对自己的着装要求也较高，并且有着自己的品位。但是30～35岁这个年龄层次的女性，身材正发生着变化，腰部开始变粗，臀部也开始变大，因此她们除了对服装的面料、款式、颜色和流行程度的关注之外，更主要的是关注服装的板型。

典型顾客特征：

年龄：45岁左右；

身高：162左右；

职业：大学老师；

外形特征：短卷发，戴眼镜，肤色还可以，微胖；

喜好风格：喜欢文气大方的款式；

购物习惯：比较爽快，看到喜欢的就会买。

2. 哥弟的服务

（1）售中服务。

哥弟店铺里的导购共有5～6名，其中一名男导购。导购着装统一，化淡妆，形象气质良好，导购身穿黑色职业套装，充分体现出哥弟品牌的风格和特色。店内的服务采取一对一跟踪式服务，导购与顾客保持一定的距离。并且哥弟的导购不会不停歇地一直向顾客推荐新款或者其他服装，她们能够恰到好处地为顾客推荐服装，并且不单单推一款，她们会向顾客详细地介绍可以与这件服装相搭配的其他服装的详细信息，这样有利于顾客全面地了解哥弟的服装，同时还可以引导顾客促成成套购买。

在顾客试穿衣服的时候，导购在离试衣间一定距离的地方等候，以便及时服务或者更换顾客因为尺码原因而不合适的衣服。

哥弟的导购都非常热情友善，并且善于主动地与顾客沟通。在顾客对一件比较喜欢的服装还有一点犹豫的时候，导购便会巧妙地和顾客沟通，用一些溢美之词让顾客心动，并且不会让顾客感到夸张奉承。哥弟的导购会记住每一个前来购买的老顾客，对待老顾客她们能像对待朋友一般亲切友善。而对于不是哥弟目标消费群体的顾客，她们也会同样给以热情的微笑。

（2）售后服务。

哥弟的售后服务做得非常细致全面，对客户的资料整理得非常完整。客户资料里包括客户的照片、个人信息和性格特征等。还有客户提醒和客户业务内容，包括客户的消费时间和消费记录、客户回访、客户生日提醒，服装保养提醒等，业务内容涉及十分全面。这些详细的客户信息和售后服务业务有利于和顾客保持充分的联络，也是老顾客形成的主要原因，很好地强化了哥弟的品牌形象。如图9-25所示。

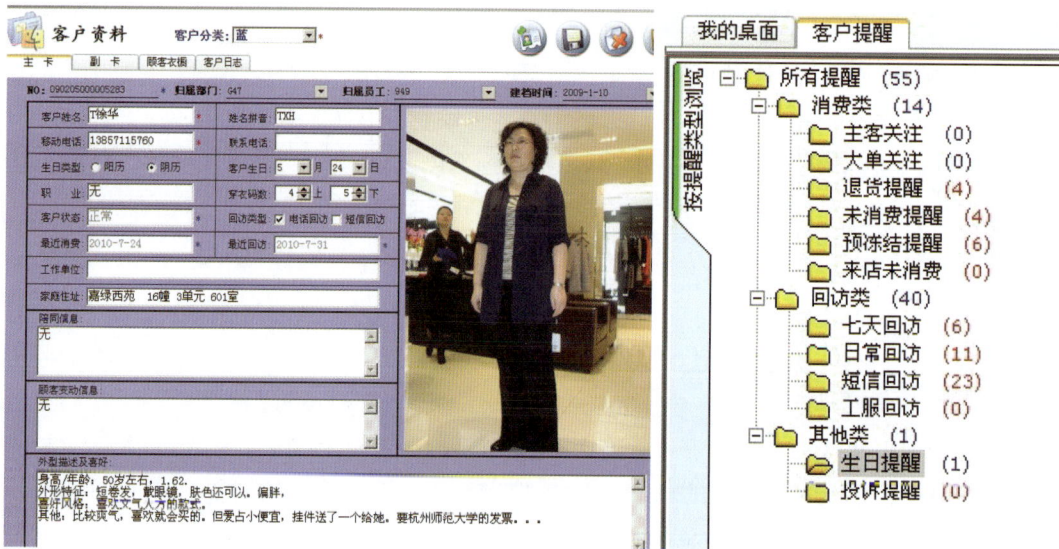

图9-25　哥弟VIP客户资料

（七）形象推广

1. *店面形象*

哥弟在形象推广方面主要分为店铺形象和店内陈列形象，哥弟的店铺分为三种形式：旗舰店、专卖店和商场店铺。店内陈列以黑色系的货架陈列为主，简单明快，突出服装的风格（图9-26～图9-28）。

2. *店员形象*

哥弟的店员穿着统一，形象气质良好，整体上符合哥弟的品牌形象（图9-29）。

图9-26 哥弟旗舰店

图9-27 哥弟专卖店

图9-28 哥弟商场店铺

图9-29 哥弟店员

（八）促销宣传

哥弟一般不打折，会员可打九折。哥弟的宣传一般分为三种，一种是网站支持网络广告，官方网站http://www.girdear.net/。一种是活动支持，一年有两次时装秀。另外一种是终端支持，分为店面宣传、海报宣传和流行信息宣传等（图9-30）。

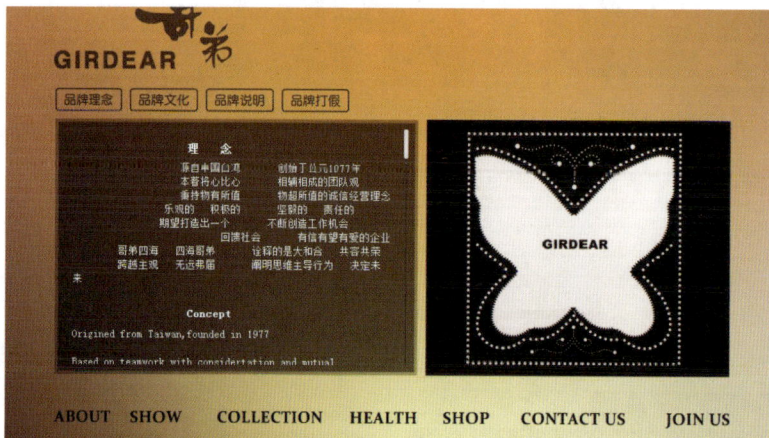

图9-30　哥弟官网首页

（九）哥弟营销策略

1. 专卖店模式——拓展自身成长空间

哥弟发展到今天，品牌面临着更深度的市场细分。同时，经过多年的成功运作，这一品牌已经形成了相当稳定的客户圈。一个成熟的品牌需要更为成熟的运作，那就是在专卖店中实践自己的品牌经营、管理和运作能力。这样，品牌就能在市场中扎得更深、走得更稳。"一个知名的大商场是品牌集聚之地，它能高效地展示服装品牌的形象，并迅速让消费者得到认同。大商场的宣传作用确实不可估价"。但是当一个品牌的形象、个性很有特色，与商场的定位不太吻合时，专卖店将是最好的选择。专卖店为个性品牌、个性装饰提供了广阔的空间。大商场引导着消费的主流，专卖店迎合更多的个性、特定消费。

2. 市场细分化——准确的市场定位

所谓市场细分化，是指企业依据消费者需求的差异性和类似性，把整体消费者划分为若干个不同的消费群，把整体市场划分为若干个不同的子市场，并从中选择一个或多个子市场作为目标市场。在中国的服装市场上，哥弟女装以"儒文化"为品牌内涵，以其准确的目标市场定位在国内女装界占据一席之地。有关调查机构对北京、上海、广州、成都和大连5个大中型城市女性的调查显示：女性行政人员在服装上的消费最多，白领次之，这些女性大多都在30岁以上。而处在这个年龄段的女性却常常因身材变形，被排除在服装企业的目标消费群之外，这就是所谓的目标消费群的定位"断档"现象。这一年龄段的消费者生活讲究，需要得体而漂亮的衣着，但传统着衣观念和身材的限制将她们阻隔在流行与时尚品牌之外。而她们恰恰就是扎扎实实的实力消费群。哥弟女装成功的秘密就在于解决了这一批人穿衣的问题。哥弟品牌成功的一个重要原因就是市场细分化策略的选择得当，在其他品牌把产品大都定位在年轻人身上大做文章，激烈竞争时，哥弟瞅准中年白领这一中坚市场，从服装设计、营销网络到形象设计都做足文章，从而获得了这一年龄段消费者的青睐，并在国内女装销售额上一直名列前茅。

3. 重视产品品质——积累客源

哥弟品牌绝不二价，颜色花而不哨，价格高而不贵，剪裁贴而不紧，完完全全对准了这群消费中坚的"胃口"。在年轻人眼里，哥弟女装老气横秋，似乎百年不变；而在她的钟爱者眼中，哥弟贴身贴心，耐人品味。执着的坚持获得了执着的支持，哥弟女装将一大批忠实的顾客招揽在其周围。一些"哥弟女装迷"们每周专程光顾1~2次，每次必有斩获，固定的客源消费支撑起了其市场位置，不管市场环境多恶劣，有顾客不变的支持为其遮风挡雨。

三、哥弟与竞争品牌货品比较

（一）产品品类及数量比较分析

如表9-13所示，哥弟、玖姿、敦奴、雅莹这四个品牌的产品品类较为齐全，基本都涵盖了四季常见的产品品类，如上装有外套、针织衫、衬衣、T恤、短袖和吊带等，下装有连衣裙、半身裙、裤子和牛仔等。产品品类总数也比较接近，基本都集中在150~190，说明这四个竞争品牌在产品门类方面实力相当。

表9-13　产品品类及数量比较

品类		品类数量			
		哥弟	玖姿	敦奴	雅莹
上装	短外套	27	12	5	19
	风衣	5	0	0	0
	针织衫	28	0	26	10
	雪纺上衣	0	0	19	0
	衬衣	9	6	0	7
	T恤	20	6	15	15
	短袖	20	38	21	18
	吊带	5	12	7	10
下装	连衣裙	18	26	28	45
	半身裙	13	8	4	7

续表

品类		品类数量			
		哥弟	玖姿	敦奴	雅莹
下装	牛　仔	18	5	16	12
	裤　子	32	23	22	16
	短　裤	0	14	8	6
	合　计	190	150	171	165

（二）产品主要门类价格带比较

通过表9-14对四个品牌的主要门类价格带进行了比较，从中可以分析这四个品牌在价格方面具有以下特征：

1．价格区间体现品牌档次地位

所选取的四个品牌，价格基本集中在500~1500元，在目前的女装市场上，属于中高档，价格区间与其他档次品牌有明显区别，完全能够体现品牌的档次定位。

2．品类价格差异明显，体现品牌特色

各品牌根据品牌风格特色，均确定了主要产品类别和主推产品款式，因此此类产品价格设计较高。如哥弟、玖姿、敦奴的连衣裙价格比较高。

3．不同品牌价格带幅度的宽窄及价格高低显示定位差别

哥弟这个品牌的价格带是四个品牌当中相对较窄的，从定位来看，哥弟的定位相对较低；玖姿和敦奴的价格带稍微高一点，但它们的品牌的定位还是以中档为主，而雅莹的定位相对较高。

4．各产品类别核心价格基本稳定

衬衫、短袖、吊带、短裙的核心价格基本维持在400~600元，连衣裙核心价格维持在1500~1800元。

5．价格尾数整齐

这四个品牌的价格尾数都很整齐，如哥弟的价格尾数均为"00"，玖姿和敦奴的价格尾数均为"80"，而雅莹的价格尾数均为"99"。

表9-14　主要门类价格带比较

产品	门类主要价格带			
	哥　弟	玖　姿	敦　奴	雅　莹
针织衫	低端：500			低端：399
	中端：1200		中端：880~980	中端：699~1399
			高端：1080~1280	高端：1599~2399

续表

产品	门类主要价格带			
	哥　弟	玖　姿	敦　奴	雅　莹
衬　衣	低端：400～600	低端：480	低端：480	低端：299～499
		中端：680	中端：680	中端：699～899
T　恤	低端：400～600	低端：480	低端：480	低端：299～499
		中端：680	中端：680	中端：699～899
短　袖	低端：400～600	低端：428	低端：680	低端：499～699
		中端：780	中端880	中端：899～1299
吊　带	低端：400～500	低端：480～580	低端：480～580	低端：399
	中端：700～1600	中端：680	中端：880～980	中端：999～1399
		高端：1280～1680	高端：1280～1580	高端：1499～1899
半身裙	低端：400			
	中端：500～1000	中端：680～780	中端：680～880	中端：899
				高端：1999
裤　子	低端：500			
	中端：800	中端：680～780	中端：720～780	中端：799～999
	高端：1400	高端：1080～1180		
短　裤		中端：680～780	中端：680～880	

（三）产品色彩比较分析

　　如图9-31所示对哥弟、玖姿、敦奴和雅莹四个品牌的服装色彩进行了比较分析，哥弟、玖姿、敦奴这三个品牌服装在整体上都是以黑色为主要颜色，其中敦奴的服装色彩会相对比较亮，它这一季的服装融入了很多亮色系的印花图案，如红色印花、紫色印花、蓝色印花、橙色印花等，这使得店铺的服装色彩形象变得非常鲜亮跳跃。而哥弟对春夏季的服装色彩也做了相应的调整，一改以往清一色的黑色，加入了很多暖色、亮色系的服装，如柠檬黄、玫红色、紫色、蓝色等，使品牌显得更加年轻化。相对这三家店而言，玖姿的店铺服装色彩显得更成熟一点。

（四）产品面料比较分析

　　哥弟、玖姿、敦奴的面料成分主要有聚酯纤维、氨纶、腈纶。但玖姿、敦奴和雅莹的服装面料成分中大量使用了桑蚕丝，特别是在连衣裙和上衣的面料中。桑蚕丝的价格比较高，这也是这一季服装中，玖姿和敦奴的连衣裙、上衣的价格普遍要比哥弟的价格高的原因之一。如表9-15所示。

品牌	不同服装色彩照片展示	颜色提取
哥弟		主打色：⬛ 辅色：⬜ 点缀色：🟥🟦🟪🟨🟥
玖姿		主打色：⬛ 辅色：🟩 点缀色：🟧🟩🟩🟪
敦奴		主打色：⬛🟫 辅色：🟩 点缀色：🟧🟦🟩🟨⬜

图9-31　产品色彩分析

表9-15　面料分析

品牌	主要面料
哥　弟	棉、聚酯纤维、黏纤、氨纶、腈纶
玖　姿	纱罗面料、桑蚕丝、聚酯纤维、氨纶、涤纶
敦　奴	桑蚕丝、锦纶、氨纶、聚酯纤维
雅　莹	桑蚕丝、锦纶、氨纶、聚酯纤维

（五）板型与设计工艺细节比较分析

1. 哥弟板型

哥弟的服装板型主要以H型为主，款式较为基本。设计简洁干练，没有过多的装饰设计。

2. 玖姿板型

玖姿的连衣裙和上衣偏向于H型，短裙偏A型。玖姿的服装以图案为主要特色，尤其是上衣和连衣裙，几乎都是印花图案款。

3. 敦奴板型和设计细节

敦奴的服装，无论是连衣裙还是针织衫、T恤、上衣，板型都是以H型为主。敦奴这一季的服装以大量的雪纺碎花为特色，有米咖色碎花、淡橙色碎花、蓝色碎花、紫色碎花、红色碎花等。

通过对哥弟品牌的调研可以得知，哥弟是一个定位中档的品牌，目标消费群体集中在30~45岁。哥弟店铺内的货品门类比较齐全，但是相对比其他中高档女装品牌，哥弟的门类会少一些。哥弟的价格带主要集中在500~1500元，因此它应该是中高档女装品牌中定位相对较低的品牌。哥弟的服装设计风格以职业装为主，色彩以黑白色为主。哥弟的板型主要以宽松的H型为主，搭配腰带设计，优良的板型解决了很多中年女性由于身材走形而穿衣难的问题。哥弟的服务非常全面周到，不仅体现在导购形象和售时服务上，更体现在售后跟踪服务上，这种周到细致的服务为哥弟赢得了很多老顾客。

第十章　中国商务休闲男装品牌研究

第一节　中国男装品牌市场概述

百货商场和购物中心男装品牌比比皆是，其中包括商务男装和休闲男装。目前出现了商务和休闲混合的新正装时代，以满足特定消费者的需求。国内各个商场的男装楼层主要由国外的知名品牌和国内的品牌组成，从各商场品牌拥有数量的统计中可以发现，各商场中国内与国外男装品牌的数量有着很大的差距。一线城市的商场多是国外精品男装品牌云集，如Dunhill、吉尼亚、CANALI、HUGO BOSS、GIVENCHY、VERSACE等定位较高的精品男装品牌，再有萨巴蒂尼、沙驰、VICUTU、GORNIA、BOSSsunwen、Kevin Kelly、LOZIO、LAMPO、卡奴迪路、圣宝龙等定位于中高端市场，覆盖率比较高的品牌。相对偏中低端档次的商场多集中了国内男装品牌，如雅戈尔、依文、报喜鸟、七匹狼、金利来、九牧王等。如图10-1所示。

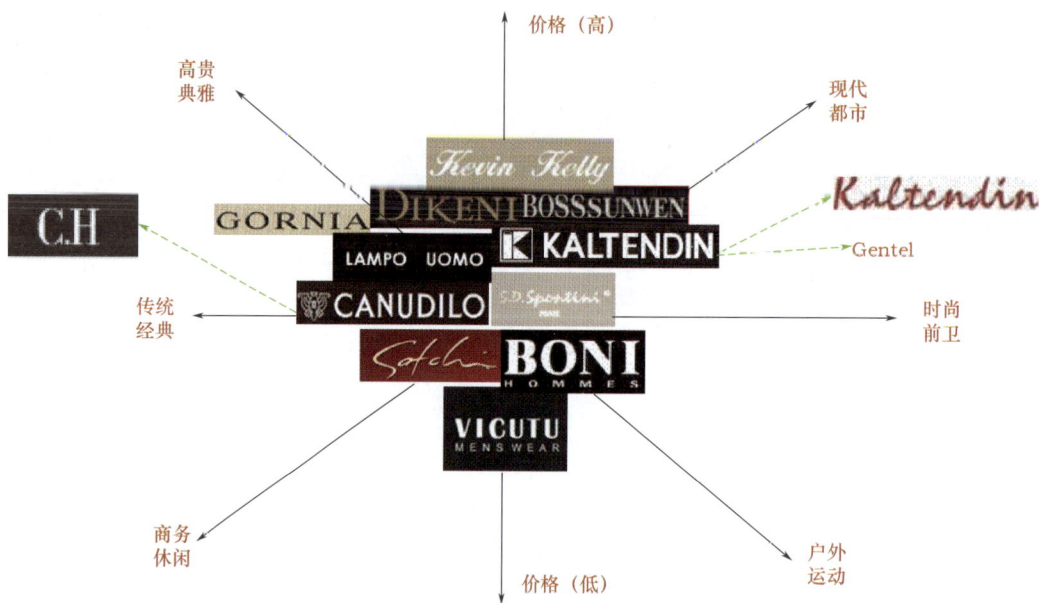

图10-1　国内主要商务休闲男装定位与市场竞争格局

一、中国男装市场现状

国内商场的男装品牌在取得较大成功的同时也存在很多问题，比较明显的问题有产品同质化、品牌缺少自身的风格，在产品的选料、色彩和板型上都几近相同。很多品牌（特点是国外注册，国内设计加工生产）强调自己是洋品牌，没有体现品牌文化，品牌缺乏个性。

二、中国男装行业竞争格局

男装服饰行业按照零售价格划分为高、中、低三个层次，不同层次产品的行业竞争格局各不相同。

（一）高端品牌

产品价位高，通过高端零售渠道销售。在高端品牌市场内，国际知名品牌占有较高的市场份额，国内品牌相对较少。国际知名品牌在面料、款式设计和品牌知名度等方面具有较强的竞争优势，在营销策略上一般是利用品牌、资金等优势在大中城市核心商圈建立旗舰店，同时通过特许经营方式进入中国市场。与国际品牌相比，国内品牌具有本土化优势，更熟悉国内消费者偏好、体型特点、地域性差异，并有效地利用中国作为世界制造中心和全球精品加工大国的供应链资源，通过生产资源优势与市场网络终端优势的结合，不断提升品牌形象与服务，构筑相对稳定的消费群体。

从销售渠道来看，大中城市核心商圈的高级百货、客流量大的机场以及高端星级酒店是高端品牌最主要的销售渠道。一方面，一、二线城市的高级百货是高端品牌最主要的销售渠道。位于一、二线城市核心商圈的高级百货不仅覆盖人群广阔，并且由于聚集了众多高档品牌，满足了消费者一站式购物和比较选购的需要，因此成为高档品牌最重要的销售渠道。据Euromonitor研究报告，2009年通过高级百货渠道销售的高级男装占高级男装零售总额的74.3%，达到437.7亿元。随着经济发展，一些高端品牌逐步通过特许加盟的方式拓展二、三线城市的市场，利用当地经销商的渠道资源，节约投入，扩大企业规模。另一方面，机场和星级酒店是国内高级男装企业树立品牌形象、进入市场的重要渠道。机场和星级酒店客流量充足，且往来旅客主要是消费能力较强的高收入及商务人士，同时由于在机场和星级酒店开设的品牌商店起点高，消费群体的定位高，汇聚的品牌也以国际、国内名牌为主，容易在高收入人群中树立品牌高端、国际化的形象，相对于品牌投入高昂的广告费用来得更加实用和有效，因此机场和星级酒店对于品牌的提升、宣传及销售有着特殊的作用。

与高端品牌的定位相适应，公司产品具备高端品牌的以下基本特征：价位相对较高，通过高端百货、高档购物中心、五星级酒店、主要机场等高端零售渠道销售，产品设计契合高级男装市场的时尚潮流、选取高品质的面、辅料和高标准的代工厂商，采用销售终端及平面媒体形式进行品牌宣传等。

（二）中端品牌

产品价位较高，主要通过中高端零售渠道销售。在中端品牌市场内，以国内品牌为主，主流品牌厂商基本由传统的服装制造厂演变而来，产品覆盖面广。目前，该层次厂商前端设计和研究开发实力相近，产品相似度高，尚未真正建立起有个性魅力和文化内涵的品牌形象。网络渠道一般是以加盟为主、直营为辅，市场竞争较为激烈。

中端品牌的销售渠道主要包括专卖店、百货商场专柜。中端品牌注重在城市人流量较大的商圈租赁商铺开设专卖店。此外，在一、二线城市的中级商场及二、三线城市的百货商场开设专柜也是中端品牌的主要销售渠道。

（三）低端品牌

产品价位低，通过低端零售渠道销售。在低端品牌市场内，厂商处在低层次的产品竞争或者处于模仿式的品牌营销阶段，缺乏稳定的客户群，营销策略以薄利多销为主，促销手段以价格调节为主，管理手段较为简单。

从销售渠道来看，在二、三线城市开设专卖店、超级市场、批发兼零售市场是低端品牌的主要销售渠道。

三、中国男装产业集群市场格局

男装行业是服装行业中发展最为成熟的子行业之一，属于充分竞争行业。国内男装的生产主要分布在浙江、广东、福建、江苏、上海、北京等省市。进入新世纪以来，国内主要男装生产企业已经摆脱了传统受托加工式的发展模式，从单一生产加工阶段过渡到品牌建设发展阶段。品牌文化的构建、营销网络的扩张、设计团队的升级、产品的多元化延伸等成了行业竞争的重点（表10-1、表10-2）。

表10-1　中高档男装市场格局

覆盖市场	主导品牌	特　征
一级市场	广大品牌为主	设计能力强，价格高，规模小，知名度低
一、二级市场	以江浙品牌为主	品牌美誉度高，价格适中，规模一般，设计一般
二、三级市场	以福建品牌为主	规模大，价格低，品牌知名，设计弱

资料来源：招商证券

表10-2　男装产业集群特征比较

	浙派男装	苏派男装	闽派男装	粤派男装
覆盖区域	宁波、温州等	张家港、江阴等	晋江、石狮等	广东地区
兴盛原因	商务活动频繁	商务活动频繁	休闲之风兴起	毗邻时尚香港

续表

	浙派男装	苏派男装	闽派男装	粤派男装
板块优势	商务正装、商务休闲	中档商务休闲装、羽绒服	运动休闲、夹克衫	休闲服、牛仔服
生产要素	丰富劳动力资源、较强的研发能力	丰富劳动力资源、较强面料、服装生产、加工能力	丰富劳动力资源、优越地理条件	丰富劳动力资源、优越地理条件、较强的设计能力
相关产业	江浙一带丰富的面料、印染、辅料企业	众多面料、印染企业、著名毛纺生产区	福建地区丰富的面料、印染、辅料企业	广深地区丰富的面料、印染、辅料企业
发展实力	企业家精神、红帮裁缝传统、从生产到品牌运营的成功转型	企业家精神、从生产到品牌运营的成功转型	深谙品牌运作的重要性、较早重视产品品类的丰富	单品开发、设计能力强、终端管理能力强
生产模式	产品差异化明显、专业化生产	专业化生产	产品同质化、企业集中度高	产品多样化、加工贸易
主要品牌	雅戈尔、杉杉、罗蒙、培罗成、报喜鸟、庄吉、太子龙、法派、洛兹、夏梦、步森、唐鹰、乔治白、奥奔尼、太平鸟、百先得	波司登、雪中飞、红豆、海澜之家、博士邦尼、迪诺兰顿、红杉树、洲艳、百城汇、飞亚达、千仞岗	七匹狼、劲霸、柒牌、九牧王、利郎、虎都、才子、与狼共舞、富贵鸟、斯得雅、爱登堡、爱都、帝牌、希尼亚、拼牌、佐岸	卡尔丹顿、卡奴迪路、博斯绅威、迪赛、卡宾、松鹰、雷迪波尔、富绅、乔士、群豪、莱克斯顿、欧卡曼
板块特征	贴牌加工、团体定制、一线城市零售、国际品牌输入、加盟直营销售	贴牌加工、商场零售、品牌授权、加盟直营销售	贴牌加工、二三线市场零售、加盟直营销售	贴牌加工、高端商场零售、设计师全国输出、国际品牌输入、加盟直营销售
品牌定位偏向	中高档商务休闲装	时尚羽绒服、中档商务休闲装	中档商务休闲装	个性男装、中高档商务休闲装

四、基于产品定位的男装品牌分类

（一）北京板块男装品牌（表10-3）

表10-3　北京男装品牌

北京品牌	品牌介绍	品牌优势
依文（EVE）	创始于1994年，依文用国际化的语言从容自然地诉说了男人的时尚美学，将中国式的生活植入时装，挖掘传统中的时尚元素，不断寻求服装创意产业中本土与国际的平衡点，探寻男人内心最深处的诉求。主要以北京地区的成功男性为消费主体	注重情感营销、文化营销；重视品牌的口碑宣传；定位于中端市场，产品性价比较高；北京知名品牌，消费者接受程度高

续表

北京品牌	品牌介绍	品牌优势
Kevin Kelly	创始于2002年，源自欧洲的高级男士成衣服务中心，专为高端客户群提供全方位、个性化的产品与服务的顶尖级男士正装品牌。定位于30~45岁的都市成功男性	重视客户感受和体验，产品的设计、面料的选择都体现了十足的品质，产品线齐全；会员及VIP管理制度完善，能为顾客提供各种个性化需求；实施差异化营销战略
NOTTING HALL	创始于2001年，高级男士都市休闲品牌，诞生于奥斯卡光环下的一个美丽浪漫的爱情故事。"才高男人"是NOTTING HALL品牌的目标客户，桃红色是其标志性色彩	以独特的时尚品位和高品质的产品赢得年轻男装市场份额；品牌形象独特；服装具有一定的幽默感
VICUTU	别具欧陆风格的中高档男装品牌。其时尚的设计、精良的做工、优质的服务、合理的价位，得到众多职业男士的认可，立体呈现360度精英质感，成为国内最具有影响力的男装品牌之一。时至今日，全国有160多家直营专柜与专卖店，覆盖中国三十多个一线城市，加盟代理另计	品牌定位准确、产品线齐全；西服、衬衫为其主打单品，板型丰富、号型全；产品价格线较全，低、高满足顾客不同的需求；全球联网会员系统管理，顾客的忠诚度较高；提供定制等私人服务
萨巴蒂尼 S.D. Spontini	北京萨巴蒂尼服饰有限公司代理，萨巴蒂尼男装品牌系乔治·斯费兹先生1975创立于法国巴黎。至今萨巴蒂尼已遍布欧洲各国，并于2000年首次进入中国服装市场。萨巴蒂尼主要以男士服装服饰系列产品为主，面料手感极其柔软舒适，光泽度极高	产品的面料选择较为考究；衬衫和西服的面料高档精致；卖场空间设计较好，注重陈列；包装等细节方面做得较好
GORNIA	北京威可多服饰有限公司代理，于2002年正式登陆中国市场。品牌扎根于市场的深层需求，从产品设计、面料引进、板型工艺到生产流程监控等各方面都保证服装服饰自然流露出优雅的气质	产品工艺精良、注重VIP会员管理、提供私人定制等高级服务

（二）广东板块男装品牌

广东地区各大商场的品牌众多，中高档商务休闲品牌主要有BOSSsunwen、DIKENI、V.E.DELURE、DEICAE、CANUDILO、KALTENDIN、VERSINO、SAISTPALON、A.JESDANI等。这些品牌注册地多为国外，现集中在国内广州深圳一带运营品牌的具体业务，并在中高端男装市场中占据了国内重要的市场份额。如表10-4所示。

表10-4 广东区域商务男装品牌

品牌注册地/运营地	品牌优劣势	销售网络	品牌介绍
迪柯尼 意大利/中国广州（2001）	产品设计方面强，能较好维持品牌形象	DIKENI在国内的一线商圈建立专卖店两百多家，在全国开设免税旗舰店二十多家，品牌影响力较大	品牌文化、概念定位准确清晰、设计研发能力强。每个季节都能推陈出新，产品较富有新意

续表

品牌注册地/运营地	品牌优劣势	销售网络	品牌介绍
迪莱 法国/中国广州（2001）	注重品牌文化和品牌形象，营销推广活动丰富，注重VIP客户的管理	V.E.DELURE在全国各大城市开设专卖店两百多家，覆盖区域较广	品牌的产品系列分为经典商务和经典休闲系列、服装配饰品种丰富。其产品的标志性设计元素为"三角形图形"
卡奴迪路 意大利/中国广州（1996）	面料高档，款式色彩丰富；西服用料等与国际知名面料商合作，注重提升品牌形象。品牌以面料好在业内著名、曾赞助全明星高尔夫球队队服	目前，CANUDILO在全国已开设有近两百余家品牌店面	CANUDILO假日运动系列将现代休闲的概念归结为"1+3"模式，即"外出旅行+休闲、度假、运动"简洁的造型剪裁，无拘无束地搭配混合
博斯绅威 英国/中国广州（2001）	T恤产品主打，休闲裤板型好；品牌定位准确。黑标和银标的产品整合在一起，导致其目标消费群混乱，不利于品牌发展；品牌文化宣传不到位；会员管理制度极不完善	BOSSsunwen的销售网络在全国各大一线城市的直营和加盟代理了共计三百多家形象专柜（服装）。并开设了皮具、鞋业等专柜，在业内形成了较好的口碑和知名度	品牌在国内的运营逐渐上轨道，产品用料考究、追求品质。目前推出了Black Label和Silver Label，以适应不同顾客群的需求
梵思诺 意大利/中国深圳（1997）	产品面料丰富；注重卖场空间和店面陈列设计；产品款式较老沉，不够创新	在广州、深圳区覆盖率较高	负责VERSINO品牌运营的是深圳市中惠福实业有限公司，是隶属于"宏兴国际"的国内分公司
圣宝龙 意大利/中国广州（1996）	货品较占优势，款式多样、色彩丰富，裤子板型较好，选择余地大；品牌色彩方面控制一般，如夏季花T恤很多，色彩很杂，品牌形象欠统一	SAINTPAULON主要在全国一、二线百货、购物中心销售，已开设店铺两百余家	专为成功人士定做的高档商务休闲服饰，全部原料进口，80%以上的商品都来自意大利原装进口，以男士服装为主，服饰配件、皮件为辅的全系列产品

第二节　商务男装品牌比较

一、商务男装品牌产品比较

（一）花型比较

从产品面料花型分析（图10-2），各品牌均在T恤和衬衣的面料花型上大做文章，以条纹作为主打，以不同宽窄、不同色彩应用在服装主体或者部分细节上，富于变化，不再像以往单纯以条纹大面积地铺满，同时搭配一些单独纹样和LOGO的设计。不过从近几年的流行趋势上分析，几何图形被越来越多地运用在男装面料的设计上，特别是一些不规则或者抽象的图形受到了追逐时尚和个性的男性消费者的推崇，同时也使得商务休闲男装的目标消费者年龄层增加，吸引了更多年轻的白领前来消费。

条纹（主打）

几何图形

品牌LOGO

单独纹样

图10-2　商务休闲男装花型比较

（二）面料比较

高级男装之所以能开到几万甚至几十万元的价格，面料因素占了很大的分量，众多品牌都在寻找独特而珍贵的面料，用以彰显自己的尊贵，还能与其他品牌有所区别。国外的面料企业研发能力较强，国内许多定位中高端的男装品牌，很多面料都依靠国外进口。国产面料与进口面料相比，无论是色光、手感以及成衣后的性能方面都有一定差距。

从面料选材分析（表10-5），目前各男装品牌偏向于运用一些新型混纺面料，因为这类面料较传统纯棉或纯毛等面料的服用性能和品质感更好，特别是一些品牌在西服正装面料中加入了记忆性材料和羊绒，不仅在舒适度上有所提升，面料挺括、手感饱满，保型性好，而且在服装后整理上也能起到很好的作用。

表10-5　商务休闲男装面料比较

品牌/单品	T恤	衬衫	西服	休闲裤	领带	配饰
BONI	竹炭纤维、棉涤与竹炭纤维混纺	棉	野性狐狸绒、羊毛、形态记忆型面料、高效暖绒（新雪丽）、羊毛涤纶混纺纱线	棉、棉涤混纺	桑蚕丝	竹炭纤维、棉涤与竹炭纤维混纺
BOSSSUNWEN	棉、桑蚕丝、棉+桑蚕丝	棉、棉加少量桑蚕丝	96.9%羊毛+3.1%涤纶；99.7%羊毛+0.3涤纶；91.1%羊毛（含微量羊绒）+8.9%桑蚕丝	棉、莱赛尔纤维、棉+涤纶	桑蚕丝	牛皮、鸵鸟皮
CANUDILO	棉、冰丝、桑蚕丝	棉	羊毛	棉	桑蚕丝	牛皮
DIKENI	棉、桑蚕丝、棉+桑蚕丝	棉、棉加少量桑蚕丝	羊毛、97%羊毛+0.3%羊绒	棉、97%棉+3%涤纶	桑蚕丝	牛皮

续表

品牌/单品	T恤	衬衫	西服	休闲裤	领带	配饰
GORNIA	绢丝、桑蚕丝、棉	美国SUPIMA棉	萨克松羊毛、美丽奴羊毛	纯棉、棉+涤纶	桑蚕丝	牛皮
LAMPO	棉、桑蚕丝	棉	羊毛、78.1%羊毛+12.8%桑蚕丝+9.1%羊毛、85%纯羊毛+15%纯羊绒、99.3%羊毛+0.7%羊绒	棉、棉涤混纺	桑蚕丝；里料：羊毛	皮具：牛皮、羊皮；袖扣：铜、贝壳、琉璃
S.D. spontini	棉、桑蚕丝棉+桑蚕丝	120～240不同织纱棉	羊毛、羊毛+桑蚕丝混纺	棉、棉涤混纺	桑蚕丝	牛皮
VICUTU	桑蚕丝、棉、三丝光棉、天丝	极品特长绒棉、PIMA棉	棉、97%羊毛+3%涤纶、67%棉+33%桑蚕丝、70%棉+30%氨纶、64%羊毛+34%涤纶	纯棉、棉+涤纶	桑蚕丝；60%棉+40%桑蚕丝	牛皮

（三）板型比较

从西服板型分析（图10-3），由于所有商务休闲男装品牌均采用欧板的西服板型，采用收身剪裁，以紧实的腰线、挺括的胸型和干练的肩部线条体现板型的修身时尚与现代感。基本采用单排两粒扣，后中开叉的样式。

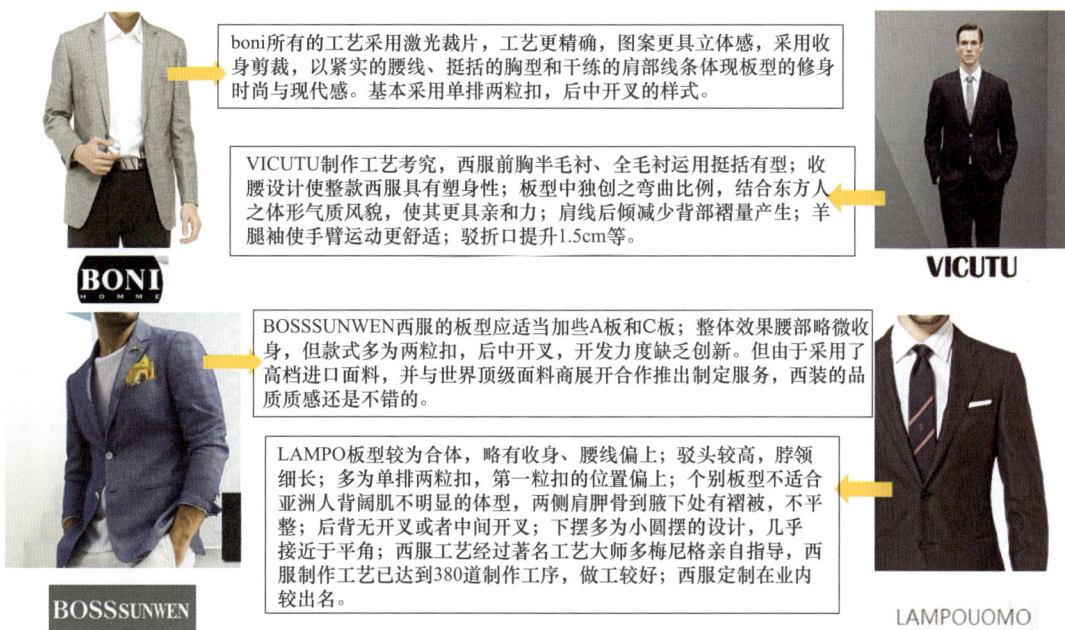

boni所有的工艺采用激光裁片，工艺更精确，图案更具立体感，采用收身剪裁，以紧实的腰线、挺括的胸型和干练的肩部线条体现板型的修身时尚与现代感。基本采用单排两粒扣，后中开叉的样式。

VICUTU制作工艺考究，西服前胸半毛衬、全毛衬运用挺括有型；收腰设计使整款西服具有塑身性；板型中独创之弯曲比例，结合东方人之体形气质风貌，使其更具亲和力；肩线后倾减少背部褶量产生；羊腿袖使手臂运动更舒适；驳折口提升1.5cm等。

BOSSSUNWEN西服的板型应当加些A板和C板；整体效果腰部略微收身，但款式多为两粒扣，后中开叉，开发力度缺乏创新。但由于采用了高档进口面料，并与世界顶级面料商展开合作推出制定服务，西装的品质感还是不错的。

LAMPO板型较为合体，略有收身、腰线偏上；驳头较高，脖领细长；多为单排两粒扣，第一粒扣的位置偏上；个别板型不适合亚洲人背阔肌不明显的体型，两侧肩胛骨到腋下处有褶被，不平整；后背无开叉或者中间开叉；下摆多为小圆摆的设计，几乎接近于平角；西服工艺经过著名工艺大师多梅尼格亲自指导，西服制作工艺已达到380道制作工序，做工较好；西服定制在业内较出名。

图10-3　商务休闲男装西服板型比较

（四）服饰配件比较

从服饰配件分析（图10-4），各男装品牌均在专柜内设置专门的配件陈列，配合当季的服装造型，基本以领带和小皮件为主，也会配合商场或品牌活动有一些产品组合的礼盒；也有一些品牌开始关注内衣的搭配，使消费者从内而外感受到品牌带来的时尚品位和氛围。同时，部分品牌在商场会专设服饰配件柜台，也有的将配件单独成立品牌的副牌进行销售。

图10-4　国内商务休闲男装品牌配饰比较

二、商务男装品牌特点及优势比较

中高档商务休闲男装普遍进入市场时间并不长，并且产地大多集中在广东、北京、上海等地，但是由于关注自身品牌建设，所以在产品和服务上均有各自的品牌优势，而且都集中在商场做自营和代理的销售。这样的好处在于商场有着显著的销售优势，比如，客流量大、诚信度好、促销力度较大、产品售后服务有保证，使得经营风险相对较低，并且可以借助商场的知名度和信誉提升本品牌的影响力。具体如表10-6所示。

表10-6　商务休闲男装品牌特点及优势比较

品牌	地区	品牌特点	品牌优势
BONI	上海	2002年进驻国内市场，公司擅长于人员管理，品牌发展快速，品牌在全国各大城市深受男士们喜爱	目标客户群明确，产品整体风格形象统一
BOSS SUNWEN	广州	分经典正装和商旅休闲系列；面料质地上乘；售后服务特别好，VIP赠品丰富，礼品回馈力度大	注重面料选材、功能性面料的开发、产品系列定位等
CANUDILO	广州	善于走品牌自己的路，定位准确，注重产品面料的选择	店面形象、陈列较好

续表

品牌	地区	品牌特点	品牌优势
DIKENI	广州	品牌文化、概念定位准确清晰、设计研发能力强。每个季节都能推陈出新，产品较富有新意	目标客户群稳定；产品整体形象风格统一
GORNIA	北京	从产品设计、面料引进、板型工艺到生产流程监控等各方面都保质保量，注重VIP会员管理，提供私人定制等高级服务	终端卖场讲究陈列设计时尚性；货品风格较为统一
LAMPO	江苏	在面料的选择上精挑细选，质地较好；品牌强项为西服；各个店面形象统一，请意大利著名手工艺师亲自指导	西服的板型及其面料选择，定制服务较完善、工艺精湛
S.D.spontini	北京	在设计风格、款式、面料上注入了新鲜的概念和活力，注重品质，终端卖场的形象较高端	面料为其主打特色；卖场空间设计较好，注重陈列；包装等细节做得较好
VICUTU	北京	品牌定位准确、产品线齐全；西服、衬衫为其主打单品，板型丰富、号型全；产品价格线较全，从低到高满足顾客不同的需求；全球联网会员系统管理，顾客的忠诚度较高；提供定制等私人服务	产品设计风格统一、终端卖场的陈列设计较好；会员制度完善

第三节 中国男装品牌经营模式

一、研发模式

（一）男装品牌产品研发模式

目前中国男装企业的研发模式大多采用公司自主研发与委托研发相结合的方式（图10-5）。多数品牌男装企业都设有内部研发部门，负责公司产品的整体设计工作和风格导

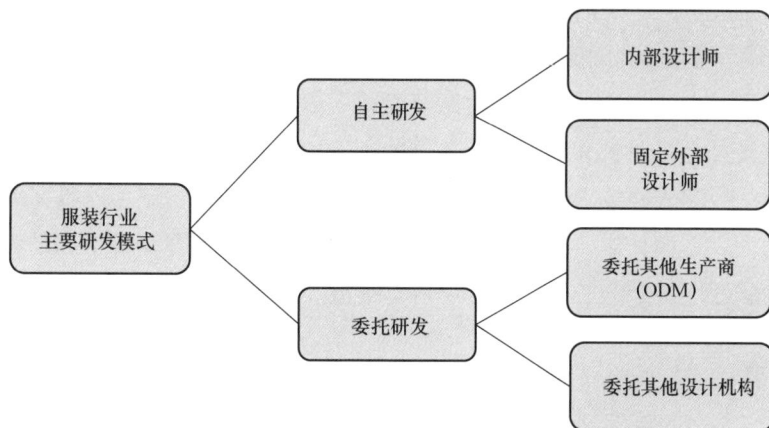

图10-5 男装行业研发模式

向。同时，男装研发过程中也会有许多设计公司或工作室参与，它们的设计能力是企业自主研发的有力补充。

（二）男装研发与品牌定位近似的女装相比具有的特点

一是男装品类和款式少，季节性变化较小，特别是在日常公务、商务旅行等较为正式的场合使用的男装服饰搭配的选择余地较少。高级男装服饰不以品类数量见长，主要在面料、颜色、花纹、配饰、细节剪裁及工艺等方面体现不同的款式。而高级女装品类繁多，款式也相应多，流行速度变化快，季节性变化大，各种女装的搭配都可以满足日常公务、商务旅行的需要。

二是产品品质的要求更高。由于购买习惯和产品价格范围的差异，男士选择服装时一般对产品的品质要求更高。一般而言，男性购买服装的频率较低，购买时也容易更快做出决定，品牌忠诚度更高，因此，男装产品品质是决定是否购买的最重要的因素之一。相对而言，女装产品品质对购买决定的重要性有所下降。定位相似的服饰，男装的价格范围区间整体较女装高，也从另一个方面对男装产品品质提出了更高的要求。

三是剪裁、配色和工艺制作等方面与女装存在较大差异。由于男性与女性体型及运动量的差异，一般而言，男装更注重线条的轮廓性、整体性的勾勒，需用设计充足的加放量来体现"平"和"挺"的要求，男装造型结构比较稳定，色彩也更偏简单和纯粹，制作工艺较为简单和专业。而女装更注重"线条感"，一般采用较小的加放量，造型结构跟随流行趋势有较大变化，色彩更丰富，在面料处理和制作工艺上也有更多的选择，如刺绣、钉珠、洗褪等。

四是男装适销周期相对更长，因此设计师需要把握较长时间的流行趋势，以保证产品契合高级男装市场的时尚潮流，达到艺术性和商业性的良好结合。

二、生产模式

按照生产模式不同，国内主流男装品牌分为两类，一类是制造商品牌，一类是零售商品牌（图10-6）。制造商品牌一般拥有自身独立的生产体系，可以实现即时按单生产，并可快速根据市场需求调整产品形式和生产节奏，有效控制成本，降低库存风险。零售商品牌大多通过生产外包的形式保证自身产品的供应。OEM生产是它们较常选取的方式，即利用自己掌握的关键核心技术负责设计和开发新产品，控制销售渠道，具体的加工任务通过合同订购的方式委托其他厂家生产。同时，也有些零售商品牌采取ODM的方式，即委托其他厂商，为其设计、生产产品，自身仅负责销售。

三、销售模式

目前男装企业的销售模式分为分销和直营两种（图10-7）。所谓分销，指生产者通过其他第三方经营者（特许加盟商、外贸公司等），将产品销售给终端消费者的销售方式，

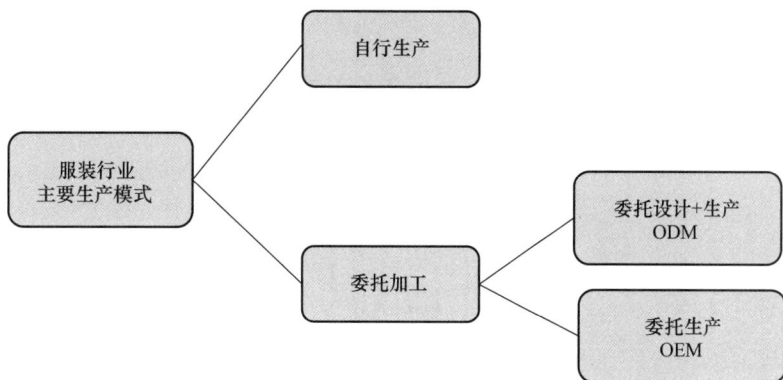

图10-6　男装行业生产模式

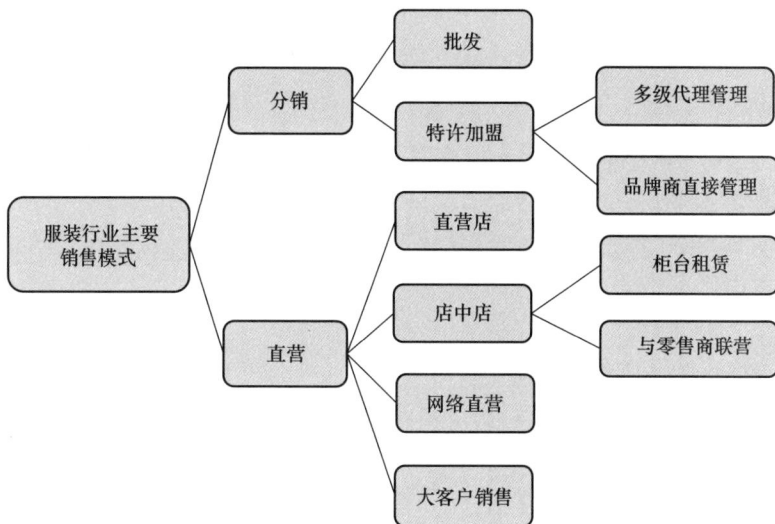

图10-7　男装行业销售模式

生产者不直接面对消费者，其与第三方经营者之间的关系可以是批发式的简单买卖关系，也可以是包含授权、单方许可、买卖等多重合同关系的特许加盟方式；直营，是指生产者直接向终端消费者进行销售的方式，具体形式包括开立直营店、店中店、面对大客户或通过网络进行销售。

　　传统国内男装企业大多以制造商的身份起家，因此以批发、特许加盟为主的分销模式成了大多男装企业采用的主要销售模式，该种方式可以减少销售网络建设的投入，降低成本，库存风险也较小。而随着市场的发展，品牌建设成为男装企业发展的重要环节，因此为了更好地扩大品牌影响力，通过开设直营店等方式进行直营成为目前主流男装企业发展的方向。

第四节 卡奴迪路男装品牌案例

2013年国内经济增长继续放缓,国家统计局公布数据显示GDP增幅仅为7.7%,创近年新低;同时受消费意愿下降和经营成本上涨等因素影响,2013年全国百家重点大型零售企业零售额增长8.9%,增速较上年放缓1.9个百分点,连续两年下滑,为2005年以来最低;其中服装类商品同比增长5%,增速较上年放缓7.3个百分点,行业增速明显放缓。

2013年是卡奴迪路(CANUDILO)上市后第一个完整年度。作为传统服饰零售业,在行业增速放缓、竞争加剧、经营成本上升以及终端业态变化的冲击下,面临着巨大的压力和挑战。公司沉着应对,于不利环境中寻找机遇,积极转型,为公司未来的发展谋篇布局。其间公司根据"国际化服饰品牌运营商"战略定位,强化卡奴迪路品牌国际化建设,并开展多模式、多层次的合作经营,在营销网络建设、品牌资源整合、买手集合店以及品牌美誉度、影响力等方面取得了一定成绩。近年来公司产品销售快速增长,2008~2010年,公司营业收入分别为14,533.06万元、24,891.05万元和33,706.76万元,年均复合增长率为52.29%,2011年1~6月,公司的营业收入为22,074.11万元,达到2010年全年营业收入的65.49%。

一、卡奴迪路品牌定位与优势

(一)品牌定位

卡奴迪路品牌定位高级男装市场,产品突出高端形象和时尚品位,以年均收入在12万元以上各界精英人士为目标消费群体,旗下打造了商务和假日两大产品体系。目前商务系列产品层次划分清晰,设有金标(正装)、银标(偏时尚休闲)和咖标(商务休闲),其中,咖标规模最大,占比达到70%,是公司未来定位重点继续提升的对象。而假日系列与商务系列消费者年龄定位相仿,主要是为了实现市场的对接,即可以满足同一批客户群体在工作及休闲等不同场合的着装需求。如表10-7所示。

表10-7 卡奴迪路品牌的定位

涉及方面	内　　容
产品及目标消费群	产品涵盖商务及假日两大系列产品;目标消费群为年收入12万元以上的各界精英人士
经营理念	在全流程的精细化控制下,为顾客塑造精致优雅的形象,与全球的成功男士一起分享商旅生活,以传承经典、传播时尚、传递梦想为使命,缔造新的商旅传奇
品牌核心理念	精致、简约、品质

涉及方面	内　　容
品牌核心诉求	崇尚优雅的商务与旅行的生活方式，主张探索、分享与超越的艺术精神
品牌个性	设计优雅、面料精美、制作工艺卓越，为顾客提供国际化品质
品牌地位	成为中国商务休闲男装领带品牌

资料来源：公司招股说明书、招商证券

（二）品牌优势

卡奴迪路品牌已成为国内较具影响力和知名度的高级男装服饰品牌之一。卡奴迪路品牌是公司最核心、最具价值的无形资产。公司坚持国际高端品牌营销理念，延续有效的品牌宣传策略，致力于终端形象推广，推动品牌国际化的发展目标。公司聘请国际超级名模Andrew Cooper、Jeremy Dufour作为品牌形象代言人；公司还通过走秀、静态展、互动等形式，在多个地区相继开展品牌路演推广活动，提高品牌影响力，并在国内标志性高级百货、高档购物中心、枢纽机场的黄金位置树立高端品牌终端形象。

目前卡奴迪路品牌在高级男装服饰行业内享有较高的认知度，公司品牌建设的卓越表现为公司销售业绩提供了有力支持，品牌价值的提升更为渠道、产品、运营模式的升级提供了有力保证。

（三）营销网络优势

目前，公司在专注自有品牌成长的同时展开了多层次、多模式的品牌运营方式，在整合人才、品牌、渠道资源方面实现了新的飞跃。

高档男装市场的渠道体系主要布局在高档百货、核心机场和高星级酒店等领域，其中，高档百货是最核心的渠道，Euromonitor研究报告显示，2009年中国高档男装通过高档百货渠道实现的零售金额占比达74.6%。

公司已成为国内少数拥有完整覆盖一、二线城市高端核心零售商圈以及枢纽机场的高级男装服饰品牌零售商之一。公司与包括仁和春天百货、王府井百货、新世界百货、上海百联、广州友谊、湖南友谊阿波罗、卓展集团、银泰百货、深圳万象城、南京金鹰、巴黎春天、澳门金沙城中心等在内的标志性高端连锁百货建立了稳定的长期合作关系，为品牌市场份额持续扩大奠定了良好的基础。公司在营销网络扩张的同时，注意增强品牌控制力和发挥直营店的辐射效应，采取"一、二线城市主要发展直营店、其他城市主要发展加盟店"的渠道模式，保证公司营销网络优势的持续性和相对稳定。

截至2013年12月31日，公司门店总数为531家，较2012年12月31日净增88家。其中，直营店为343家（含国际代理品牌店30家、国内代理品牌店22家、机场店21家、港澳店7家），加盟店为188家，与行业同等定位企业相比，公司终端零售规模处于领先地位。大力拓展港澳业务。澳门市场具有客流集中、客单价高等消费特点，公司继续深耕澳门市场，在澳门的门店数增至6家。

公司组建了高级定制团队，开展全国范围的高级定制业务。定制业务目前尚处于培育期，未实现年度业绩目标。公司认为高级定制业务是针对集团或单位消费群体，量身定制，以顾客为中心，以量体师和设计师的服务为重点，强调专属感和个性化，具有很大的市场发展潜力。

（四）国际品牌管理能力优势

经过多年的品牌运作及与国际一线品牌的合作，公司培育了优质的零售渠道资源和较强的终端管理能力，赢得了国际一、二线品牌的认可，也创造了更多的国际品牌合作机会。截至2013年6月30日，公司已与巴利（BALLY）、万星威（MUNSINGWEAR）、新秀丽（Samsonite）、美旅（American Tourister）、菲拉格慕（Ferragamo）、保罗鲨鱼（PAUL&SHARK）、雷诺玛（RENOMA）、鲁彼昂姆（LUBIAM）、韩国熙格（SIEG）、韩国熙格·菲恩海特（SIEG FAHRENHEIT）以及巴宝莉（Burberry）、阿玛尼（GIORGIOARMANI）、雅诗兰黛（Estee Lauder）、兰蔻（LANCOME）、资生堂（SHISEIDO）、SK-II、赫莲娜（HR）、雨果博斯（HUGO BOSS）等国际品牌建立了品牌销售代理关系。

自有品牌与代理模式的结合，有助于两个体系实现资源共享，利益互惠。一方面，自有品牌可以享受国际代理品牌的高档原辅料供应商资源、优质的代工商资源及成熟的品牌运营经验，提升自身的定位；另一方面，代理品牌可以利用公司现有的高端渠道资源对中国市场进行拓展。

国际知名品牌拥有完整的品牌管理、供应链管理体系和终端控制机制，公司通过与其合作，吸收了国际先进的品牌管理经验，提升了自身的品牌运营能力，并通过参与国际品牌终端维护，获得了国际品牌终端零售的最新资讯，提升了公司品牌终端形象的国际化水平。同时，公司在澳门市场的品牌集合店运营已日渐成熟，公司将在国内（包含港澳地区）的购物中心（例如太古汇、澳门金沙城等）大力展开多品牌的集合店运作模式，加快实现国际化服饰品牌零售企业的战略目标。

（五）产品品质及服务质量优势

公司将高档次面辅料、高品质制造工艺、高产品质量标准良好结合，确保公司产品的高端品质。公司产品采用了杰尼亚公司（Zegna）、伊·托马斯公司（E.THOMAS）、芬泰丝公司（FINTES）、维达莱股份公司（VITALE BARBERISCANONICO）、露兹博涛集团（Luigi Botto）、瑞士ALUMO工厂（Switzerland ALUMO）等国际知名面料商提供的真丝、超薄牛皮、手捧羊皮、西班牙"拉多玛"羊羔皮双面皮毛、钻石纤维、珍珠棉、中央棉、德国进口的涤纶呢料等高档面料，德国海莎衬、施华洛世奇水晶扣、德国富达菲斯呢、日本NFK领衬等高档辅料。

公司针对高端消费群体推广VIP顾客系统建立起差别化的服务标准,在高级男装服饰行业内享有较高的认知度,公司拥有包括演艺名人、企业家、职业经理人等在内的VIP客户11,000余名。

二、卡奴迪路品牌运营

(一)运营模式优势

公司采用虚拟经营的品牌运营模式,具有典型的轻资产经营特征(图10-8)。在这种模式下,公司将服装产业链中的低附加值的生产、配送等中间环节全面外包,而紧紧掌控设计、品牌推广和终端销售等最具价值的核心环节,既降低了生产环节和规模扩张过程中的风险,又能够最大程度地集中资源,专注于高级男装服饰的设计开发、品牌推广和营销渠道建设。公司将品牌优势和产品设计优势与生产企业的加工优势相结合,同时将品牌和终端管理优势与加盟商的渠道优势相结合,形成了资金流、物流、信息流的良性循环和高效运转,实现经营规模的柔性扩张。就服装行业而言,处于零售终端环节的品牌服装企业利润空间最大,其盈利能力、成本转嫁能力、抗风险能力最强。公司虚拟经营的运营模式突破了传统制造为主的服装行业,通过致力于产业链中高附加值的设计、营销推广环节,已经升级为提供高附加值产品的服务产业。

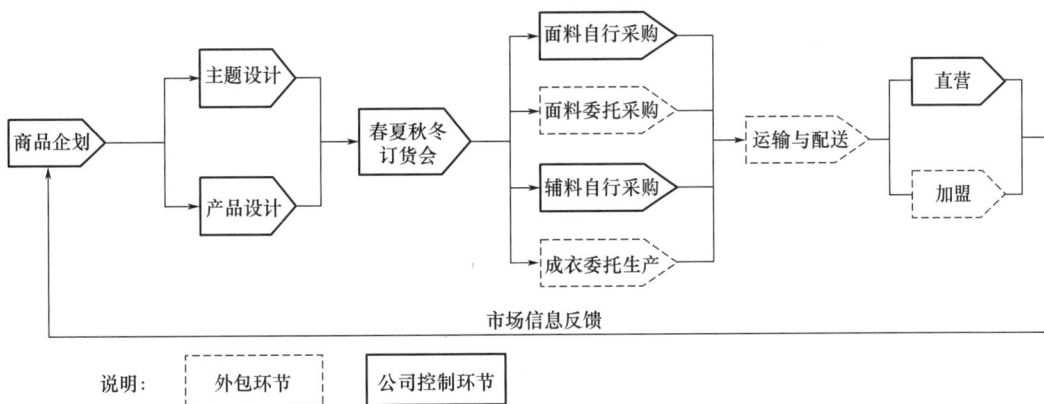

图10-8 卡奴迪路主要经营模式简要流程

(二)与国际男装品牌的差距

国际一线品牌由于资金、品牌和设计等方面的优势占据主流市场地位,在一、二线等重点城市具备强大的竞争优势;国内品牌利用更加熟悉消费者偏好、体型特点、地域差异、渠道下沉等方面所带来的本土化优势与国际品牌进行差异化竞争(差异化主要体现在品牌定位、价格定位、渠道布局等方面),并通过持续的学习和积累缩小与国际品牌在品牌运营和研发设计等方面的差距，在广大的二、三线城市具备较为显著的比较优势。目前已进入中国高档男装市场的国际品牌包括GIORGIO ARMANI、Ermenegildo Zegna、Cerruti 1881、Dunhill、Hugo Boss、Durban、Kent&Curwen等。由于公司整体定位和价格体系与国际二线品牌有所重合，导致公司与国际品牌及国内同等品牌间的竞争将日益加剧。卡奴迪路与处于同等价位的高端男装产品在品质上差异不大，若想在消费群体中得到认可，必须在品牌认知度、服务体验及VIP管理上下工夫，但由于目前国内高端男装品牌较国际品牌而言，积淀时间尚短，品牌质地及认知度均不及国际品牌，这势必会使国内品牌在激烈的竞争中处于不利之势。因此，卡奴迪路品牌日后发展的关键就是如何在激烈的竞争中寻找到针对国际高端品牌的合理的经营策略，使品牌质感逐步提升，发展路径尚可更加清晰。

（三）与国内商务男装品牌竞争的差距

公司更直接的竞争对手主要是国内同类品牌，这些国内品牌以广派品牌为主，主要包括卡尔丹顿、沙驰、博斯绅威、爵士丹尼、梵思诺等。下面将卡奴迪路与定位类似的港股企业——长兴国际进行对比，以便分析公司目前在业内的地位及未来可提升的空间（表10-8）。

表10-8 卡奴迪路与长兴国际对比分析

公司名称	市场定位	产品设计	产品丰硕度	生产模式	渠道模式	渠道规模	订货方式
卡奴迪路	一、二线城市及购买力强的部分三线城市	聘请意大利马拉龙各公司的毛里求奥·巴尔达萨利先生等国际服装设计师担任公司的设计顾问，拥有24名兼具创新意识和对国际流行趋势有良好研判和捕捉能力的设计师，年设计款式达到1000余款	自有品牌：包括商务及假日两大系列，产品涉及西装、衬衫、夹克风衣、T恤、裤子、裘皮、棉褛、皮具和饰品等九大类；代理品牌：巴利、万星威、新秀丽、美旅等国际知名品牌的服饰、箱包和皮具	外包生产	直营为主，加盟为辅	截止至2011年底，公司拥有318家营销网点（含5家国际代理品牌店），其中直营渠道数量175家，加盟渠道数量143家	每年3月及8月举办春夏、秋冬两次大型订货会，集中订货占全年销售额的90%
长兴国际	一、二、三线城市，对准中高端至高端男装市场	拥有迪莱和铁狮丹顿两大自有品牌，公司广州总部拥有一支13人组成的设计团队	自有品牌：男装服饰及配饰；代理品牌：卡地亚、Harmont&Blaine	自主生产与外包相结合	直营与加盟并进，但以加盟为主导	截止2010年底，公司共拥有门店328家，其中直营及联营终端114家，代理终端214家	每年两次订货会

资料来源：卡奴迪路招股说明书、长兴国际年报、招商证券

三、买手集合店建设

近年来，传统百货零售渠道由于客流量下降、同质化竞争加剧、促销活动频繁等因素面临挑战，以求变转型，而购物中心因其具有的观赏性、娱乐性、休闲性、艺术性等特点悄然兴起，终端零售业态发生了较大变化。同时，移动互联网时代的传统零售业有可能通过O2O等创新重新爆发生机，终端零售业态发生了较大变化。面对行业新形势变化，公司及时做出战略调整，决定增加门店类型即在高端购物中心开设品牌集合店并引入买手制。其特点为买手团队根据市场需求进行产品系列搭配和调整，不限于在同一门店经营单一品牌，允许单个门店同时经营多个品牌，允许公司自有品牌和代理品牌在同一个集合店进行销售。2014年公司前期准备建设的集合店分别为广州太古汇（约3000平方米）及澳门金沙城（约1000平方米），合计网点建设面积约为4000平方米，主要经营国际代理品牌、自有品牌卡奴迪路商旅和卡奴迪路假日。

四、公司代理品牌产品的业务流程

截至2011年6月30日，卡奴迪路公司代理了登喜路（Dunhill LINKS）、巴利（BALLY）、万星威（MUNSINGWEAR）、新秀丽（Samsonite）、瑞士军刀（WENGER）、阿玛尼饰品（EMPORIO ARMANI）等国际品牌的服饰、箱包及皮具的销售。公司代理国际品牌的主要经营模式为按照国际品牌的开店标准，以买断式采购货物方式为主，按照国际品牌的统一营销策略和业务规则销售产品（图10-9）。

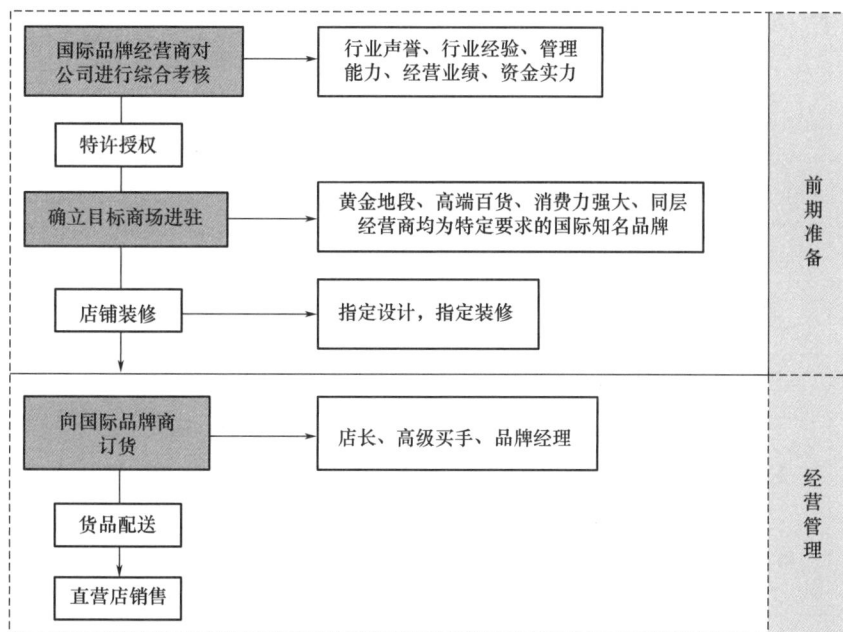

图10-9　代理品牌产品的业务流程

五、营销管理模式

公司采取直营与特许加盟相结合的混合模式建立终端销售网络。综合经济发展水平和居民购买能力以及现有资金实力的考虑，公司目前在国内一、二线城市以设立直营店为主，其他城市以设立加盟店为主。公司对门店的管理方式和特点如表10-9所示。

表10-9　商务男装营销管理模式

涉及方面	自有品牌产品销售			代理品牌产品销售
	直营店		加盟店	直营店
	联销模式	非联销模式		联销模式
销售产品	自有品牌产品	自有品牌产品	自有品牌产品	代理品牌产品
主要区域	一线城市及二线城市的核心区域	一线城市及二线城市的核心区域	部分一线城市、二线城市的次核心区域及经济发达的三线城市	一线城市及二线城市的核心区域
场地提供方式	联营方提供	公司租赁	加盟商提供	联营方提供
员工管理	人事权：按联营合同约定人员委派和管理方式，有公司委派和联营方等合作方委派两种方式；培训：有公司定期统一组织培训	人事权：公司统一委派和管理；培训：由公司定期统一组织培训	人事权：加盟商委派和管理；培训：由公司定期统一培训	人事权：由公司统一委派和管理；培训：由公司定期统一组织培训
产品定价	公司统一市场定价	公司统一市场定价	公司统一市场定价	按代理品牌提供商的统一市场定价
货款结算	对顾客销售时，通过联营商系统统一收款，下月初根据联营商提供的上月销售清单，按联营合同确定的分成比例实行净额结算，并由公司向联营商开具增值税发票	对顾客销售时，以现金或POS机进行结算	对加盟商实行买断式销售，按加盟合同确定的折扣比例计算应收货款，先按订单结算货款，再组织发货	对顾客销售时，通过联营商系统统一收款，下月初根据联营商提供的上月销售清单，按联营合同确定的分成比例实行净额结算，并由公司向联营商开具增值税发票
发票开具方式	对顾客销售时，由联营商根据销售电脑小票开具发票	对顾客销售时，由公司根据销售电脑小票开具发票	对顾客销售时，由加盟商所联营的百货商场开具发票	对顾客销售时，由商场根据电脑小票开具发票
信用政策及退换货条件	顾客可以按规定退换货	顾客可以按规定退换货	根据加盟商以往的信誉情况，对优质加盟商给予一定的赊款提货额度；信用赊款提货额度最高不超过每季该加盟商提货额的三分之一；不得退货，可以有一定比例的换货	顾客可以按规定退换货

（一）公司对直营店的管理

公司直营店按与渠道提供商合作方式的不同分为联销模式和非联销模式。

1. 联销模式直营店的管理

公司联销模式直营店的运作模式为：公司与高级百货、高档购物中心、五星级酒店或机场商业经营者（以下通称商场）签订联销合同，由商场提供场地和收款服务，公司提供产品和销售管理，商场按约定零售额的一定比例扣取应得部分。商场每个月根据上月销售情况与公司进行结算，公司按照商场提供的结算单向商场开具增值税发票，商场将扣除应得部分后的销售款净额划给公司。公司与商场签订的合同一般包括位置、面积、期限、续期选择、费用比例、付款方式等条款。公司门店形式以联销模式直营店为主。

按照公司与商场签订的联销合同，公司对联销方的分成有两种方式：一种是不设保底销售额，按门店当月实际销售额及约定比例结算商场的分成款；另一种是设定保底销售金额，根据门店当月实际销售额与保底销售额孰高的原则确定最终结算销售额，按约定比例结算门店分成款。

2. 非联销模式直营店的管理

非联销模式直营店运作模式为：公司与高档百货商场、五星级酒店或机场商业经营者（以下通称商场）签订租赁协议，分期支付固定租金。该模式下公司通过子公司或分公司的形式开展营销活动，按照税务登记的名称向终端消费者开具普通销售发票，公司负责产品、销售管理及收款业务。公司与商场签订的协议一般包括位置、面积、期限、续期选择、租金额、付款方式等条款。目前公司非联销模式的直营店有4家，包括广州中国大酒店店（由越秀分公司负责）、澳门威尼斯人酒店店（由澳门卡奴迪路负责）、澳门威尼斯人酒店假日店（由澳门卡奴迪路负责）、广州太古汇购物中心店（由狮丹公司太古汇分公司负责）。

为充分发挥直营店在提升品牌形象和支持公司市场拓展战略方面的作用，公司针对直营店制订了全方位的标准管理体系，主要内容包括门店开业流程、门店审核、产品订货、产品价格控制、门店营销活动、门店形象管理、货品管理、信息管理系统、资金结算、店员培训、绩效考核等方面。公司将直营店按照销售收入、销售数量、商场排名等指标划分为A、B、C三级门店进行分级管理，并通过公司直营部区域经理以及督导员对直营店的销售、订货等情况进行管理、指导和巡视。

（二）公司对特许加盟店的管理

特许加盟商通过与公司签订特许加盟合同，取得卡奴迪路品牌的特许加盟资格，通常自行提供经营场地，负责门店所有日常经营，执行公司制订的产品定价和产品价格调整等政策，并通过公司安装的信息管理系统终端实时记录销售状况。为从源头提高加盟店的整体质量，公司对特许加盟商制订了严格的筛选程序，在对加盟商的社会资源、行业经验、销售渠道、资金实力、管理能力等方面进行综合评估的基础上，最终确定其能否与公司正式签约。

　　加盟商必须准时参加公司组织的春夏季及秋冬季订货会，按照合同约定，订购约定限额以上种类和数量的产品，并在订单确认后交付一定比例的定金。公司按照订单组织产品生产，保证在销售季节到来之前，按订单及时组织产品配送。对加盟商，公司采取先按订单结算货款，后组织产品发货的原则。在平时的销售过程中，加盟商可通过公司安装的信息管理系统终端进行货品补充和调配。公司对加盟店同样采取分级管理制度，由加盟部区域经理进行管理和指导。

第十一章 互联网思维下服装品牌O2O 商业模式重构

第一节 互联网思维下O2O商业模式的发展现状与趋势

一、新经济新技术革命对传统商业模式的冲击与影响

（一）电子商务发展趋势与产生的背景

2014年2月27日中国网络安全和信息化领导小组会议上，习总书记指出，"互联网已经融入社会生活方方面面，深刻改变了人们的生产和生活方式。"互联网已经不单纯是一个行业，而是一种工具，一种改变生产和生活方式的工具。2014年10月29日的国务院常务会上，李克强总理谈起即将到来的"双十一"，并以此强调要培育新业态、新产业、新消费热点。李克强说，"网络购物对于快递等上下游行业都有很强的带动作用。有关部门要考虑，怎么通过信息基础支撑、物流便利化等方面创造条件，推动网络购物的发展。"2014年10月30日浙江省省长李强在首届世界互联网大会新闻发布会上表示，浙江互联网产业就是在这片创业创新的"土壤"里生长出来的。今年，浙江省委、省政府做出了加快发展信息经济、打造信息经济大省的战略部署，在信息技术产业、互联网应用、信息消费、信息化和工业化深度融合方面加大推送力度，努力成为全国信息经济发展的先行区。国家工信部出台《电子商务"十二五"发展规划》、落实《2006—2020年国家信息化发展战略》等重要举措，明确电子商务在国民经济发展中的重要位置，并提出发展的总体目标是：到2015年，电子商务进一步普及深化，交易额突破18万亿元。支持流通企业拓展网络零售渠道，结合实体店面和物流配送体系，促进网上网下互动，满足不同层次消费需求，鼓励利用微博、团购、社交网络等创新网络零售发展模式。2011年6月16日浙江省政府发布了《浙江省电子商务产业"十二五"发展规划》，提出到2015年实现电子商务强省目标，为把浙江打造成为"国际电子商务中心"奠定扎实基础。2014年11月19日至21日首届"世界互联网大会"在浙江乌镇举行，显示浙江省在利用互联网，发展新经济改造传统产业的决心和信心。

中国电子商务研究中心2014年7月最新发布预测数据显示，2014年中国服装网购市

场整体规模预计将达到6153亿元，同比增长41.5%，占全国网购市场规模的22.1%。据统计，2013年中国服装网购市场交易规模达4349亿元，同比增长42.6%，占整个网购市场的23.1%。国家商务部的数据显示，2014年第二季度中国网上零售B2C整体交易规模为3204.7亿元，B2C市场服装品类交易规模为877.3亿元，同比增长47.2%。另外，根据淘宝"双十一"大数据分析，服饰是"双十一"主打品类，线下品牌基本占据各品类前十名。2013年"双十一"天猫总交易额达到350亿元，同比增长83%，近5年的复合增长率达到400%以上。其中天猫销售额排名前十的品牌有7家来自服装家纺行业，从一个侧面反映了服饰在电商中的地位以及其发展前景。最新数据显示，2014年"双十一"全国网购总量超过800亿人民币，包裹数量超过5亿个，其中天猫成交额571.12亿元，无线成交243亿元，其中无线成交占比达到42.6%。而浙江在互联网行业的发展上有自身良好基础和独特优势，首先，浙江的互联网应用做得比较好，特别是电子商务比较发达，信息消费能力比较强；第二，浙江围绕互联网这个领域创业创新氛围浓厚，特别是2014年9月19日阿里巴巴在美国成功上市，创下了全球史上最大的IPO交易，更加凸显了浙江互联网的应用；第三，浙江信息基础设施相对比较完善，信息技术产业发展相对比较快。浙江的电子商务交易额一直名列全国前茅，2013年全国约有85%的网络零售、70%的跨境电子商务和60%的企业间的电商交易，都是依托浙江的电商平台完成的。

（二）新经济新技术革命催生网络销售快速增长

宏源证券分析师李振亚表示，2013年全国网络零售总额预计将突破1.8万亿元，网购渗透率达到7.8%，一跃成为全球网络化程度最高的零售市场。而随着移动互联网兴起、移动端购物成为趋势，服装企业纷纷调整商业模式进军这片"蓝海"。2013年华安证券分析师韩君同时表示，能实现线上线下互融互通、更加高效的O2O模式将成为服装企业未来主要发展方向，也将重构市场对服装品牌零售企业的成长预期。根据IBM的统计数据，截至2013年6月，移动网民的数量达4.64亿，比PC网民高出13%。而截至9月这一数字已近8亿，与PC端差距日益拉开，移动互联网购物蔚然成风。在这样的大背景下，电商业务发展已经相对成熟的服装企业纷纷开始转战移动端。

（三）新经济新技术革命对传统商业模式的冲击与影响

关于实体店的"破窗效应"。面对电子商务的冲击，实体店承受着从未有过的压力，越来越多的实体店面沦为"样品店"，这几乎已经成为一种思维定势，加上近期一些品牌店陷入"关店潮"，使得实体店的前景似乎越来越迷茫。服装行业的发展喜忧参半，线下服装市场销售遇冷，线上，"双十一"销售额连创新高，各类消费网站也持续火热。说明新的消费需求和期望正在不断产生，市场低迷只是一种假象，人们的消费需求还远未得到满足。

线下传统服饰品牌在线上有强大的号召力，凭借着品牌运营能力、对工业的深刻理解和对工业及供应链的强效控制力，依托自身庞大资源，从线上、线下双线全渠道进军，以蓄势已久的品牌竞争力和企业硬实力取得网络电商的主动权。要走的路还很长，无论从组织架构调整、ERP系统打通、线上线下同款同价、物流体系架构（总部发货还是线下取货）、终端店员培训、渠道直营化改造、利益分配、营销推广等，都是一个庞大的系统工程。

（四）新经济新技术革命对服装产业的冲击与影响

中国电子商务研究中心2014年7月最新发布预测数据显示，2014年中国服装网购市场整体规模预计将达到6153亿元，同比增长41.5%，占全国网购市场规模的22.1%。据统计，2013年中国服装网购市场交易规模达4349亿元，同比增长42.6%，占整个网购市场的23.1%，如图11-1所示，2009年至2014年中国服装网络购物市场交易规模。2013年服装行业网购渗透率达21.7%，较2012年增长5.8%。2013年中国网络购物市场销售占比最高的品类是服装鞋帽，用户购买率达76.3%，预计2014年服装鞋帽品类用户网购率将占八成。

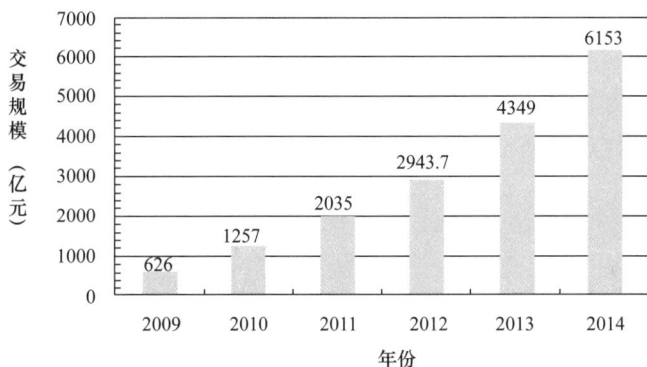

图11-1　2009～2014年中国服装网络购物市场交易规模

中国电子商务研究中心分析认为，2014年中国服装电子商务市场发展将呈现以下运行趋势：服装电子商务的整体规模呈现稳步扩大的趋势，并且将占据中国网购市场的绝对份额；服装移动电子商务将持续发展，并在移动端不断进行渠道拓展和分流；服装电商必须加强自身"诚信度"的建设，努力为消费者营造一个交易透明化、支付安全化的网购体验；"店铺"与"电商"齐心协力相辅相成，线上线下将融合发展；个性化的定制服务将引起服装电商的关注。如图11-2所示。

此前十多年快速跑马圈地的粗放式扩张"后遗症"集中凸显；传统的以批发订货为主的期货制订货模式遭遇寒冬；品牌自身定位不清盲目跟风现象犹存，产品同质化严重，整体风格调性模糊，诉求不明确；整个产业产能过剩，库存高企；新店拓展速度明显放缓，低效店铺大规模调整甚至面临"关店潮"；线下实体店铺正加速沦为线上的"试衣间"，快速崛起的线上品牌以及淘宝商城、京东商城等平台电商和移动互联新模式以井喷态势瓜

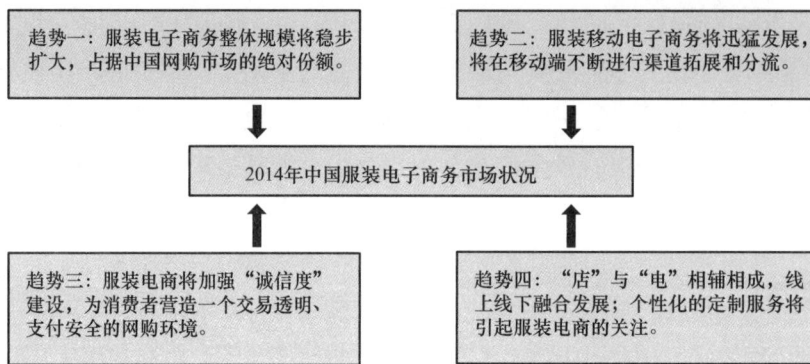

图11-2　2014年中国服装电子商务市场状况

分着传统服装零售品牌的市场份额，加之整个宏观消费市场持续低迷，服装产业正在遭遇前所未有的困境和迷茫，原先靠投资驱动、规模扩张、出口导向的"粗放"型发展模式必须发生根本转变。在这种大背景下，服装企业迫切需要重新审视自身，突破发展瓶颈，巩固既有优势，开拓新优势，寻求新增长点。因此，在互联网时代如何重建消费连接，如何学会运用互联网思维重构品牌商业模式、重塑品牌价值，如何以新的方式和手段响应消费者的新需求，从而全面提升自身核心竞争力，就成为当下服装产业关注和实践的热点。

二、互联网思维下O2O商业模式发展新趋势与新特点

（一）互联网思维的发展趋势与特点

互联网思维，就是在（移动）互联网、大数据、云计算等科技不断发展的背景下，对市场、对用户、对产品、对企业价值链乃至对整个商业生态的进行重新审视的思考方式。最早提出互联网思维的是百度公司创始人李彦宏。但越是以前成功的企业，转型越是艰难，这就是"创新者的困境"——一个技术领先的企业在面临突破性技术时，会因为对原有生态系统的过度适应而面临失败。目前互联网思维观点可以认为是粉丝经济、得粉丝得天下、价值观、需求（刚需）、接地气、大数据（云计算）、逆袭、一切以用户为中心、快速迭代、极致、平台（闭环）、试错（交学费）、口碑等等。

互联网思维是相对于工业化思维而言的。互联网思维就是要对传统的工业思维进行颠覆，消费者已经反客为主，拥有了消费主权。过去2000多年作为人类文明基石的思想体系将面临新的挑战，人类正迎来消费平等、消费民主和消费自由的消费者主权时代，整个供应链条上的各大"狠"角色，如品牌商、分销商和零售商的权力在稀释、衰退甚至终结。在消费者主权的大时代下，消费信息越来越对称，价值链上的传统利益集团越来越难巩固自身的利益壁垒，传统的品牌霸权和零售霸权逐渐丧失发号施令的能力。话语权从零售商转移出来到了消费者手中，消费者通过自媒体，建立和强化了这种自主权。这是一个划时代的事件，未来全球消费者共同参与、共同分享的开放架构正在形成。这一权力重心的变

化赋予每个消费者改变世界的力量，企业必须主动邀请顾客参与到从创意、设计、生产到销售的整个价值链创造中来。

1. 数据思维

不是说有了互联网才有数据分析，而是互联网让数据的搜集和获取更加便捷了，并且随着大数据时代的到来，数据分析预测对于提升用户体验有非常重要的价值。一切以数据为驱动的运营思维模式，都是互联网思维。

2. 用户体验

数据思维加上用户体验思维会给传统行业带来一定的改变。比如，快捷酒店把差旅人士在意的方面如卫生、床舒适度、安静、价格等加强，把八百年用不到的游泳池健身房豪华大堂装修砍掉。让用户在意部分的体验更好，不在意的部分通过降低成本减少价格来吸引用户。

（二）互联网思维的特征及表现形式

1. 用户至上

用户至上即要真正融入互联网，考虑如何赢得更多的用户而非客户。只有企业建立了品牌，有了足够的用户群，才能基于互联网建立基础的商业模式。互联网可能颠覆所有的传统模式，包括电视工业，包括传统硬件制造。比如微信，它消灭的是运营商的商业模式，微信对运营商的危机，短信和话费收入的减少不是主要问题，可怕的是用户与运营商的关系越来越远，运营商失去了他和用户之间的关联。所以，客户不是最重要的，用户是最重要的，用户至上是基本的价值取向。

2. 体验为王

体验为王即用户的感知超出预期的情感认同。在传统商业模式下，企业通过终端销售环节把产品卖给客户，当获取利润后交易便已结束，客户之后返回的不是退货即是换货；而在新的体验式互联网时代，企业将产品卖出只是意味着体验的开始，如果商品得到了消费者内心的认同，会形成口碑效应，这种口碑通过社交网络的传播从而形成良好的宣传效果。

3. 免费商业模式

免费即通过免费的手段来颠覆传统的商业模式。在现实生活中，真正的免费是不可能的。但是互联网上所有的服务都变成了数字化，比如企业建一个网站，提供一项服务，服务成本是100万，使用的用户越多，每个用户分摊的成本就越低，而成本的降低会催生新的商业模式。当用户足够多的时候，通过广告主的付费来建立新商业模式。免费的核心是：第一，未必要把核心产品免费，但是需要做一项虚拟服务或者一个软件产品，让用户觉得企业能够提供额外的价值；第二，未来的一部分硬件也将走向免费。大家在互联网上看到各式各样的所谓软件免费，服务免费，甚至硬件免费，说明了这种颠覆性的模式是实际存在的，它还打破了"便宜没好货"的概念；第三，与免费相应的业务模式就是做跨界，通过建立用户群开发新的价值链。

4. 颠覆式创新

颠覆式创新既是通过免费的商业模式的颠覆，又是通过用户体验的颠覆。互联网就是主打简单，通过免费的力量把用户体验做到极致。

5. 互联网思维的九种特征

赵大伟将互联网思维概括为用户思维、简约思维、极致思维、迭代思维、流量思维、社会化思维、大数据思维、平台思维和跨界思维这九种思维，如图11-3所示。

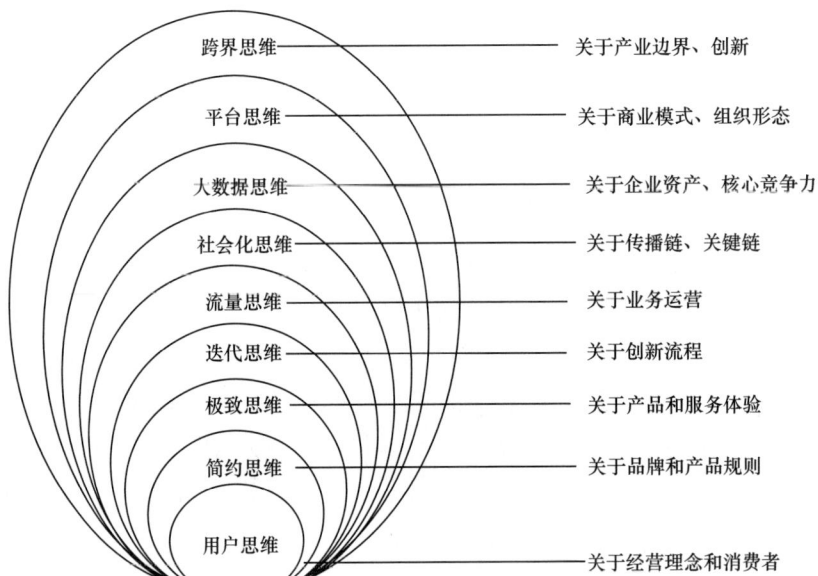

图11-3　九种新型互联网思维特征

用户思维，是指在价值链的各个环节中都要"以顾客为中心"去思考问题，是互联网思维的核心，其他思维都是围绕用户思维在不同层面的展开。用户思维的操作：第一，要牢牢抓住"草根一族"的想法，不能让用户成为一部分的产品；第二要兜售参与感，让消费者参与到产品的优化中；第三，要做好用户体验，让消费者能超出心理情感预期。

简约思维，是指在互联网时代，信息收集琐碎，只有简明扼要的说明产品规则才能不被用户过滤。操作上既要在产品上做到简约的极致，又要做减法，将产品设计与外观、内在操作流程都简化。

极致思维，是指把产品、服务和用户体验做到极致，让一切超越用户的预期。

迭代思维，是指互联网产品开发允许有所不足、不断试错，把握消费者需求的变化，在持续迭代中完善产品。从细微的用户需求入手，贴近用户心理，在用户参与和反馈中逐步改进，对消费者的需求做到快速反应，这样的产品才能更容易贴近消费者。

流量思维，是指体量即用户的目光聚集的总量，流量意味着用户的关注度。第一，实行免费。互联网产品大多用免费策略极力争取、锁定用户。然而，不是所有企业都能选择该策略，因产品、资源、时机而定；第二，任何一个互联网产品，只要用户活跃数量达到一定程度就会开始产品质变，从而带来商机或价值。

社会化思维，是指社会化的商业核心是网，公司面对的客户以网的形式存在，从而改变整个形态。操作上利用社会媒体的优势建立口碑营销，一定要站在用户的角度，以用户的方式与用户沟通。

大数据思维，是指对大数据的认识，对企业资产、关键竞争要素的理解。小企业也要有大数据，沉淀用户的信息、行为、关系三个层面的数据，有助于企业进行预测和决策；在互联网和大数据时代，企业的营销策略应该针对个性化用户做精准营销。

平台思维，是指开放、共享、共赢的思维。平台模式的精髓在于打造一个多主体共赢互利的生态圈；善用现有平台，让企业成为员工的平台。

跨界思维，是指随着互联网和新科技的发展，产业边界变得模糊，互联网企业与其他领域的合作变得频繁。关注用户生活方式的改变，大胆颠覆创新，敢于创新组织。

（三）互联网思维国内外研究现状和发展趋势

现有对于互联网思维的研究大多集中在近两年国内互联网网站的创始人，其中以阿里巴巴创始人马云、腾讯创始人马化腾、小米科技创始人雷军、360公司周鸿祎等为代表。雷军认为互联网不仅仅是一个工具，而是一种全新的思想，以完全不同的思想来看待业务、看待市场、看待用户，互联网思维最核心的在于七个字：专注、极致、口碑、快。赵大伟将雷军的互联网思维详细整合为图11-4。

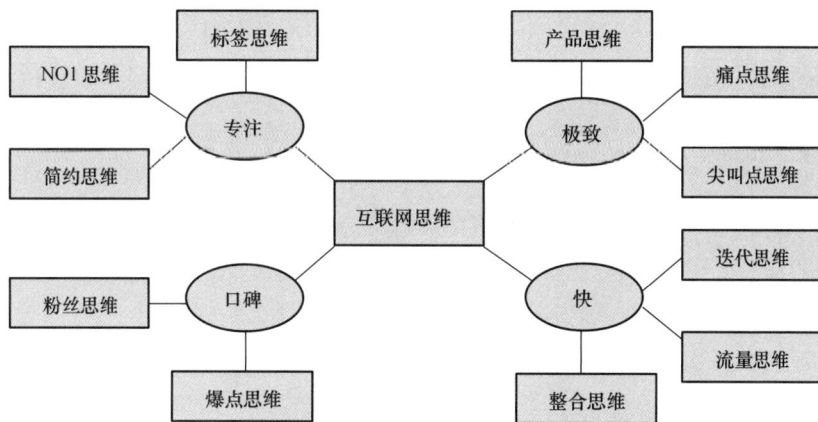

图11-4 互联网思维整合图

马云认为互联网不仅是一种技术，不仅是一种产业，更是一种思想，是一种价值观。张瑞敏认为中国企业存在的问题是效率高而效能低，互联网思维能提高的是效能。互联网消除企业与顾客之间的距离，使企业变得网络化，企业则需要将与员工、合作方的博弈关系转为合作共赢的生态圈。品牌中国产业联盟秘书长王永认为"互联网思维"的核心是"思维"，互联网只是媒介和平台。周鸿祎认为互联网在扮演一个价值创造者的同时，也在很多行业扮演着摧毁者的角色，互联网正在改变传统商业模式，也正在形成一个新型商业模式，互联网思维的特点是用户至上、体验为王、免费与跨界、颠覆式创新的思维。姜奇平认为互联网思维是智慧思维，用一个准确的词形容为"洞察"，洞察就是越过经验和理性，直达真理，靠大数据帮助，普通人也可以穿透不确定性的迷惑，达到"明"这样一种意义澄明的状态。吴鹰认为相较传统企业的有效满足需求，互联网思维是企业以免费模式迅速网聚人们的注意力，形成规模后，以服务获得持续收益。冯仑认为互联网思维的本质是用户思维，用户思维的本质是服务思维。万江心等人认为互联网思维指能充分利用互联网的精神、价值、技术、方法、规则、机会来指导、处理、创新生活和工作的思维方式。钱卫认为互联网思维是全新的思维模式，更是互联网时代的全行业思维模式。互联网对消费者的影响体现在商业信息的透明、消费观和品牌观的剧变以及品牌的多样化选择上。互联网对品牌商的影响是颠覆式的，以消费者为中心不再是空洞的口号，对传统行业的冲击不仅仅是渠道的冲击，也是市场被不断细分、诸多个性化品牌和传统行业品牌的一场消费者争夺战。赵大伟认为大互联时代已经来临，互联网思维应该成为一切商业思维的起点。龚凯认为互联新时代，产品在无限接近信息，而作为信息的价值观成为终极产品。

2013年11月3日CCTV新闻联播以"改革发展新景象：互联网思维带来了什么？"为题进行了报道。2013年阿里巴巴集团在《品牌消失的三个现象》中分析了传统品牌与网络品牌的区别，传统品牌的消费者是先接触品牌，之后才是产品，所以，传统品牌的打造是品牌力优先；而线上品牌的打造是反过来的，是产品力优先而不是品牌力优先。同时解析了线上品牌特征：产品创新、用户体验创新和精准营销。互联网思维的精髓就是网聚人的力量，产生新的商业模式，新的体验包括新的经营方式，新的组织架构。互联网时代是一个消灭信息不对称的时代，是一个信息透明的时代。在互联网时代，顾客的消费行为发生了变化。在没有互联网的传统时期，商家跟消费者之间的关系，是以信息不对称为基础。但是有了互联网之后，游戏规则变了，用户可以比价，而且相互之间可以方便地在网上讨论，消费者变得越来越有主动权，越来越有话语权。传统的基于信息不对称的营销，其效果会越来越小，而在互联网经济里，产品的用户体验会变得越来越重要。电商还是O2O带来的都是互联网的一种思维方式，互联网思维的精髓是开放、透明、分享、责任，体现在活动上是娱乐与社交化。

互联网思维的精髓就是网聚人的力量，产生新的商业模式，新的体验包括新的经营方式，新的组织架构，主要包括四个特征：第一，用户至上。互联网讲的不是把东西卖给谁使之成为公司客户，而是公司如何提供有价值的服务，和用户永远保持连接。在互联网上聚集越多的用户，就会产生越大的化学反应，就会产生巨大的创新。第二，体验为王。要想办法除了提供服务功能以外，让消费者感受到超出预期的感受，这样用户才会产生交易之外的感情上的认同，用户才能变成你的粉丝，并愿意在社交网站去分享，公司才会有口碑。所以，体验是很多互联网公司赢得用户非常重要的方式。互联网时代是一个消费信息不对称的时代，是一个信息透明的时代。在互联网时代，顾客的消费行为发生了变化。在没有互联网的传统时期，商家跟消费者之间的关系是以信息不对称为基础的。但是有了互联网之后，游戏规则变了，用户可以比价，而且相互之间可以方便在网上讨论，消费者变得越来越有主动权，越来越有话语权。传统的基于信息不对称的营销，其效果会越来越小，而在互联网经济里，产品的用户体验会变得越来越重要。第三，免费模式。互联网经济强调的不是如何获取收入，而是如何获取用户，这正是传统厂商容易误读互联网的地方。免费在互联网时代不仅是一种战术，甚至有可能是一种战略，有可能会变成一种商业模式。羊毛出在羊身上，通过免费，可以在新的领域，通过增值服务来赚钱。第四，颠覆式微创新。把产品变得很简单，让原来很复杂的变得很简单，那是体验上的颠覆；商业模式的颠覆，把原来很贵的东西变得很便宜，或者把原来收费的东西变成免费。

（四）国内外O2O研究现状和发展趋势

O2O全称为online to offline，是继B2B、C2C、B2C等电子商务模式之后新兴的一种电子商务模式。关于它的定义，当前存在两种较为普遍的解释：一种为O2O把线上的消费者带到现实的商店中去——在线支付购买线下的商品和服务，再到线下去享受服务；另一种为能全面融合线上虚拟经济与线下实体店面经营的商业模式。O2O的出现，为用户及商家提供了面对面接触和交流的机会，这使得众多无法产品化的传统服务业通过电子商务完成交易成为可能，并且本地服务业企业能够通过追踪消费信息来实现精准营销。

互联网的快速发展，电子商务从 B2B、B2C、C2C正转向O2O模式。与 B2C和C2C 模式相比，O2O模式给到顾客极大的便捷，表现出相对成交率高、信任度好的特点。而对于多渠道共同发展的企业来说，B2C、C2C模式还不能彻底解决由于渠道间信息资源不能共享而导致的信息不对称的问题，但O2O能够解决线下与线上业务之间诸多的冲突和麻烦，挖掘新的市场机会。O2O的概念最早是由Alex Rampell在2011年提出的，他在分析Groupon等公司时发现了它们之间的共同点：促进线上线下商务的发展。之后Alex Rampell定义该模式为"线上—线下"商务（Online to Offline），简称为O2O。Alex Rampell定义的核心是：在网上寻找消费者，然后将他们带到现实的商店中，它是支付模式和线下门店客流量的一种结合，实现了线下的购买，它本质上是可计量的，因为每一笔交易（或者是预约）都发生在网上。2012年，O2O模式逐步受到传统零售行业、互联网、电商、创业草根、风投等业内人士更多的关注。国内两家领头的互联网企业阿里巴巴、腾讯均布局O2O，这是互联网巨头从电脑端转向互联网端的较量，两家公司均都把握了O2O和生活服务类电子商务的机会。毫无疑问，O2O是电子商务的未来趋势之一，将来更多的线上或线下品牌均面向全渠道。张波认为O2O就是在移动互联网时代生活消费领域通过线上（虚拟世界）和线下（现实世界）互动的一种新型商业模式，也就是生活消费领域中虚实互动的新商业模式。为了理清O2O的定义，张波又作了关于O2O与B2C的区别，如表11-1所示。

表11-1 O2O与B2C的区别

比较方式	O2O	B2C
侧重点	更侧重服务性消费（包括餐饮、电影、旅游、健身、房租等）	更侧重实物购物
消费者	消费者到现场获得服务，涉及客流	消费者待在办公室或家里，等货上门，涉及物流
库存	库存是服务	库存是商品
服务	服务是本地化的	服务是全网络的

许维认为O2O包括三个主体——商家、消费者、平台。商家、消费者各自有三大需求，商家的需求是"新客营销、老客营销、交易"，消费者的需求是"发现新店、享受优惠、便利购买"。商家和消费者的这三大需求其实是一个硬币的两面，对应着平台方的三大产品，分别为"流量入口、CRM、交易工具"，如表11-2所示。

表11-2 O2O的三条主线

	O2O的三条主线		
商家	拉新客	老客重复营销	线上销售
消费者	发现新店	销售优惠	便利购买
平台	流量入口	CRM	交通工具

新客营销最重要的条件是流量入口，对于O2O来说，最重要的流量入口是地图。O2O是要从线上把消费者带到线下的实体店中去消费，地理位置是最重要的变量，因此地图天然就成了最重要的入口。老客营销即商家惯用的客户忠诚度营销，但是它对于客户的IT系统有一定要求，所以只有一些规模较大的商户能够实施这样的营销策略；针对老客户的消息推送只是CRM（顾客关系管理）的一个部分，会员积分系统、会员等级体系、创新型营销工具、线下支付这些环节同样重要。龚凯认为O2O的本质是融入顾客的生活。顾客服务和体验并不是最终结果，而是作为诱饵，真正的目的是企业利用O2O的模式融入顾客生活，即让店走向顾客，感动即时发生，消费随时随地。线上和线下不应该是冲突的，不应该是谁导向谁，未来的企业必须是O+O，线上加线下，技术环节的 O+差异化服务的O，两个象限同时做到做好的就可以在未来的商业环境存活。互联网化的社会是信息平等的社会。低信息成本与信息平等赋予了消费者绝对的权力。由他分析出的O2O品牌聚变模式，如图11-5所示。

麦客认为O2O的关键点在于：生产者与消费者的主权发生了逆转，消费者主权至上。与传统营销领域的4P（product/promotion/place/price）不同，O2O营销策略的4P为：用户体验（exPerience）、便捷处理（Processing）、互动参与（Participation）和用户宣传（Propaganda）。传统4P营销策略和O2O模式4P营销策略的对比如表11-3所示。

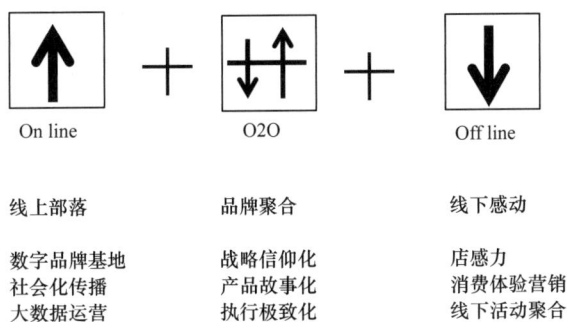

图11-5 O2O品牌聚变模式

表11-3 传统4P营销策略和O2O模式4P策略对比

传统4P策略	O2O模式中的4P策略
Product	exPerience用户体验
（产品）	产品的设计+客户的体验>产品功能
Place	Participation互动参与
（渠道）	通过文化+服务让顾客参与并做宣传
Promotion	Propaganda用户宣传
（促销）	转发、好评、点赞等自媒体时代
Price	Processing便捷处理
（价格）	消费者制订、移动支付

　　卢益清认为O2O商业模式有以下几个特点：首先是要求一定有实体店存在，消费者最终要到实体店里进行消费；其次是需要通过互联网推送消息，即通过O2O网站发布打折、优惠等信息；最后是需要在线支付的支持，消费者先在网站上进行在线支付，然后到实体店提取产品或享受服务。O2O模式将线下商务的机会与互联网结合在了一起，让互联网成为线下交易的前台。这样线下服务就可以用线上来揽客，消费者可以用线上来筛选服务，还有成交可以在线结算。更重要的是：推广效果可查，每笔交易可跟踪。就实践意义上而言，更准确的应该是互动的Online and Offline，而不是单向的Online to Offline。因此，真正意义上的O2O，即基于全球化市场与格局，以大数据和云计算为链接，以SNS社会化营销为传播核心，以LBS定位与跟踪技术为基础，以移动互联网无所不在为场景，以PC技术系统为依托，以线上线下融合为商业模式，以精准化个性化地满足客户体验为商业价值，才是未来商业的战略格局。

　　电商网站的快速发展争夺着服装行业的线下份额，各大服装企业纷纷通过互联网思维对自身品牌进行转型、升级和改造，触电化是服装企业正在做着的尝试，其中美邦、优衣库、绫致时装和歌莉娅等国内外服装O2O模式案例值得借鉴。这四种模式各有优势，如何找到最佳模式，核心是要做到四点：供需精准化、体验趣味化、解决重点、建O2O大平台。传统的零售业往往只重视成交的瞬间，销量就是一切，而无印良品认为这是"20世纪的想法"，除了成交，还要重视售前和售后。目前国内越来越多服装品牌开始探索线上线下互动，鄂尔多斯品牌运用O2O解决利益冲突问题，并将电子商务的营销部门也变成了企业的战略部门，这个部门必须为所有线下部门负责；宁波G×G运用O2O重点解决了断色断码解决方案；美邦服饰（002269.SZ）将此前剥离的电商平台"邦购网"收回自营，并在全国布局了6家大型体验店，宣布启动O2O战略；森马服饰（002563.SZ）也在其休闲男装和童装推出O2O业务。相对国内而言，国外传统零售O2O市场发展较早，国外传统零售企业布局O2O主要通过以下途径：第一，构建线上平台，鼓励消费者线上下单、支付，到线下店体验、提货，如沃尔玛；第二，店内铺设免费无线网络，消费者可根据推送信息，自由选择柜台购买或线上购买，如梅西百货；第三，在公共场所建立虚拟店铺，消费者通过手机购买，商家送货上门，如韩国Home Plus。2013年10月在法国巴黎召开的世界零售业大会认为：未来O2O模式发展趋势将是成为O2M（Online or Offline to Mobile），从互联网线上或互联网线下连接到移动终端进行购物与服务。传统品牌纷纷触网，通过品牌官网、第三方平台旗舰店、网络分销等方式拓展网络零售市场，并取得了可观的销售业绩。网络销售引起了服装产业运营模式的变革。在很多发达国家，品牌服装线上线下联动销售早已经成为一种常见的渠道。如ZARA、GAP等品牌都拥有自己成熟的线上平台，并逐步实现更精细化的运营管理。2014年H&M在中国开设电子商务平台，未在中国开设实体店的英国时尚品牌Topshop在尚品网的官方旗舰店上线，而ZARA除了开设网上商店，又在天猫开设了官方旗舰店。美国本土服装品牌Kate Spade 2013年6月在美国最大的电子商务交易平台eBay上开设了第一家虚拟店，推出了"可购物橱窗"的营销策略。2010年优衣库推出了一款基于SNS的网络社交游戏——排队游戏，优衣库凭借这一游戏先后与Facebook、Twitter、人人网合作取得了巨大的成功。

三、社交媒体、移动互联等对消费者生活方式的影响

（一）社交媒体、移动互联等对消费者生活方式变化

互联网思维下消费者生活方式的转变。从消费者层面看，消费者的消费心理更趋细分化、多元化，消费渠道更具多重选择。大数据价值凸显，多种移动互联支付手段的出现，当下消费者正变得史无前例地自觉、主动和强大，具有了最权威的市场话语权——品牌不再由企业预设，而是由消费者来定义。消费者生活方式和价值观念的演进，不断冲击甚至颠覆着品牌的商业业态和管理模式：传统零售式微，新消费突起，自媒体风行，大数据价值凸显，中国服装企业迫切需要重建消费连接，学会运用互联网的力量重塑传统产业，以新的方式和手段响应消费者的真正需求。当前服装行业已经进入一个新的发展阶段，靠投资驱动、规模扩张、出口导向的发展模式必须发生重大转变。

微博、微信的普及让消费者拥有了更大的发言权，在"所有人对所有人"的传播时

代，自媒体波涛汹涌。4G的正式商用，WiFi接入的普及，消费者随时随地在线成为常态，带来了全新的用户习惯和消费模式。拥有移动终端的消费者不再需要"去购物"，他们随时随地都"在购物"，带来了全新的用户习惯和消费模式。面对快速移动的消费者，企业也要快速移动起来，才能跟上消费者前进的脚步。大数据时代来临，企业如何进行客户组合管理？在移动互联时代，随着互联网思维和智能手机的普及，4G时代网速加快，意味着整体分享的速度会越来越快，整体信息化的渗透会完全不一样。加上这几年科技革命给整个社会带来的便捷性，比如支付方式的彻底改变。

（二）消费者线上线下互动

重新思考消费者的真正需求是什么。面对快速移动的消费者，企业也要快速移动起来，跟上消费者的脚步。那么如何做到与消费者建立真正的连接？当服装面对消费者的这些困惑时，就不得不思考，如何解决消费者的这种困扰，在这个更加讲求互动、体验的时代，品牌绝对不仅仅只是销售的角色，而是要在着装方面为目标顾客群提供客观的、专业化的优质服务。

- 黏性（如何增加消费者黏性？）

如何抓住消费者的心，让消费者跟品牌互动起来？品牌跟消费者之间的一种连接是体验，体验的好与坏便是一种黏性。品牌的黏性足，体验性高，转化率就高；黏性差，体验度便弱。黏性决定了消费者的购买与否。

- 参与

品牌不再单纯地由企业预设，消费者越来越多地亲身参与到品牌的定义、形成、运营和营销当中，由用户共同决策来制造他们想要的产品。例如，小米推出MIUI系统，运营用户社区，然后基于用户的反馈不断改善产品体验，最后在粉丝支撑的平台上推出小米手机。

（三）利用大数据、云计算收集分析顾客生活方式

大数据的核心是基于对消费者的理解。传统的服装企业没有办法掌控终端消费者的详细信息，因为大部分企业采用了部分直营，或者是代理、加盟模式，品牌的会员资料很难去收集。但是在互联网渠道下，能够掌控所有消费者的数据，然后可以对这些数据进行有效分析。大数据的另一个作用，是能够用大数据看到服装消费群体在整个互联网上购买产品的路径和喜好，有利于企业运用精准营销针对消费者推广相关产品。据此，企业可以通过大数据来了解消费者的消费路径的变化，这对企业来讲是最重要的一个环节，也是核心的东西。

最近，斯坦福大学教授伊塔马尔·西蒙森（Itamar Simonsen）和伊曼纽尔·罗森（Emanual Rosen）在其新书《绝对价值：信息时代真正影响客户的是什么？》中指出，营销人员需要重新评估品牌对消费者购买决策的影响力。他们宣称："当消费者可以通过

用户评价、专家意见或者社交媒体等更好的渠道获得产品质量信息时，品牌就不那么重要了。"大品牌的衰落遵循着清晰的逻辑：品牌的首要作用是促使消费者更容易地选择产品。如果消费者可以轻易获得用户评论、专家意见等有助于决策的信息，那么，品牌的价值就会下降。移动网络的发展，就是这一理论的强有力证据。品牌的角色从来不是仅仅解决信息问题。品牌应该为用户满足情感需求，这些人类的基本需求始终未曾改变。答案之一就是要让品牌更加中心化，而不是相反。在这个高度透明的数字化世界中，消费者能够轻易知晓企业言行是否一致。企业再也不能简单分割市场营销和产品开发、沟通和服务的界限，而必须把自己融入到客户价值链中。产品和服务要学会讲故事，学会抛开广告的外衣，向用户传达价值。随着信息接触越来越容易、品牌价值越来越重要，学会通过行动和产品来讲述有意义的故事，这将是品牌获胜的有效途径。

四、互联网思维下传统服装品牌O2O面临的机遇与挑战

（一）电子商务的分类

电子商务的发展按照交易主体的不同，经历了传统的B2B模式，到B2C模式、C2C模式、C2B模式和O2O模式，随着运营商的规模及数量扩大，运营商之间的竞争已经白热化。B2B改变了制造业做生意的方式，B2C、C2C改变了零售业的销售方式，同时也改变着人们采购商品的方式。Laudon和Traver将电子商务分为五大类别，如表11-4所示。

表11-4　电子商务五大类别

分类	解释	代表含义
Business-to-Business简称B2B	企业对企业的电子商务模式	企业与企业之间的在线交易
Business-to-Consumer简称B2C	企业对消费者的电子商务模式	企业通过在线网络与各消费者之间达成交易
Consumer-to-Consumer简称C2C	消费者对消费者电子商务模式	通过第三方网络平台实现消费者与消费者之间的交易
Peer to Peer简称P2P	群对群的电子商务模式	不通过中央服务器，也能实现电子文件或资源的共享。
Mobile Commerce简称M-Commerce	移动电子商务	通过手机、PDA等无线设备进行移动互联电子交易

除此五大类别以外，马云在2008年提出C2B商业模式，认为C2B的模式将出现在十年以后的后工业时代，以消费者为导向，柔性化生产、定制化生产将会取而代之将制造业的利润提高，将渠道打掉，让所有的消费者得到个性化的产品。

Alex Rampell在分析了Groupon、OpenTable、Restaurant.com和SpaFinder公司后，最早提出O2O的概念：该模式定义为"线上-线下"商务（Online to Offline），简称为OntoOff

（O2O）。由于生活消费的移动互联网化，O2O将直接改变我们每个人作为消费者对生活服务类商品的消费行为，从而使作为消费者的每个人的生活理念从"为产品而消费"改变至"为生活而消费"。

电子商务除了上述以交易主体不同分类以外，还有几大分类方式。李彦将电子商务按照不同的分类方法分为：

①按照商业活动的运行方式，电子商务可以分为完全电子商务和非完全电子商务。

②按照开展电子交易的范围可分为区域化电子商务、远程国内电子商务和全球电子商务。

③按照使用网络的类型可分为基于专门增值网络的电子商务、基于英特网的电子商务和基于企业内部网的电子商务。

洪涛将电子商务模式分为四类：

①按参与交易的对象，分为企业对企业的电子商务（B2B）、企业对消费者的电子商务（B2C）、消费者对企业的电子商务（C2B&B2T）、消费者对消费者的网上拍卖（C2C）、政府对企业的电子商务（G2B）、政府对个人的电子商务（G2C）、政府电子采购（B2G）、企业内部的电子商务以及企业的电子商务租赁、托管、外包、联合等。

②按交易所涉及的商品内容，分为直接电子商务和间接电子商务。直接电子商务是无形的货物和服务，间接电子商务是有形的电子商务，电子订货涉及的商品是有形的商品，交易的商品需要通过传统的渠道。

③按电子商务所使用的网络分类：分为EDI（Electronic Data Interchange）网络电子商务、互联网（INTERNET）电子商务、内部网电子商务、外部网电子商务和无线网络电子商务。

④按电子商务应用的层次分类：按B2B电子商务市场主导力量分类，分为买方主导型电子商务（Marketplaces controlled by buyers）、卖方主导型电子商务（Sellers-controlled Marketplaces）和电子交易市场（Neutral Marketplace）。

（二）互联网思维下O2O的特点

随着Groupon（即高朋网）火爆全球，O2O模式被越来越多的人关注。许多新创公司都开始布局O2O领域。国外运作比较成功的O2O模式的网站有Uber、JHilburn、Jetsetter、Zaarly、Getaround、Trunkclub等。携程、大众点评网为中国最早的O2O模式，目前国内发展较好的O2O网站有大众点评网、美团网、窝窝团、丁丁网、赶集网等。这种以在线支付为核心的O2O成为电子商务的新亮点，相关产业日趋成熟，众多新创公司纷纷布局O2O领域。国内生活信息服务发展比较早，1999年创立的以携程、艺龙为代表的旅行酒店预订服务网站是最早的生活服务网站。从2003年起生活信息服务类网站开始迅速发展起来，以大众点评网、赶集网、口碑网、58同城等为代表。从2010年开始的团购网站是生活服务电子商务的第一次尝试，2011年的"千团大战"吸引了6445万用户尝试在线支付，开启了生活服务电子商务时代。

目前传统品牌商销售渠道主要是依靠线下经销为主，而线上冲量对线下渠道带来直接冲击。渠道冲突本质是由传统运营模式造成的。传统经营模式下，线下渠道多层代理，价格虚高，期货制产品研发周期长，供应链反应慢，产品适销率不高。未来传统品牌线上线下融合的O2O模式将是主流选择，而O2O的实现则是品牌经营模式重构过程，做得好可提升估值：一是短期有实质业绩贡献，线上收入加上线上对线下的拉动效应，品牌份额会提高；二是回到品牌经营本质，倒逼品牌商改善运营，提高产品力、终端运营和适应新市场能力，从而提升估值。

（三）互联网思维下传统服装品牌O2O面临的机遇与挑战

O2O无疑是2013年纺织服装行业的最大亮点，它对传统纺织服装消费产生重大冲击，使得原有渠道价值开始下降，市场变得透明。O2O模式对原有线下品牌产生重大冲击，强迫企业转型。传统的老牌服装品牌应该给消费者提供全渠道的零售服务，要进行营销变革。O2O就是销售的新商业模式，每家企业都应该以此为目标进行演化升级，商品上也得迎合消费者行为的变化而改变。O2O能更贴近消费者、更全方位地分析数据，拥有更先进的商业理念。在互联网日益普及的大环境中，适时作出模式的调整是明智的。只有通过移动互联模式将人们的生活和服装结合起来，才能完成品牌与消费者的双赢。借用某专家的话来说就是，与其让消费者跑进试衣间拍下服装品牌然后上网购买，倒不如直接让他们体验，然后在线上购买来得直接，其实O2O模式简而言之也就是如此。

互联网思维和大数据、互联网品牌加速瓜分实体零售市场份额的整体商业态势，将互联网思维融入服装企业的实际经营中将是大势所趋。以互联网为核心的信息技术，催生新经济、赢得后发优势，将成为服装产业转型升级的新引擎。研究互联网思维下新科技革命和产业变革新趋势、新特点，认识当前服装产业阶段性特征，努力适应经济发展新常态，对服装产业调结构转方式具有理论和实践意义。充分运用O2O有利于指导服装企业线上线下联动，实现全渠道销售，增强顾客黏性，产生口碑效应，提高销售额，提升品牌形象，也将进一步有效引导服装品牌运用大数据分析用户需求，实行精准营销，开发新产品，为用户提供增值服务。

综上所述，"线上线下"即O2O的商业模式适时而出，这种商业模式可以保证用户线下体验、线上购买的需求。服装消费向体验服务转型的趋势决定品牌企业必须做"线上线下打通的O2O闭环模式"。移动互联环境下的地图、流量、支付等完备环节为品牌服装企业借助移动客户端（二维码、LBS、可穿戴设备等）实现O2O闭环提供了日渐成熟的支持，从而能够带给消费者更高效的体验和增强消费者对品牌的黏性。

第二节　互联网思维下服装品牌O2O商业模式重构

一、服装企业O2O运营模式现状

目前，服装企业O2O模式奉行的是线上线下相互引流的消费模式，即消费者在线上下单完成支付后，凭消费凭证到实体店消费；或者在实体店消费满额送线上优惠券等，线上线下的款式与价格逐渐趋于同步。引流模式主要将线上的高流量引入线下店铺，扩大传统店铺的覆盖范围，实现地理位置限制的突破，主要适用于价格敏感的平价大众品牌；而价格相对不敏感并注重体验、服务、设计且导购资源充分的品牌，适用于定制化导购模式，通过建立品牌与消费者之间的长期联系，为用户提供个性化的服务和体验。

根据易观智库观测数据显示，2013年，中国O2O市场整体规模（以线上线下品类重合以及支付、仓储、物流等后台打通部分的销售额为统计目标）达4623亿元，与2012年相比增长69%。如图11-6所示。

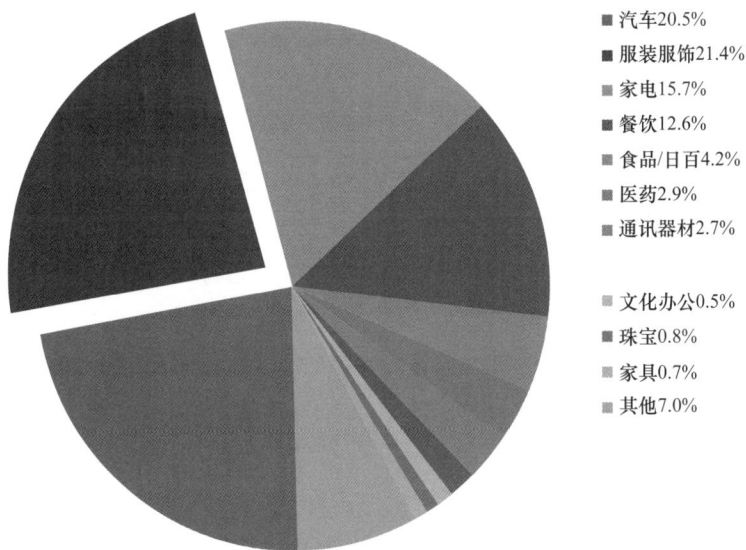

图11-6　2013年中国O2O市场整体规模　　图片来源：易观国际·易观智库

以上品折扣（shopin.net）的微信体验店为例，其借助微信平台开设线上体系，打通线上支付环节，提高服务效率；微信的强关系社交体系又为上品折扣提供了天然更高质量的营销平台。其还充分利用线下电子屏展示服装等，优化服装陈列、仓储资源，使用户拥有高效的线下体验。微信在线上为上品折扣带来高流量的同时也将线下体验的用户固化下来，快速强化其电商平台体系，实现线上线下双赢的成果。服装品类利用O2O使线上、线下流量共享，形成紧密闭环，弱化渠道博弈。线下提供完善的体验场景，将用户体验落实。线上利用高效的信息处理能力，为线下提供产品品类、数量的支撑；利用互联网实现商品与活动信息高效传播；优化陈列、仓储、人员配置，降低运营成本。

服装O2O闭环是从客户认知到消费引导，最后转化为消费的大数据分析过程。这些线下的行为还可以转化为线上的语言，如"搜索"、"路径规划"、"消费评价"，通过大数据的收集、整合、分析，最后形成有价值的信息反馈给线下平台进行整合。消费者通过LBS查询相关店铺信息形成购买动机后，开启移动端导航服务到达店铺购买服饰，随后利用移动客户端扫码一键支付，品牌商当即获得了顾客购买记录及SKU。随后整合所有客户信息进行后台数据分析，及时补货调货并制订合理的促销活动。品牌商运动优势促销获得鼓励消费者购物后进行满意的消费评价，消费者利用社会化媒体传播工具与企业零距离互动的同时为品牌传播，企业再根据消费者的评价分析、研发受消费者喜爱的款式，重新又反馈给消费者，进行CRM，直至消费者重新搜索，重新形成购买动机。上述描述的服装O2O商业模式闭环，如图11-7所示。

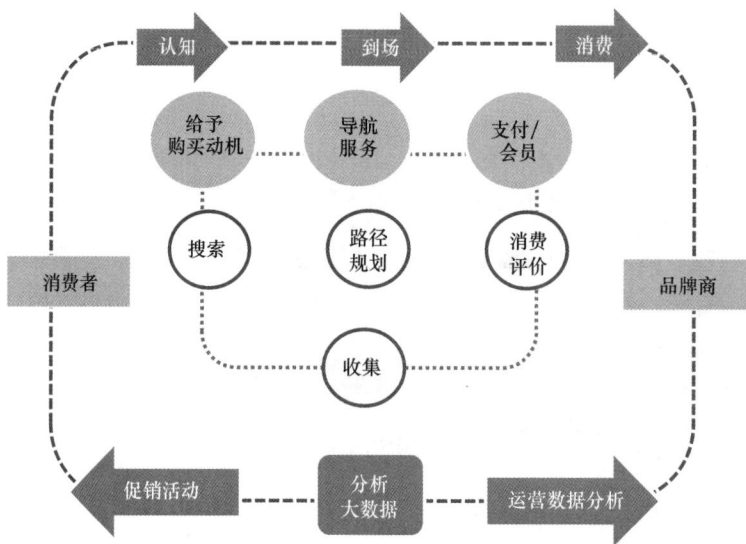

图11-7 服装O2O模式闭环

二、互联网思维下服装品牌O2O运营模式

目前乃至未来，品牌服装的O2O模式在很大程度上都仰赖于线上线下相互引流的方式。就目前情况看，有如下几种营销模式：二维码引流带动O2O模式运行；团购、优惠券等引流带动O2O模式运行；社会化营销引流带动品牌服装的O2O模式运行。

（一）O2O二维码模式

二维码类似于一种电子化凭证，为线下现实世界和线上虚拟世界的O2O互动提供纽带，其本质主要有两点：第一是承载订单、支付、消费体验等商务行为的信息，要将这些信息存储在多个角色中（个人消费者、线下商户和线上电商）；第二就是这些商务行为的信息是可追踪的，这就是电子凭证存在的价值。

服装品牌O2O电子商务的二维码模式是指消费者在线下使用手机等移动终端扫描服装企业发布的二维码信息，实现在线购买或者关注线上服装品牌的服饰或服务的商业模式。扫描二维码作为服装品牌O2O的另一种形式，是把线下拥有的关注度引入到线上，与团购等平台将线上引到线下的模式正好相反。目前，国内的服装品牌O2O商业模式对二维码的应用主要是二维码的主读业务，即用手机等移动终端去识别二维码，实现了从线下到线上的最快捷接入，省去了在手机上输入网址的不便。消费者可以通过手机扫描二维码软件的应用扫描商家的二维码，直接登录商家的网站，在线购买商品，或者是添加商家的微博、微信应用，获取商家的最新促销信息。这种O2O的二维码应用，现在被广泛用于服装品牌电商和实体商家，成为服装品牌拓展互联网业务的重要渠道。

如图11-8所示，服装品牌ZARA的二维码营销模式，用手机扫完二维码即可进入ZARA在天猫开创的购物平台，可直接购物，并且借助天猫强大的后台模式自动将ZARA店铺保存在收藏店铺中。

图11-8　服装品牌ZARA二维码引流模式

（二）团购、优惠券带动O2O

团购起初是以单纯低价的形式冲击线下产业，主要是为线下引流服务。但随着O2O模式的发展，这种低价模式逐渐被其他服务方式取代。团购是服务业的互联网入口，从目前来看，还未有一个线上产品形态能如团购一般集消费与引流至线下于一身来助推服务行业的发展。

O2O电子商务的团购网站模式是指消费者通过登录线上的团购网站或手机移动客户端APP，获取线下商家的商品和服务的优惠信息，消费者通过网络挑选商品或服务并进行支付，在线下实体店获取商品或享受服务的形式。这是一种将线上拥有的关注度引到线下的模式。淘宝聚划算中的品牌团就是这个模式，为终端消费者和品牌商提供产品及服务平台。对于消费者来说，淘宝聚划算中的品牌团能够为其提供性价比高的产品和服务。例如，淘宝的品牌团会为消费者推荐很多超值折扣（5折以下）的品牌服饰，汇聚更多的消费者一同购买，每人每天仅限购买1次，直至卖完为止，要求消费者在线购买并全额付费；对于商家来说，聚划算中的品牌团为线下商家提供了一个营销推广的平台。淘宝聚划算旗下的品牌团购如图11-9所示。

图11-9　淘宝聚划算旗下的流行服饰品牌团购

优惠券也是服装企业从线下引流至线上的主要操作方法。目前快时尚品牌H&M也在大力推行O2O模式，在实体店内顾客只要购买3件服装（包括配饰），就能赠送线上购物满200元送50元优惠券一张，如图11-10所示。

图11-10　H&M线上优惠券

这样就可以成功地将线下的顾客引到线上，并且对于一些不知晓H&M网上商城的顾客也起到了一定的宣传作用。H&M最吸引人气的O2O方式当属2014年与Alexander Wang跨界合作限量款，比线下提前一小时在网上商店销售，顾客不用在店外排队就能买到合作款，既可以为开售当天分流减少店铺安保、销售等的压力，又可以为线上商店赚得人气。而布局线上商店H&M可针对三、四线城市的购买力。图11-11为H&M的O2O宣传方式。

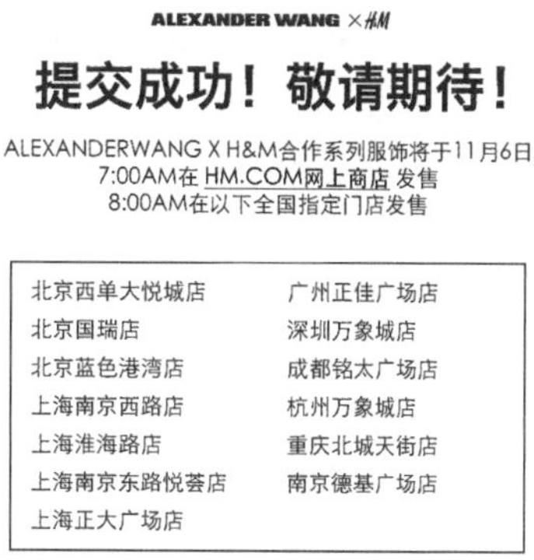

图11-11　H&M的O2O宣传方式

（三）O2O社会化营销模式

O2O社会化营销模式是指基于社会化网络营销，利用网络和终端，将碎片化流量和碎片化内容相互投射，从而找到自己的目标客户。而社会化网络营销，是指通过社会化网络，以创意的营销内容让消费者交流，实现品牌和消费者的双向沟通对话，建立消费者与品牌的长期互动关系，从而提高品牌的口碑和销量，同时通过消费者的参与和消费体验，影响并带动他们的朋友参与购买或讨论，形成品牌认知。O2O社会化营销更注重客户行为和营销内容的无边界结合，在任何地点、任何时间都能够跨越线上线下无边界地倾听客户声音，了解客户，并快速有效地回复和满足客户的需求。

例如快时尚服饰品牌C&A在巴西的社会化媒体营销策略，在衣架上实时显示某款衣服在社交网站facebook上的好评数。C&A的操作方式是这样的：在其名为"Fashion Like"的页面上精心陈列各种单品的图片，Facebook用户在看到喜欢的单品时可以点击"Like"按钮；同时，这些数据可以实时显示在C&A实体店里展示的服饰的衣架上，给店内顾客清晰的指导，让他们知道哪件单品在facebook上的人气最高，为其提供购物参考。该方案C&A公司将其称为Fashion Lock，消费者在手机客户端通过扫二维码后会生成一个类似于钥匙状的图形，在消费者点击like后，只要扫一扫挂杆旁边的屏幕，即可为自己喜爱的款式解锁。该品牌以这样有趣味的方式吸引消费者购买。这也是将线上流量引入线下，又将线下数据上传至线上互动的O2O实例。图11-12所示为C&A实体店服饰衣架。

图中数字显示的就是在Facebook上网友对其单款服装的好评数。尽管这样的做法在时尚行业众说纷纭，因为从消费行为的角度来说，消费者喜爱一件服装并不会依赖于他人的喜好

图11-12　C&A实体店服饰衣架

来决定，并且也不能排除C&A品牌为了清库存或者推荐新款而修改电子数据，但这的确是一种新的O2O互动分享的方式，值得服装企业参考并衍生出更多类似的O2O互动分享模式。

（四）O2O核心解决的5个商业问题

O2O之所以成为一个趋势，就是我们目前存在的很多商业环境中的问题，可以通过线上线下融合得到解决与应用。现在商业上到底有哪些问题呢？

1. 店铺的流量在走低

店铺的人现在越来越少，人们上街不等于逛街，在万达、银泰城这样的地方，人们主要不是去买东西，而是去看电影吃东西，顺便逛街。顺便逛街背后的商业逻辑就不会那么直接。

2. 会员系统与会员互动

这里特别强调一下会员系统。在天猫和淘宝的体系里面，帮助商家沉淀了上亿的会员，类似周大福这样的品牌也有百万的会员数据，这些数据是别的平台都不具备的消费者数据，这些消费者数据能够用来解决实际商业场景中接近17个各种各样的商业问题，这才是会员系统的价值所在。

3. 需要现场逛街才能购物

基于定位技术的商业场景，成为O2O环节中最核心的东西，这就需要在线电子地图的帮忙，没有电子地图就缺少了O2O最重要的环节。

4. 解决断色断码

在线下的商场里，很多服装企业、鞋类企业，有30%的成交因为断色断码而流失，一套完善的线下断色断码解决方案，能提高10%线下销售额。

5. SNS分享

以往线下客户购物后的满意或者不满意都是无法得知的，只能依靠导购员的推荐与自我的经验。而以后的O2O环节是可以即时互动、多方面交互的，并可以分享到微博、来往、微淘等平台上来。

三、O2O运营关键技术的解决方案

（一）自建平台与进驻平台的比较

服装品牌在扩张O2O模式时，一定会遇到的是对于线上平台的构建，究竟是自建平台还是进驻第三方O2O交易平台共享流量、资源的问题。这两种盈利方式各有利弊，现将自建O2O线上平台与进驻O2O第三方交易平台作一比较分析，如表11-5所示。

表11-5　自建O2O线上平台与进驻O2O第三方交易平台的比较分析

分析角度	自建O2O线上平台	进驻O2O第三方交易平台
流量把控	能自如把控流量去向，可拓性较高	流量与进驻平台共享，易被平台控制流量
基础设施投入	需要投资购买服务器、域名等基础设施	无需投入，可依赖第三方平台强大的基础设施和技术
保证金	自主研发，无保证金负担	品牌进驻需向第三方平台交纳进驻费用和部分保证金
促销活动	根据节假日、店庆等可自行安排促销活动，无平台施压	需要参与第三方平台的促销活动。这是一把双刃剑，平台能为品牌吸引流量，但促销力度被控制
后台技术	需要投入大量资金进行后台研发和吸引人才，且未必能达到业内领先水平	拥有第三方平台强大的后台技术支持，节省研发资金投入，可以共享领先的后台技术
广告宣传	需要投入资金，对线上平台宣传效果未必理想	借助进驻平台的流量优势，能为品牌造势宣传，通过一些线上技术手段达到品牌宣传的目的
用户资源	用户需要品牌自行培养	可利用庞大现成的用户资源
消费行为	易于培养忠实顾客，来自建平台购物的消费者往往是被品牌自身吸引	进驻平台上对于消费者的诱惑较多，易于使消费者对同款服饰进行多个品牌的比较，竞争太大，消费者容易易主
CRM	可建立优于第三方的顾客关系维护，给予其更贴心的服务	品牌运营受第三方平台规则的限制与制约
店铺样式	自行设计以吸引顾客	使用店铺模板，样式单一
顾客体验	可以结合用户自身特点，贴合用户使用及消费习惯提供个性化服务	功能受限，可拓展性较低，只能在第三方现有服务的框架下提供服务，很多个性化服务需借助第三方平台并且有偿使用
信用体系	自建平台对于信用体系来说是个考验，售后服务也需要自行投入和解决	信用体系完善，信用制度建立时间较早且有第三方平台做支撑，消费者购买更放心
品牌形象建设	容易维护品牌自身形象，是个性化展示品牌形象的窗口	大品牌使用第三方平台存在降低品牌在客户心中地位形象的风险
盈利时期	自建平台起步初期往往前期投入大，资金回笼较慢，需要很长的培育期	借助平台流量资源，与平台共同发力造势，吸引客户，从而缩小培育期

除了上述两类方式以外，还有将第三方O2O交易平台与自建线上平台相结合的复合模式。该模式2009年就已被快时尚品牌优衣库率先使用，其将自建平台的购物链接自动跳转至淘宝天猫商城，将两者结合，从而更好地为消费者提供服务。

（二）利益分配

O2O的核心与矛盾的焦点就是利益分配的问题，要解决利益分配的问题，必须做到以下几点：

首先，线上和线下的业绩需调整为集体业绩。对于O2O模式来说，不管是线上为线下引流还是线下为线上引流，中间都存在业绩归哪方和利润如何分配的问题。这里的集体业绩尤其指线下导购与线上客服的业绩。如果企业按照个人业绩来考核员工，容易造成员工单方面个人竞争，不利于平台的发展。无论线上还是线下，导购与客服都是直接与消费者接触的关键环节，如果导购或客户疏忽推广，只为其个人业绩或利益着想，就会导致企业无法更好地宣传O2O模式。但如果调整为集体业绩，导购或客服之间就会彼此配合，不仅能够更好地推广品牌O2O平台，让消费者了解更多优惠信息，还能够更好地为消费者服务，或者换句话说，因势利导，更容易说服消费者购买。再则，线下店铺店长和员工的利益要充分给予保障支持，甚至直营分公司负责人的利益也需要保障。因为服装企业推广O2O平台，将原本的线下实体搬到线上，势必会引发线下业绩被线上分流的问题。而终端店铺业绩又和店员业绩挂钩，如分公司年度目标线上与线下不统一累加核算，那么也会同时弱化分公司的积极性。

其次，线上线下应同款同价。过去从服装企业的营销方式来分析，扁平化的渠道常常被质疑。可是，在O2O模式背景下，扁平化的渠道却是最能够帮助实现O2O模式下线上线下同款同价的，因为不用去整合代理商的利益问题，渠道直营或直接加盟的方式都对O2O模式的推广非常有利。那么针对目前线上代理商价格参差不齐，无法与公司线上同款同价同步，甚至会产生竞争。

再次，物流体系也应重新整合分配。O2O模式势必会牵涉到物流体系，包括由谁发货，消费者就近原则线下取货，利润归属等问题。物流体系的利益分配问题可以从以下几点来考量：第一，实行按分布走策略，首先由公司总部统一发货。消费者在线上平台订购的商品，如平台将链接分享给代理商的（根据地域划分，消费者自行选择离自己位置近的店铺下单），由代理商发货，利润归属于代理商，平台方面只更好地为代理商或加盟商引流；如消费者选购的链接属于公司直营的，那么可以由公司总部发货；消费者选择线上付款线下自提的，那么利润归属于离消费者较近的直营店。企业无需担心货品流向谁的问题，代理商需补货时自然会向总部订货。公司在O2O起步初期必须先规范市场，规范O2O平台，才能取信于消费者，从而建立平台优势。第二，企业需要建立强大的ERP系统作为后台支持，且系统必须包括完备的订单核销环节或者物流跟踪，以确保消费者线下自行取货时，线上或线下就近店铺不再重复发货。

最后，完成直营店的改造，推进加盟商的参与。在品牌建立O2O模式，通过线上平台为加盟商与代理商引流的前提下，适当地鼓励加盟商参与O2O模式，并鼓励其共同为品牌O2O模式的进行宣传推广，从而适度减少推广费用，对于服装企业而言，节流也就意味着盈利。

（三）人、货、场三者结合

阿里巴巴O2O项目曾提及O2O模式的概念不是两个简单的线下、线上概念，更合适的概念是O&O：Online and Offline只是两条平行线，而打通的核心需靠社交化媒体传播、地图与手机客户端，即人、货、场三者的结合。

如图11-13所示，O2O的环节包括了会员全渠道打通、区域化精准营销、地图模式和最后O2O的终局C2B模式，即顾客可以参与自主研发定制并且商家也可以进行预售。会员全渠道打通即品牌会员可以参与线上和线下的所有活动和优惠，无需确认，并有更多增加顾客黏性的方式；区域化精准营销即社区化营销，如ZARA 店铺营销的客户群，是在这个店周边十公里地方的人群，会有各类精准的营销方式，如与运营商合作，给离店铺十公里内的客户免费发送促销短信或提供各类新款信息。当然还包括开在社区周边的社区店；地图模式不赘述了；C2B主要是针对店铺会员的活动，当有强大的会员数据支持时，预售的方式将为消费者提供更多个性化的可能。

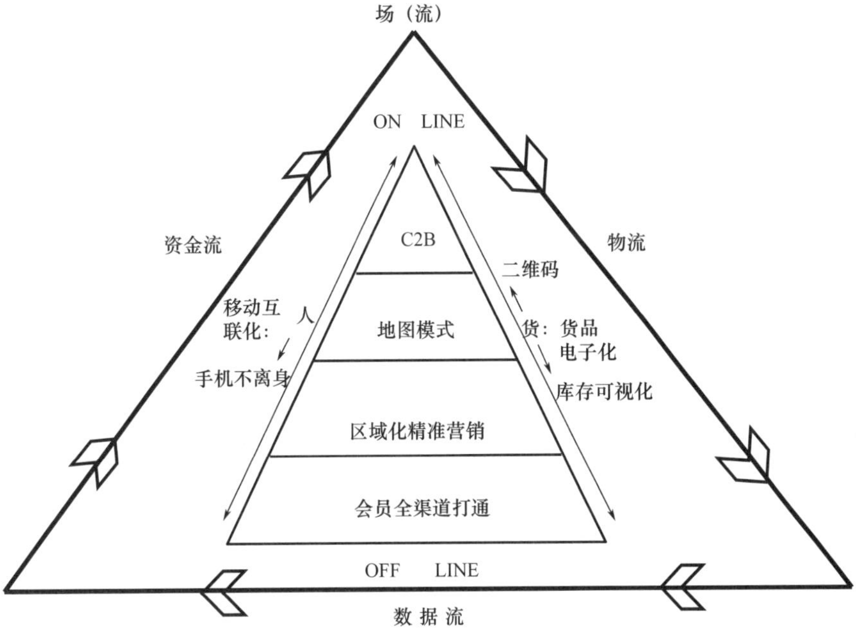

图11-13 O2O人、货、场三者的结合

在O2O模式中，人就成为了带有移动互联网化的人，出门手机不离身，随时可以查询自己附近的店铺信息；货品就成为了电子化的货品，通过扫二维码即可获取货品的详细信息，并且做到库存可视化。而人与货品的对接，背后是强大的信息流作为支撑，这里的场可以理解为流，即与人有关的资金流和与货有关的物流，两者又通过后台的数据流将信息对接起来，从而形成一个三角循环。

四、O2O商业模式重构存在的问题

（一）流量控制

与其他服装品牌首先入驻天猫等有着巨大流量的平台不同，快时尚巨头介入电商的路径是截然相反的，他们更愿意先建立自己的网上商城。2012年年底，ZARA开设网店正式进入电商领域，直至2014年10月其才入驻天猫；而H&M在回应记者有关是否会开拓更多线上渠道时，其谨慎地表示目前的重心是先做好网上商店的消费体验，暂时未有计划入驻其他平台。"如果先入驻天猫，流量和入口受天猫限制，所有品牌会遇到流量是谁的、谁控制了用户谁就控制了品牌商的难题。"对于快时尚巨头"触网"从自主电商起步的谨慎，分析师认为快时尚巨头有着流量归属权的考虑。不过分析师同时指出，如果做自主电商，靠自身的品牌和产品吸纳流量，也有很大的困难。

（二）跨渠道交叉推广

运营电子商务网站的第一个主要难点是如何创造流量，也正如一个大型商场首先要操心的事情是如何让更多的潜在顾客走进自己的大门一样，因此很多电子商务网站的成本支出重头都在营销推广费用上。而GAP公司成立初期首先就充分利用自己广大的实体专卖店网络来做推广，包括在店铺内广告海报上加入宣传自家购物网站的地址和让收银台的职员为正在埋单的顾客进行口头推荐，甚至还在一些重点店铺中提供了链接到gap.com的机器让顾客尝试。

（三）娱乐性与互动性

用户通过将鼠标将不同的上衣和裤子进行搭配就有可能发现不同类型的优惠券，这种趣味性也是为什么每到周四晚上的时候就会有大量的粉丝聚集在一起讨论本周最新最好的优惠藏在哪儿，并开始不断刷新OldNavyweekly的网站（因为每周的优惠券会在周四晚上进行更新）。

（四）线上线下服装品牌适用条件

首先GAP集团属于垂直整合品牌商，除了少量海外店铺外，其余店铺都是直营专卖店，因此集团对于线下渠道有很强的控制力，而其他并没有直接或者全面控制线下渠道的传统品牌商在进行线上线下多渠道销售的时候势必将遇到更多的阻力；其次GAP集团的主流商品也是正好比较适合网络销售的休闲服装类型，一方面尺码上相对标准（例如衬衣只需要用大、中、小来区分），而且不同于高端时装，用户本身对于休闲服装的容忍度是偏高的。

（五）线上线下利益冲突问题

线上线下冲突是每个传统零售商在电子商务过程中都会遇到的问题。直营店的利益分配相对简单，但线上线下的模式很容易牵涉到不同渠道的利益分配问题，即使加盟商愿意统一价格，线上下单利益归属都成为阻碍企业转型的因素。O2O需要打通线上线下，合理进行利益分配都是摆在企业转型路上的难点，能否合理处理是关系到企业转型O2O能否成功的要点。

五、互联网思维下O2O商业模式的本质

2013年阿里巴巴认为O2O核心是打通四个环节：第一个环节是"流通"，营销环节的打通，营销活动打通，品牌市场打通，价格体系打通；第二个环节是"钱通"，支付环节的打通，无线支付场景，支付流程设计，硬件软件设置；第三个环节是"人通"，会员的打通，会员体系打通，会员权益打通，会员数据打通；第四个环节是"货通"，是商户的打通，商品电子化，库存物流打通，二维码布点。这才是整个O2O里面最难的，也是最关键的环节。

移动终端技术的运用是零售业全渠道战略的有效突破路径，这也意味着零售企业和电商均需要推动相关技术应用开发，以构建自身稳定和持续的消费圈。与传统互联网电子商务相比，移动互联网具有用户基础更庞大、更贴近市场和消费者的显著优势。在移动商务时代，商家和企业能以更低成本接触和赢得更多客户，把生意做到消费者的手掌上。因此，移动商务更适合 O2O 商业应用，将成为推动O2O 模式融入更广泛的商业生活的主导力量。在这个过程中，移动商务将成为电子商务的核心应用，引发有史以来最大的商业价值迁移。移动互联网正在带来商业模式变革和产业链的利益重构。O2O 商业模式将线上虚拟经济与线下实体经济相融合，正是移动互联网与移动商务发展的未来之路。

（一）粉丝经济、移动互联网

谈到粉丝经济，大概很多人会联想到小米、roseonly ，说这属于互联网思维创造的粉丝经济。移动终端购物是新的潮流，不仅为电商企业也为线下服装品牌发展电商提供新的思路和渠道。

（二）线上线下一体化

供应链转型包括线上线下的系统全部打通，线上的库存和门店的库存其实是可以共享的。互联网的核心是去中介化，把信息做得更透明。

参考文献

［1］凯文·莱恩·凯勒. 战略品牌管理［M］. 李乃和，李凌，沈维，曹晴，译. 中国人民大学出版社.

［2］李晓，祝培，王凯. 基于象征意义的品牌评价研究［J］. 武汉理工大学学报（社会科学版），2007，20（6）：801-805.

［3］卢泰宏. 品牌资产评估的模型与方法［J］. 中山大学学报（社会科学版），2002（3）：88-96.

［4］于春玲，王海忠，赵平. 品牌忠诚驱动因素的区域差异分析［J］. 中国工业经济，2005（12）：115-121.

［5］Elliott. R. and K. Wattanasuwan. Brands as symbolic resources for the construction of identity［J］. International Journal of Advertising，1998（2）：131-144.

［6］于媛媛. 全球价值链分工中的中国产业升级战略［N］. 中国经济时报，2007，1（10）.

［7］（美）桑德拉·J·凯瑟（Keiser，S.J），（美）麦尔娜·B·加纳. 美国成衣设计与市场营销完全教程［M］. 白敬艳，译. 上海人民美术出版社，2009.

［8］Woodruff R B. Customer value：The next source for competitive advantage［J］. Journal of the Academy of Marketing Science，1997，25（2）:139-153.

［9］Gronroos. Value-driven relation marketing: from products to resources and competences［J］. Journal of Marketing Management. 1997，13:121-143.

［10］白长虹，刘炽. 服务企业的顾客忠诚及其决定因素研究［J］. 南开管理评论，2002，6:64-68.

［11］Jillian C，Sweeney，Geoffrey N，Scouter. Consumer Perceived Value: The Development of a Multiple Item Scale［J］. Journal of Retailing，2001，77: 203 – 220.

［12］朱伟明. 嵌入全球价值链的中国纺织服装业升级路径研究［J］. 浙江理工大学学报，2007，（3）.

［13］Oliver，R.L. Satisfaction: A Behavioral Perspective on the consumer［M］. New York: McGraw-Hill，1997.

［14］Sheath J N.，Bruce I. and Newman. Why we buy what we buy: A theory of consumption values［J］. Journal of Business Research，1991，22（4）：159-170.

［15］Sweeney C. J. and Souter，N. G. Consumer perceived value: the development of a multiple item scale［J］. Journal of Consumer Research，2001，77: 203-220.

［16］Zenithal Valarie A. Consumer Perceptions of Price，Quality，and Value: A Means-

End Model and Synthesis of Evidence［J］. Journal of Marketing，1988（7）：2-22.

［17］Parasuraman A，Berry Leonard L，And Zenithal Valarie A. SERVQUAL: A Multiple-Item Scale for Measuring Consumer Perceptions of Service Quality［J］. Journal of Retailing，1988，64（1）：12-40.

［18］潘煜，高丽，王方华. 生活方式、顾客感知价值对中国消费者购买行为影响［J］. 系统管理学报，2009.18（6）：601-607.

［19］Jillian C，Sweeney，Geoffrey N，Souter，Lester W，Johnson. The Role of Perceived Risk in the Quality-Value Relationship: A Study in a Retail Environment［J］. Journal of Retailing，1999，75（1）：77-105.

［20］白长虹，范秀成，甘源. 基于顾客感知价值的服务企业品牌管理［J］. 外国经济与管理，2002，24（2）：7-13.

［21］琳盛，刘金兰. 商品房市场顾客感知价值研究［J］. 管理工程学报，2006，20（2）：43-45.

［22］荣泰生. AMOS与研究方法［M］. C重庆大学出版社，2009.

［23］CARPENTER，J. M.，FAIRHURST，A. Consumer shopping value，satisfaction，and loyalty for retail apparel brands［J］. Journal of Fashion Marketing and Management，2005，9（3）：256-269.

［24］SÁNCHEZ-FERNANDÉz，R. INIESTA-BONILLO，M.A. Consumer perception of value：literature review and a new conceptual framework［J］. Journal of Consumer Satisfaction，Dissatisfaction and Complaining Behavior，2006，（19）：40-58.

［25］白长虹. 西方的顾客价值研究及其实践启示［J］. 南开管理评论. 2001，（2）：51-55.

［26］范绪泉，甘碧群. 顾客感知价值矩阵研究［J］. 学术研究. 2004，（5）：32-36.

［27］杨龙，王永贵. 顾客价值及其驱动因素剖析［J］. 管理世界（月刊）. 2002，（6）：146-147.

［28］Jillian C，Sweeney，Geoffrey N，Souter，Lester W，Johnson. The Role of Perceived Risk in the Quality-Value Relationship：A Study in a Retail Environment［J］. Journal of Retailing，1999，75（1）：77-105.

［29］董大海，金玉芳. 作为竞争优势重要前因的顾客价值：一个实证研究［J］. 管理科学学报，2004，5.

［30］朱伟明. 杭州女装创建强势品牌的探讨［J］. 浙江理工大学学报，2008.09.

［31］Zenithal Valarie A. Consumer Perceptions of Price，Quality，and Value：A Means-End Model and Synthesis of Evidence［J］. Journal of Marketing，1988（7）：2-22.

［32］Parasuraman A，Berry Leonard L，Zeithamal Valarie A. SERVQUAL：A Multiple-

Item Scale for Measuring Consumer Perceptions of Service Quality［J］. Journal of Retailing，1988，64（1）：12-40.

［33］李国强，苗杰. 市场调查与市场分析［M］. 北京：中国人民大学出版社，2005.

［34］唐虹. 服装商品企划［M］. 北京：化学工业出版社，2014.

［35］李俊，王云仪. 服装商品企划［M］. 北京：中国纺织出版社，2010.

［36］赵洪珊. 服装商品企划教程［M］. 上海：东华大学出版社，2013.

［37］屈云波，郑宏. 营销方法［M］. 北京：企业管理出版社，2005.

［38］Larry D. Campeau and Dhruva Grewal. Comparative Price Advertising：An Integrative Review［J］. Journal of PublicPolicy&Marketing，1998，17（2）.

［39］Alba J. W. ，Meal C. E，Shrimp T. A. and Urban J. E. The effect of discount frequency and depth on consumer pricejudgements⌊J⌋. Journal of Consumer Research，1999，26（3）.

［40］李先国. 促销管理［M］. 清华大学出版社，1998.

［41］江明华，董伟民. 价格促销的折扣量影响品牌资产的实证研究［J］. 北京大学学报. 2003，9.

［42］江明华，董伟民. 价格促销频率对品牌资产的影响研究［J］. 管理世界. 2003，7.

［43］朱利，柯明斯. 促销［M］. 北京大学出版社，2003.

［44］阮桂海，蔡建琼，朱志海. 统计分析应用教程：SPSS，LISREI. &SAS实例精选［M］. 清华大学出版社，2003.

［45］韩睿，田志龙. 参考价格与消费者的价格感知［J］. 广东财经职业学院学报. 2005，14（6）.

［46］韩睿. 基于消费者感知的价格促销策略研究［D］. 华中科技大学博士论文. 2005.

［47］屈云波，郑宏等. 营销方法［M］. 企业管理出版社，2005.

［48］宋改平. 价格促销对消费者质量感知与购买行为影响的实证研究［D］. 西南财经大学硕士学位论文. 2007.

［49］阮玲瑜. 我国休闲服装业消费者购买行为研究［D］. 上海大学硕士学位论文. 2009.

［50］何炼. 基于消费者感知的价格促销策略研究［D］. 西南交通大学硕士学位论文. 2008.

［51］朱丽红. 促销刺激对冲动性购买影响的实证研究［D］. 西南财经大学硕士学位论文. 2009.

［52］朱伟明. 国内中高档商务休闲男装品牌评价体系［J］. 纺织学报，2011，12.

［53］朱伟明，孙虹，郭建南．时装工业导论［M］．中国纺织出版社，2010．

［54］李敬华，徐静．中国女装市场现状分析及消费趋势研究［J］．德州学院学报，2006．

［55］王方．基于层次分析法的强势品牌评价研究［J］．经营与管理．2007（3）：28-30．

［56］李晓，祝培，王凯．基于象征意义的品牌评价研究［J］．武汉理工大学学报（社会科学版）．2007年12月份．第20卷（第6期）：801-805．

［57］于春玲，王海忠，赵平等．品牌忠诚驱动因素的区域差异分析［J］．中国工业经济，2005（12）：115-121．

［58］马小琴．构建商业街潜在魅力评价指标体系的研究［J］．2009JMS中国营销科学学术年会暨博士生论坛论文集，2009（10）：553-567．

［59］李柏年．模糊数学及其应用［M］．合肥工业大学出版社，2007：103-144．

［60］葛凌桦，郭建南，朱伟明．国内中高档商务休闲男装品牌评价体系［J］．纺织学报．2011．32（12）．

［61］朱伟明．全球化背景下杭州丝绸和女装产业实施品牌战略研究［J］．杭州研究，2008．04：146-151．

［62］张洁．基于全球价值链的宁波服装产业集群的升级研究［D］．湖南大学硕士论文．2007．

［63］刘宇．顾客满意度测评［M］．北京：社会科学出版社，2009．

［64］白琳．顾客感知价值、顾客满意和行为倾向的关系研究述评［J］．管理评论．2009．21（1）：87-93．

［65］朱伟明．Theory and Collaborative Model of Contemporary Art Crossover［j］．ICSSH 2013．

［66］朱伟明．Research on Curriculum Design System for Fashion Merchandising Management of FIT．2011 International Conference on Economic，Education and Management（ICEEM2011）VOL Ⅱ［J］．Macao，March 5-6，2011，98-102．

［67］朱伟明．Fragmentation and Integrated Reform of Apparel Value Chain［J］．2011 International Conference on Economic，Education and Management．VOL Ⅱ Macao，March 5-6，2011：94-97．

［68］朱伟明．Evaluation System of Chinese Business and Casual Men's Suit Brand Based on AHP［J］．IEEE 2011The Third International Workshop on Education Technology and Computer Science（ETCS2011）VOL Ⅱ 12-13 March，2011：274-277．

［69］朱伟明．Evaluation of Chinese Fashion B2C E-commerce Website Based on AHP［J］．IEEE2010 International Conference on Information Management，Innovation Management and Industrial Engineering（ICIII2010）．NOV 26-28.2010：534-538．

［70］LA Pierre，Josie．Customer-perceived value in industrial contexts［J］．Journal of business &industrial marketing．2000.15.

［71］朱伟明．Upgrading Paths of Chinese Textile and Clothing Based on Game Theory［J］．JOURNAL OF DONGHUA UNIVERSITY（Eng. ED.）2006，23（5）．

［72］朱伟明 Corporate Social Responsibility of China Textile and Apparel Based on Game Theory［J］．ICIM2008，Proceedings of the Ninth International Conference on Industrial Management．Osaka，Japan．2008.10.

［73］朱伟明 The Evolution of Chinese Sportswear Brand in NBA［J］．Textile Bioengineering and Informatics Symposium Proceedings．Hong kong．2008.

［74］朱伟明．Corporate Social Responsibility of China Textile and Apparel Based on Global Value Chains［J］．The third conference on strategy and marketing．DEC11-12. 2010，Beijing China．59-61.

［75］朱伟明．全球化背景下杭州丝绸和女装产业实施品牌战略研究［J］．杭州研究，2008.04，146-151.

［76］朱伟明．《时装工业导论》精品课程建设的探索［J］．高教论坛．2008，（6）：79-81.

［77］朱伟明．Price Game between Local Industrial Cluster and Overseas Buyer- A Case Study of Zhejiang Zhengzhou Necktie Industrial Cluster［J］．The 2nd Workshop on Strategy and Marketing（WSM2009）．Published by Academy Service Group Limited Suite LG，Chancery house，Chancery Lane London WC2A 1QU.100-102.

［78］朱伟明．Price Game between Local Industrial Cluster and Overseas Buyer- A Case Study of Zhejiang Zhengzhou Necktie Industrial Cluster［J］．The 2nd Workshop on Strategy and Marketing（WSM2009）．Published by Academy Service Group Limited Suite LG，Chancery house，Chancery Lane London WC2A 1QU.100-102.

［79］桑德拉·J·凯瑟、麦尔娜·B·加纳．美国成衣设计与市场营销完全教程［M］．上海人民美术出版社，2009.

［80］Rita Perna．流行预测（美）［M］．李宏伟，王倩梅，洪瑞璘，译．中国纺织出版社，2013.

［81］朱伟明．Model of Fashion and Art Crossover Based on Maslow's Hierarchy of Needs．International Conference on Social Science and Health．2014.

［82］朱伟明．Global Clothing Trends and China Clothing Industry，Proceedings of the International Conference on Advanced Textile Material & Manufacturing Technology．浙江大学出版社2008（10）：569-572.

［83］朱伟明．Upgrading of Zhejiang Apparel Industrial Cluster from the Perspective of Global Value Chain［J］．Procardia Engineering．2007.

［84］HUSH PUPPIES：http：//baike.baidu.com/view/76984.htm？fromId=660170

［85］Wrangler：http：//baike.baidu.com/view/214294.htm

［86］THE NORTH FACE：http：//baike.baidu.com/view/79063.htm？fromId=79075

［87］SHOPPINGMALL：http：//baike.baidu.com/view/6251424.htm？fromId=624231

［88］OUTLETS：http：//baike.baidu.com/view/1009648.htm

［89］Timberland：http：//baike.baidu.com/view/6186570.htm？fromId=182469

［90］SAKS fifth Avenue：http：//www.haibao.cn/brand/3637/

附 件

1. 周销售业绩汇总

本周工作计划											
一、周销售回顾（本周销售目标20000元）											
姓　名	班次	总件数	总开单数	VIP	金额	本周个人连单率	合计	本周总业绩	上周个人业绩汇总	上周个人连单率	上周总业绩
						#DIV/0!	0	0			0
						#DIV/0!	0				
						#DIV/0!					
						#DIV/0!					
						#DIV/0!	0				
						#DIV/0!					
						#DIV/0!					

二、周业绩分析及人员表现提升方法（重点描述跟进过程中人员在服务八部曲中的执行好与坏的情况）

三、本周店铺提升计划（可根据下滑原因或打算改进到什么程度填写）

1. 服务提升点：

2. 陈列提升点：

3. 销售技巧提升点：

4. 货品管理提升点：

5. VIP管理提升点：

四、本周主推款分析

款号	色号	库存数量	产品卖点分析

五、竞品活动信息

品牌名称				
活动折扣				
预估销售				

五、需督导协助事项

2. 店铺销售日报

销售日报

店铺名称： 北京赛特店　　　　最高气温： 5℃　　　　2015 年 10 月 30 日　　　　制表人：_____

No.	服装种类	商品编号	颜色	尺码	数量	零售价格	原价合计	折扣	实绩合计	陈列区域	备注
1	毛衣	MY1006	R357	L	1	¥1,160	¥1,160	90%	¥1,044	VP	赛特卡
2	裤子	KZ1107	B220	103	1	¥780	¥780	90%	¥702	PP1	赛特卡
3	裤子	KZ1103	Y800	97	2	¥760	¥1,520	100%	¥1,520	VP	
4	夹克	JK7106	B220	L	1	¥1,480	¥1,480	100%	¥1,480	VP	
5	毛衣	MY1009	Y660	M	1	¥980	¥980	90%	¥882	PP1	赛特卡
6	绒衣	RY3205	R357	L	1	¥580	¥580	100%	¥580	PP2	赛特卡
7	帽子	MZ5108	B220	F	2	¥160	¥320	90%	¥288	IP2	
8	毛衣	MY1007	R357	L	-1	¥1,180	¥-1,180	90%	¥-1,062		尺码小 赛特卡
9	毛衣	MY1007	R357	LL	1	¥1,180	¥1,180	90%	¥1,062	PP2	赛特卡
10	马甲	MJ3303	B100	L	1	¥660	¥660	90%	¥594	IP1	赛特卡
11	毛衣	MY1006	W100	M	1	¥1,160	¥1,160	90%	¥1,044	VP	赛特卡
12	夹克	JK7105	B100	LL	1	¥1,380	¥1,380	100%	¥1,380	PP1	赛特卡
13	裤子	KZ1103	B220	103	1	¥760	¥760	90%	¥684	VP	赛特卡
14	毛衣	MY1006	W100	LL	2	¥1,160	¥2,320	90%	¥2,088	VP	赛特卡
15	毛衣	MY1007	B220	L	1	¥1,180	¥1,180	100%	¥1,180	PP3	
16	夹克	JK7106	B100	L	2	¥1,480	¥2,960	100%	¥2,960	VP	
17											
18											
19											
20											
21											
22											
23											
24											
25											
26											
27											
28											
29											
30											

销售状况

		当日	当周累计	去年当日	去年当周同期累计
数量	预算	18	165	16	150
	实绩	¥18,000	¥126,000	¥16,500	¥115,500
业绩		¥16,426	¥135,800	¥15,500	¥118,660
达成率		91%	108%	94%	103%
销售原价		¥17,240	¥141,680	¥16,060	¥122,460

来客状况

	当日	当周累计	去年当日	去年当周同期累计
男客	28	212	25	180
女客	36	280	30	210
合计	64	492	55	390
购物人数	16	108	16	105

竞争品牌

品牌名称	当日新品	当日	当周累计	去年当日	去年当周同期累计
A	2款	¥10,800	¥94,600	¥11,680	¥90,060
B	0	¥16,600	¥126,600	¥12,580	¥112,800
C	0	¥14,800	¥114,680	¥14,560	¥113,680
D	3款	¥11,860	¥110,860	¥12,380	¥109,760

库存状况

	昨日库存	当日调入	当日调出	当日退货	当日销售	当日库存
件数	988	25	-2	1	-19	993
原价金额	¥848,600	¥21,060	¥2,160	¥1,180	¥18,420	¥850,260

其它

3. 店铺销售周报

店铺销售周报（2015年10月24日—2015年10月30日）

店铺名称： 北京莱特店

店长：

销售状况　　　　　　　　　　　　　　　　　　　　　单位：千元

销售状况	本周					本月累计				
	预算	实际	达成率	去年同期	去年比	预算	实际	达成率	去年同期	去年比
实绩金额	120.0	135.8	113%	118.66	114%	480.0	490.6	102%	440.8	111%
销售原价	126.0	139.7	111%	126.46	110%	504.0	505.5	100%	456.4	111%
折扣损失	6.0	3.88	65%	7.8	50%	24.0	14.92	62%	15.6	96%
退货损失	2.0	2.12	106%	1.88	113%	8.0	3.78	47%	4.25	89%
调入金额	140.3	136.5	97%	130.52	105%	500.0	530.8	106%	488.6	109%
调出金额	5.8	7.68	132%	6.96	110%	22.5	20.6	92%	26.5	78%
库存金额	830.8	850.3	102%	846.32	100%	830.8	850.3	102%	860.68	99%

竞争品牌　　　　　　　　　　　　　　　　　　　　　单位：千元

品牌名称	本周			本月累计		
	实际	去年同期	去年比	实际	去年同期	去年比
A	94.6	90.06	105%	380.85	361.32	105%
B	126.6	112.8	112%	502.6	463.56	108%
C	114.68	113.68	101%	426.58	442.88	96%
D	110.86	109.76	101%	403.7	426.5	95%

本周概况

概况：	重点报告内容	
	顾客动向：	竞争品牌动向：
问题：	商品动向：	卖场动向：
	畅销产品：	滞销产品：

下周对策

商品对策：

销售对策：

卖场陈列对策：

4. 各店铺营业目标分解

各店铺营业目标分解

单位:千元

		当年3月至当年8月							当年9月至次年2月							全年合计
		3月	4月	5月	6月	7月	8月	半年小计	9月	10月	11月	12月	1月	2月	半年小计	
察特店	2014年实绩	300	350	400	300	180	220	1750	330	420	400	340	320	240	2050	3800
	2015年实绩	350	440	460	330	200	220	2000	390	480	450	400	370	300	2390	4390
	2015年增长率	117%	126%	115%	110%	111%	100%	114%	118%	114%	113%	118%	116%	125%	117%	116%
	2016年目标	420	530	530	400	260	260	2400	480	600	560	500	445	380	2965	5365
A店	2014年实绩															
	2015年实绩															
	2015年增长率	...	...	...	...	...	...	...	...	...	...	...	...	...	...	...
	2016年目标															
B店	2014年实绩															
	2015年实绩															
	2015年增长率	...	...	...	...	...	...	...	...	...	...	...	...	...	...	...
	2016年目标															
...	2014年实绩															
	2015年实绩															
	2015年增长率															
	2016年目标															
X店	2014年实绩															
	2015年实绩															
	2015年增长率															
	2016年目标	...	...	...	...	...	...	...	...	...	...	...	...	...	...	...
公司2016年目标合计		4773	6000	6053	4555	2961	2952	27294	5325	6650	6207	5542	4932	4212	32868	60162

5. 店铺商品进销存金额统计

店铺商品进销存金额统计

年	月	日	星期	区域	店铺名称	昨日库存	当日调入	当日调出	返还仓库	原价销售	实绩销售	当日库存
2015	10	30	日	北京	赛特店	¥848,600	¥21,060	¥2,160	¥0	¥17,240	¥16,426	¥850,260
2015	10	30	日	北京	燕莎店	¥856,480	¥24,600	¥0	¥0	¥24,880	¥23,960	¥856,200
2015	10	30	日	太原	天美店	¥746,800	¥0	¥1,180	¥0	¥16,280	¥15,330	¥729,340
2015	10	30	日	太原	华宇店	¥726,850	¥10,560	¥0	¥8,980	¥16,830	¥15,560	¥711,600
2015	10	30	日	杭州	杭大店	¥788,370	¥0	¥5,620	¥0	¥19,960	¥18,870	¥762,790
2015	10	30	日	青岛	海信店	¥800,460	¥0	¥0	¥0	¥16,830	¥15,850	¥783,630
…	…	…	…	…	…	…	…	…	…	…	…	…
2015	12	16	五	北京	燕莎店	¥800,480	¥0	¥3,680	¥0	¥15,660	¥14,880	¥781,140
…	…	…	…	…	…	…	…	…	…	…	…	…
…	…	…	…	…	…	…	…	…	…	…	…	…

6. 店铺客单价

店名：

店铺购物客单价

2015年		1月	2月	3月	4月	5月	6月	7月	8月	9月	10月	11月	12月
销售金额	男装	¥127,600	¥79,620	¥195,780	¥233,500	¥240,060	¥185,580	¥134,800	¥130,000	¥223,950	¥252,360	¥209,120	¥220,090
	女装	¥85,480	¥49,600	¥120,600	¥145,980	¥162,100	¥121,160	¥110,040	¥114,000	¥151,730	¥174,430	¥158,950	¥149,520
	配饰	¥7,680	¥6,880	¥15,680	¥17,960	¥19,760	¥12,540	¥7,340	¥8,180	¥12,950	¥19,530	¥16,020	¥14,480
	合计	¥220,760	¥136,100	¥332,060	¥397,440	¥421,920	¥319,280	¥252,180	¥252,180	¥388,630	¥446,320	¥384,090	¥384,090
来店人数	男	530	300	560	500	560	660	440	480	550	530	530	480
	女	600	385	660	720	660	760	450	500	630	650	650	600
	合计	1130	685	1220	1220	1220	1420	890	980	1180	1180	1180	1080
购物人数		290	179	320	383	320	320	260	260	320	320	300	320
购买率		26%	26%	26%	31%	26%	23%	29%	27%	27%	27%	25%	30%
客单价		¥761	¥760	¥1,038	¥1,038	¥1,319	¥998	¥970	¥970	¥1,214	¥1,395	¥1,280	¥1,200

7. 综合订货表

商品类别	中心商品	商品编号	单价	数量	金额	尺码	A710	M130	N100	N950	R300	Y700	A720	N920	R350	M150	R500	Y760	XX
S-SHIRT	A	CGK1125	138	6000	828000	M	●	●				●					●		
						L	●	●				●					●		
						LL	●	●				●					●		
	A	CGK1126	138	4000	552000	M		●	●	●								●	
						L		●	●	●								●	
						LL		●	●	●								●	
	A	CGM1077	148	4800	710400	M	●		●	●		●							YY
						L	●		●	●		●							YY
						LL	●		●	●		●							YY
	A	CLG1012	128	5600	716800	M					●	●	●	●		●			
						L					●	●	●	●		●			
						LL					●	●	●	●		●			
	A	CLG1026	158	4800	758400	M	●	●	●	●	●			●	●				
						L	●	●	●	●	●			●	●				
						LL	●	●	●	●	●			●	●				
	B	…	…	…	…	…													
S-SHIRT合计				42000	3565600		1800	5800	4200	6600	3600	4500	1400	2600	900	1000	1000	900	
							4%	14%	10%	16%	9%	11%	3%	6%	2%	2%	2%	2%	

商品类别	中心商品	商品编号	单价	数量	金额	尺码	A	B	C	D	E	F	G	H	I	…
…	…	…	…	…	…	M	…	●	●	●	●	…	…	●	●	…
						L	…	●	●	●	●	…	…	●	●	…
						LL	…	●	●	●	●	…	…	●	●	…
XYZ合计		…	…	…	…	…	…	…	…	…	…	…	…	…	…	…
…	…	…	…	…	…	…										…

8. 店铺配货表

单店配货指南（举例秋冬某店）			
店铺基本情况	店铺名称：	店铺定级：	开业时间：
	店铺面积：店面　　　　仓库		店铺楼层：
	店铺位置：		店铺指标：秋冬 　　　　　春夏
	商场定位/专卖店商圈情况：		
店铺客层	客层年龄范围：		客层体型特征：
	客单价范围：		客流量：
	客层价格敏感指数：		客层时尚指数：
	客层消费模式：		店铺陈列花色上限：

货品配置方案	总体货品风格：正装　　％；　　　休闲　　％；　　运动　　％；　　　总体风格——以　　为主								
	总体货品配比：新服　　％；　　旧服　　％；　　配饰　　％；　　总体折扣范围：								
	春夏季时间：　　　月~　　　月				秋冬季时间：　　月~　　月				
	秋季主销 （新货占　　％）			初冬主销 （新货占比　　％）			深冬主销 （新货占比　％）		
	类别名称	花色占比	主销价格	类别名称	花色占比	主销价格	类别名称	花色占比	主销价格

陈列	货品综合要点说明：							
	花色数量	库存量	陈列直观性	系列表达	方便性	单品归类	搭配陈列	特殊陈列道具需求
	要点说明：							

竞争品牌信息	名称	品牌	S销售额	W销售额	S主销类别价格带	W主销类别价格带
	1					
	2					
	3					
	4					

运营及促销方式	

9. 某百货商场上半年年促销计划表

某商场2013年计划表

月份	2013年商城活动计划			2013年2F楼层活动计划				2013年2F品牌活动计划		备注
	周期	天数	主题	周期	主题	活动内容	工作重点	***	***	
一月	1月18日~1月20日	3	"食客"准备（美食节）	1月14日~2月3日	春季新品上市推广	以网站微博短信方式结合品牌自身活动进行推广	2013年春夏图片、文字、2D资料收集，配合DM、微博、网站推广			
	1月25日~1月27日	3	欢乐迎新春	1月25日~1月27日	特别备货活动	品牌特卖，在年超值商品、店铺自身折扣、保证货源	折扣货品数量充足、折扣货品调货			
二月	2月1日~2月19日 2月9日除夕 2月10日春节 2月14日情人节	19	迎新贺岁，激情盛宴（春节）	2月4日~2月17日	迎新贺岁，激情盛宴	品牌特卖，在年超值商品、店铺自身折扣、保证货源、饰品类情人节主题推广	情人节礼品推荐（饰品女装），通过微博、网站、DM宣传。			饰品类品牌可举办酒会或现场活动
	2月22日~2月24日 2月24日元宵节	3	我们约"惠"吧（特别备货）				新品图片、文字资料的收集、配合新品DM拍摄推广			
三月	3月1日~3月3日	3	感受生活（时尚家居节）	3月4日~3月31日	西装定制活动	品牌西装定制自主活动，配合公共区域静态展示，推出购定制西服或成衣赠礼活动	西装定制（AUTASON，LUBIAM，恒龙，金安德森），活动图片、文字资料收集、网站、微博宣传，配合短信发送			AUTASON，LUBIAM，金安德森、恒龙西装定制主题活动
	3月8日~3月12日 3月8日妇女节 3月12日植树节	5	花样年华（妇女节）							
	3月22日~3月24日	3	珠光宝气（珠宝腕表节）							

续表

月份	2013年商城活动计划			2013年2F楼层活动计划				2013年2F品牌活动计划			备注
	周期	天数	主题	周期	主题	活动内容	工作重点	***	***	***	
三月											
	4月4日~4月7日 4月4日清明节	3	VIP盛"惠"（VIP回馈）	4月4日~4月7日	VIP节	品牌准备水鲜花氛围布置，参与配合商场整体活动					VIP现场活动及模特展示
四月	4月12日~4月14日	3	春之物语	4月8日~5月5日	珠宝腕表节	饰品品牌前厅联合或独家陈列展示，配合DM、微博、网站推广	紧抓货源；折扣力度和品牌进行沟通				饰品类品牌巡回展示
	4月19日~4月21日	3	春之物语								
	4月26日~5月5日 5月1日劳动节 5月5日立夏	10	乐享五一购物季（劳动节）								
五月	5月10日~5月12日 5月12日母亲节	3	时尚潮妈（母亲节）	5月6日~5月19日	时尚潮妈（母亲节）	楼层推出单票满额赠送母亲节大礼包一份					女装类品牌参与
六月	5月31日~6月2日 6月1日儿童节	3	我的节日我做主（儿童节）	5.24-6.2	意大利风情周	主推意大利品牌，配合静态展，楼层推出意大利品牌单票满额赠披萨券	意大利品牌特色活动沟通				意大利品牌推出独有活动或举办品牌日（LUBIAM，JUST CAVALLI，RB，佩拉纳罗，TRUSSARDI JEANS，ANTEPRIMA，STEFANEL）

续表

月份	2013年商城活动计划			2013年2F楼层活动计划				2013年2F品牌活动计划		备注
	周期	天数	主题	周期	主题	活动内容	工作重点	***	***	
六月	6月7日~6月9日	3	翡冷翠的邂逅（意大利风情周）							
	6月12日~6月16日 6月12日端午节 6月16日父亲节	5	翡冷翠的邂逅（父亲节）	6月7日~6月16日	父亲节	主推男装、男鞋，消费满额赠送五芳斋粽子或满补品券，手表类参加银行卡活动	父亲节特色货品准备			
	6月21日~6月23日	3	"午"动全城。							
	6月28日~6月30日	3	迷迷影，女人香（香水节）	6月28日~6月30日	年中庆	参加商场企划活动，配合品牌自主第一波季末折扣				
七月	7月5日~7月7日	3	炫夏美鞋清凉一"夏"	7月1日~7月14日	炫夏美鞋清凉一"夏"	夏款女鞋推荐，推出满额赠送化妆品抵用券	季末折扣第一波、货源调整、扣的宣传、网站微博、短信			
	7月12日~7月14日	3	乐享暑期季（暑期生活）							
	7月19日~7月21日	3	乐享暑期季（暑期生活）	7月15日~7月28日	美丽女人	女装和珠宝腕表品牌单票满额赠送化妆品抵用券				
	7月26日~7月28日	3	乐享暑期季（暑期生活）							
八月	8月1日~8月4日 8月1日建军节	4	群英"惠"萃（特别备货）	8月1日~8月4日	特别备货	品牌最后一波季末折扣、配合商场全场活动和银行卡活动、品牌推出静态展示+特卖活动	楼层特卖安排			品牌特卖、往年超值商品、店铺自身折扣、保证货源

续表

月份	2013年商城活动计划			2013年2F楼层活动计划				2013年2F品牌活动计划		备注
	周期	天数	主题	周期	主题	活动内容	工作重点	***	***	
八月	8月9日~8月13日 七七情人节	5	七七情人节	8月5日~8月13日	七七情人节	主推饰品品牌及女装，推出购买满额赠送情人节巧克力一份		***		饰品类情人节主题推广
	8月16日~8月18日	3	时尚箱包节（箱包节）							
	8月23日~8月25日	3	鉴金风尚（珠宝腕表节）	8月19日~9月15日	珠宝腕表节	在前厅做展台，品牌推出饰品类新品的独家或联合展示推广，配合网站、微博和DM宣传。配合品牌自主品牌日活动				饰品类展示及推出特色活动
	8月30日~9月1日	3	开学乐淘"惠"							
	9月6日~9月10日 教师节	5	感恩教师节							
	9月13日~9月15日	3	秋妆独韵（秋季化妆品节）							
九月	9月19日~9月22日 中秋节	3	中秋佳节	9.2~10.20	西装定制活动	品牌西装定制自主活动、配合公共区域静态展示、推出购定制西服或成衣满额赠送红酒礼盒或月饼礼盒	西装定制（AUTASON，LUBIAM，恒龙，金安德森），文字资料收集，图片、网站、微博宣传，配合短信发送			AUTASON，LUBIAM，金安德森，恒龙西装定制主题活动
	9月27日~10月6日 10月1日国庆节	10	华彩盛典，与国同庆（国庆节）							
	10月11日~10月13日 10月13日重阳节	3	一叶知秋							
十月	10月18日~10月20日周日	3	养生节之悦生活（滋补养生节）	10月14日~10月20日	风衣节	风衣类配合服装做综合静态展示，主推一些稀有皮具的展示，楼层推出满额赠送BHG超市券活动				重点女装品牌推出风衣款展示展示配合自身活动

续表

月份	2013年商城活动计划			2013年2F楼层活动计划				2013年2F品牌活动计划		备注
	周期	天数	主题	周期	主题	活动内容	工作重点	***	****	
十月	10月25日~10月27日	3	养生节之悦健康。	10月21日~11月3日	风衣节	主推品牌秋款风衣，配合10月DM推广，品牌推出满额赠礼活动		***		重点女装风款出风衣款展示配合自身活动
	11月1日~11月3日	3	礼耀VIP冬季（VIP专场）	11月1日~11月3日	冬季VIP专场	品牌准备酒水鲜花氛围布置，参与配合商场整体活动	现场活动安排			VIP现场活动及模特展示
十一月	11月7日~11月10日	4	冬令养生节	11月4日~11月17日	大衣皮草节	品牌大衣皮草推广，在公共区域布置品牌联合静态展示，配合DM、网站、微博宣传。楼层推出满额赠送BHG超市券活动				
	11月15日~11月17日	3	羽绒节							
	11月22日~11月24日	3	"足"下生辉	11月18日~12月1日	"足"下生辉	冬款鞋履推广，配合DM、网站、微博宣传。楼层推出满额加赠活动或满买买抵活动				
	11月29日~12月1日	3	摩登女郎（大衣皮草节）							
	12月6日~12月日	3	时尚当时，乐购正当时（家电节）	12月2日~12月15日	圣周年1	以品牌第一波季末折扣为主，配合短信，报纸稿推广，楼层推出单票满额圣周年礼券活动				
	12月13日~12月15日	3	圣周年活动							
十二月	12月20日~1月2日 圣诞节	13	圣周年	12月20日~1月2日	圣周年2	圣诞节活动，配合商场企划活动，品牌延续季末折扣，女装出福袋，收圣诞礼券，品牌推出第二波季末折扣，楼层参加商场整体活动，楼层特卖	楼层特卖安排；折扣货品安排			圣诞节期间各品牌进行圣诞美陈布置，营造整体节日气氛

10. 欧美时尚杂志与网站

http：//www.vogue.com/

http：//www.firstview.com/

http：//www.ftv.com/

http：//www.style.com/

http：//www.wwd.com/

http：//www.harpersbazaar.com/

http：//www.lsseymiyake.com/

http：//www.alexandermcquee.com/

http：//www.stellamccartney.com/

http：//www.cosmomag.com/

http：//www.balenciaga.com/

http：//www.ellemag.com/

http：//www.cosmomag.com/

http：//www.glamour.com/

http：//www.modelmag.com/

http：//www.elle.fr/

http：//www.wwd.com

http：//www.fashioninformation.com

http：//www.style.net

http：//www.spiegel.com

http：//www.landsend.com

http：//www.macys.com

http：//www.designeroutlet.com

http：//www.wgsn-edu.com

http：//www.pantone.com

http：//www.flare.com/

http：//www.yohobuy.com/

11. 中国时尚杂志与网站

http：//www.eeff.net/　　　　穿针引线

http：//www.51fashion.com/　　　中国服装网

http：//www.chicchina.com/　　　风格在线

http：//www.pop-fashion.com服装流行前线

http：//www.fashiontrenddigest.com 观潮网

12. 牛仔信息网站（DENIM INFO）

7 For ALL Mankind	www.sevenforallmankind.com
ABS	www.ABSstyle.com
Acne Jeans	www.wantagencyinc.com
AG Adriano Goldschmied	www.agjeans.com
APC	www.apc.fr
Big star USA	www.agjeans.com
Buffalo David Bitton	www.buffalojeans.com
Cheap Monday	www.cheapmonday.com
Citizens of Humanity	www.humanityjeans.com
Diesel	www.dieseljeans.com
DKNY	www.dknyjeans.com
Dollhouse	www.dollhouse.com
Earnest Sewn	www.earnestsewn.com
Ecko Unlimited	www.shopecko.com
Energie	www.energie.it www.sixty.it
Esprit	www.esprit.com
Evisu	www.evisu.com
Girbaud	www.jcisaacs.com
LEE COOPER	www.leecooper.com
Levi Strauss	www.levistrauss.com
Loomstate NY	www.loomstate.org
Lucky Brand Jeans	www.luckybrandjeans.com
Mavi Jeans	www.mavi.com
Miss Sixty	www.misssixty.com
Not Your Daughters Jeans	www.tummytuckjeans.com
Nudie Jeans	www.nudiejeans.com
Paige Premium Denim	www.paigepremiumdenim.com
Paper Denim&Cloth	www.paperdenim.com
Pepe Jeans London	www.pepejeans.com
Rag&Bone	www.rag-bone.com
Rich and Skinny Jeans	www.richandskinnyjeans.com
Rocawear	www.rocawear.com
Rock&Republic	www.rockandrepublic.com
Guess	www.guess.com

G-Star Raw	www.g-star.com
Hudson Jeans	www.hudsonjeans.com
J Brand	www.jbrandjeans.com
Joe's Jeans	www.joesjeans.com
Triple Five Soul	www.triple5soul.com
True Religion Brand Jeans	www.truereligionbrandjeans.com
Tsubi Jeans	www.tsubi.com

13. 国际流行趋势发布机构

Cotton Inc

Expofil

Premiere Vision

Tencel

Textile View

Pantone

Color Association of U.S.

WWD Buyer's Guide

MR Magazine（menswear & boy's）

Sportstyle Magazine

National Retail Federation

14. 时尚人士必知25个网站

序　号	网　址
1	www.bergdorfgoodman.com
2	www.biuefly.com
3	www.coacd.blogspot.com
4	www.dazeddigital.com
5	www.fabsugar.com
6	www.fashion.net
7	www.fashionologie.com
8	www.forever21.com
9	www.imaginarysocialite.com
10	www.luisaviaroma.com

序　号	网　址
11	www.men.style.com
12	www.models.com
13	www.nordstrom.com
14	www.roidrage.com
15	www.runway.blogs.nytimes.com
16	www.saksfifthavenue.com
17	www.scoopnyc.com
18	www.showstudio.com
19	www.style.com
20	www.thecobrasnake.com
21	www.thesartorialist.blogspot.com
22	www.topshop.com
23	www.vmagazine.com/blog.php
24	www.wwd.com
25	www.yesstyle.com